# LA REVISIÓN JURISDICCIONAL DE LA INACTIVIDAD DE LA ADMINISTRACIÓN TRIBUTARIA CONFORME A LOS PRINCIPIOS DE TUTELA JUDICIAL EFECTIVA Y BUENA ADMINISTRACIÓN

ROSA LITAGO LLEDÓ
*Profesora Titular de Derecho Financiero y Tributario*
*Universitat de València*

# LA REVISIÓN JURISDICCIONAL DE LA INACTIVIDAD DE LA ADMINISTRACIÓN TRIBUTARIA CONFORME A LOS PRINCIPIOS DE TUTELA JUDICIAL EFECTIVA Y BUENA ADMINISTRACIÓN

PRÓLOGO
GERMÁN ORÓN MORATAL

ARANZADI

Primera edición, 2024

**Incluye soporte electrónico**

Obra financiada por el proyecto «Asimetrías en la tutela de la Hacienda Pública: la protección de los fondos públicos y el control del fraude, el dispendio y la corrupción», Ministerio de Ciencia e Innovación, PID2019-109195RB-100.



Editorial Aranzadi, S.A.U.
C/ Collado Mediano, 9
28231 Las Rozas (Madrid)
ISBN versión impresa: 978-84-1163-961-3
ISBN versión electrónica: 978-84-1163-962-0
DL NA 250-2024
*Printed in Spain. Impreso en España*
Fotocomposición: Editorial Aranzadi, S.A.U.
Impresión: Rodona Industria Gráfica, SL
Polígono Agustinos, Calle A, Nave D-11
31013 – Pamplona

*Para Jacobo*

# *Índice General*

*Página*

*Página*

# *Prólogo*

El libro que el lector posee entre sus manos, o visualiza en una pantalla, presenta un objeto claro que su autora, la profesora Rosa Litago Lledó, concreta y expresa en sus primeras páginas, pero la justificación se encuentra, a mi parecer, en su preocupación constante y que se refleja a lo largo su obra, por la realidad del Estado de Derecho, y por el respeto a los derechos de los ciudadanos, y a estos mismos, en la actuación de la Administración tributaria y las resoluciones judiciales. A ello no deben ser ajenos los años durante los que formó Sala en el Tribunal Superior de Justicia de la Comunidad Valenciana y que le permitieron conocer de primera mano, tanto la actuación de la Administración, como las respuestas de todo tipo dadas por el Tribunal a los recursos contencioso-administrativos interpuestos contra aquella. Ello hace que el rigor dogmático de la investigación revalorice la trascendencia práctica del estudio para los distintos operadores jurídicos implicados, la Administración y el personal a su servicio, los abogados y los Tribunales.

Quienes lean el libro, y también aquellos que a modo de saltamontes vayan a los puntos identificados en el sumario que les sean de interés, podrán constatar que el título de la obra, *La revisión jurisdiccional de la inactividad de la Administración tributaria conforme a los principios de tutela judicial efectiva y buena administración*, identifica adecuadamente su contenido, referido principalmente a la inactividad de la Administración tributaria, al silencio y a su posible revisión jurisdiccional. Quedan fuera de su ámbito problemas de inactividad que afectan a relaciones interadministrativas, como pudiera darse en el caso, por ejemplo, de las revisiones catastrales, pero no rehúye para el desarrollo de su investigación, abordar cuestiones colaterales conflictivas y de relevancia, que han sido tratadas con mayor extensión por la doctrina administrativista.

Ciertamente, la consolidación del Estado de Derecho ha ido acotando los posibles comportamientos omisivos de las Administraciones públicas, y en concreto de la tributaria, sobre todo tras la Ley de Derecho y Garantías de los Contribuyentes de 1998, siendo suficiente citar aquí, por ejemplo, el cambio normativo para considerar interrumpida la prescripción de las obligaciones tributarias, la regulación de la caducidad, o los efectos del silencio administrativo, aun cuando en algún aspecto se están dando retrocesos. Pero también es cierto que cada vez más el obligado tributario debe asumir tareas que han correspondido a la Administración, o se le impone el cumplimiento de deberes que quedan al albur de la Administración su verificación y utilización. En definitiva, una colaboración que puede llevar a extinguir deudas tributarias sin que la Administración haya tenido que intervenir en absoluto, o a que esta conozca información sin haber tenido que llevar a cabo actividad de investigación alguna, pudiendo limitarse a contrastar la obtenida por diversas fuentes para en su caso iniciar alguna actividad dentro o fuera de procedimientos de aplicación de los tributos.

Aunque en ocasiones el silencio de la Administración se pueda confundir con la inactividad, no siempre es así, pues el primero tiene unos efectos jurídicos, positivos o negativos, y contra los mismos se puede acudir a los tribunales, y hacer efectiva la tutela judicial, mientras que la inactividad, que es consustancial al silencio, donde adquiere toda su relevancia para podar dar paso al acceso a los tribunales es precisamente para obtener una prestación debida o la adopción de un acto expreso en procedimientos iniciados de oficio, allí donde no juega el mecanismo del silencio administrativo, como se reconoce en la propia exposición de motivos de la LJCA.

Y esa es una cuestión que da para mucho más que el objeto de la investigación de esta obra, que aborda lo que debe, partiendo del art. 29 LJCA, no tan novedoso como se evidencia en el texto, pero que ha permitido decir que el recurso contencioso-administrativo conlleva la protección de derechos e intereses de los ciudadanos, no exclusivamente un sistema de protección de la legalidad de la actuación de la Administración. Aunque también la exposición de motivos de la LJCA recuerda que «El recurso contencioso-administrativo, por su naturaleza, no puede poner remedio a todos los casos de/ indolencia, lentitud e ineficacia administrativas, sino tan sólo garantizar el exacto cumplimiento de la legalidad».

Sin embargo, en ocasiones, esa indolencia, lentitud o ineficacia, que nunca encontraremos como probable o posible en las Cartas de Servicios de la Administración Pública, puede comportar la lesión de derechos de los obligados tributarios, o incluso provocar el incumplimiento adecuado de deberes por estos. Por ejemplo, más allá de la falta de respuesta a una consulta tributaria, que debe formularse antes de la finalización del plazo para el ejercicio de derechos o de presentación de declaraciones, y otras cuestiones sobre las consultas que se tratan en el texto, hay ocasiones en que la obligatoriedad de cumplir deberes contando con la asistencia tributaria que debe ofrecer la Administración pueden verse afectados cuando esa asistencia no es adecuada o tempestiva. Ahora encontramos que, en el IRPF, se podrá establecer la obligación de declaración a través de medios electrónicos siempre que la Administración tributaria asegure la atención personalizada a los contribuyentes que precisen de asistencia para la cumplimentación de la declaración por tales medios ¿Asegure ante quién? ¿A quien haya obtenido una cita previa solicitada con la suficiente antelación? ¿Será suficiente prueba acreditativa de que dicha atención no se ha prestado, que haya contribuyentes que no han podido cumplimentarlo por medios electrónicos por no obtener cita en los días habilitados para ello acreditando el intento de solicitud?

En otros casos, como por ejemplo los descritos por Muñoz Molina en «Vuelva usted nunca» (*El País*, de 6 de mayo de 2023), o como en los que se constata por los ciudadanos —más como si fuesen clientes, a pesar de no poder cambiar de empresa prestadora del servicio o suministradora—, cuando pretenden obtener cita con su médico en el servicio público de salud, renovar documentos oficiales necesarios, en definitiva obtener citas previas, no se dan siempre las circunstancias de la inactividad que se manifiesta en la no prestación de un servicio creado o de una actividad asistencial a quien tenga derecho a ella, que se deba a la insuficiente consignación presupuestaria, o a la inexistencia de personal dispuesto a ocupar el destino, pues no cabe duda de que aquí se trata de un supuesto bien distinto. Pero también hay casos de otra inactividad más difícil de explicar, y no menos habitual. Es frecuente encontrar manifestaciones de los responsables políticos, cuando se presentan los presupuestos de las respectivas administraciones, en las que se ensalza las previsiones para atender los fines más relevantes o llamativos social o políticamente, pero sin embargo nada se dice cuando habiéndose reflejado la consignación presupuestaria en el presupuesto aprobado conforme a la propuesta del gobierno correspondiente, después esa misma administración que debía ejecutar el presupuesto, no lo hace consecuencia de la inactividad. Cierto que el crédito presupuestario es una autorización para gastar, pero los índices de inejecución que se dan cada anualidad presupuestaria tampoco entrarían, de momento, en el recurso por inactividad.

Sin duda, en la relación tributaria hay partes bien identificadas, pero en relación con las decisiones de gasto público, en principio, quedan excluidos del recurso por inactividad porque la dotación de unas partidas, o más bien la ausencia de dotación de las mismas, aun existiendo leyes, o incluso la propia Constitución, que las justifiquen, no da lugar a una relación jurídica en la que la otra parte tenga derecho a la petición, a pesar de que un mandato constitucional o legal a los poderes públicos, comporta un derecho de los ciudadanos a que sea cumplido, y esto es expresión de una garantía institucional. Como se apunta en la obra, en el recurso de inactividad el problema estriba, principalmente, en las exigencias establecidas legalmente sobre la prestación concreta a favor de personas determinadas con derecho a reclamarla, pues supone una injustificada restricción al concepto legal de legitimación previsto con carácter general por el art. 19 LJCA, por lo que el interés legítimo debiera ser suficiente.

Con ello quiero significar que, en el ámbito de la actividad financiera de los entes públicos, y más en concreto en su «comisión por omisión», hay extensas parcelas de inactividad ayunas de estudio para reaccionar contra ella. El rigor del texto de la investigación de Rosa Litago, puede servir como guía para acometer el estudio, parafraseando un verso de RILKE, de esas ternuras que están por vendimiar, en el ámbito del gasto público. Incluso el de la legitimación por concurrir interés legítimo o no, siendo ejemplo de su necesidad, aunque no referida a un supuesto de inactividad, la sentencia del TS, núm. 1817/2020, de 23 de diciembre de 2020, núm. Rec. 386/2019, en la que se declara la inadmisibilidad, por falta de legitimación, del recurso contra un Acuerdo del Consejo de Ministros que autorizaba la aplicación del Fondo de Contingencia presupuestaria para la concesión de un suplemento de crédito en el presupuesto del Ministerio del Interior, con el objeto de contribuir a la financiación del despliegue de las autoridades marroquíes en sus actividades de lucha contra la inmigración irregular, el tráfico de inmigrantes y la trata de seres humanos, cuando se trataba de un gasto discrecional, en principio excluido del ámbito de dicho Fondo.

Con anterioridad señalaba que la inactividad es consustancial al silencio administrativo, así como que en ocasiones el silencio de la Administración se puede confundir con la inactividad, pero ello no es trasladable a la profesora Litago Lledó, ni a su forma de trabajar. Sin duda, ella es enemiga del ruido, que tan frecuentemente encontramos en círculos universitarios, su trabajo silencioso es lo que le permite una actividad productiva y de calidad como conocen quienes le han leído previamente, y del que esta obra es una nueva muestra, llena de un amplio conocimiento dogmático teórico, y de innumerables enseñanzas prácticas.

Es hora de terminar, agradeciendo a la autora que me pidiera este prólogo, así como felicitarla por su contenido, pues como dijera Francisco de Quevedo, «las palabras son como las monedas, que una vale por muchas como muchas no valen por una».

Germán Orón Moratal

Catedrático de Derecho Financiero y Tributario

Universitat Jaume I de Castelló

2 de enero de 2024

# *Abreviaturas*

| | |
|---|---|
| AA VV | Autores varios |
| AEAT | Agencia Estatal de Administración Tributaria |
| AN | Audiencia Nacional |
| Art. | Artículo |
| CDFUE | Carta de Derechos Fundamentales de la Unión Europea |
| CE | Constitución Española |
| Coord. | coordinación |
| Dir. | dirección |
| Disp. ad. | disposición adicional |
| DUE | Derecho de la Unión Europea |
| EM | Exposición de Motivos |
| HPE | Hacienda Pública Española (Revista) |
| IRPF | Impuesto sobre la Renta de las Personas Físicas |
| IRNR | Impuesto sobre la Renta de no Residentes |
| ISoc. | Impuesto sobre Sociedades |
| IVA | Impuesto sobre el Valor Añadido |
| LBRL | Ley de Bases de Régimen Local |
| LDG | Ley de Derecho y Garantías de los Contribuyentes |
| LGT | Ley General Tributaria |
| LIS | Ley del Impuesto sobre Sociedades |
| LIRPF | Ley del Impuesto sobre la Renta de las Personas Físicas |
| LIVA | Ley del Impuesto sobre el Valor Añadido |
| LJCA | Ley de la Jurisdicción Contencioso-administrativa |
| LPACAP | Ley de Procedimiento Administrativo Común de las Administraciones Públicas. |
| LRJPAC | Régimen Jurídico de las Administraciones Públicas y del Procedimiento Administrativo Común. |

| | |
|---|---|
| LRJSP | Régimen Jurídico del Sector Público. |
| Núm. | Número |
| *Op. cit.* | obra citada |
| p. | página |
| pp. | páginas |
| pr. | párrafo |
| Rec. | recurso |
| REDA | Revista Española de Derecho Administrativo |
| REDF | Revista Española de Derecho Financiero |
| RGIT | Reglamento General de las actuaciones y los procedimientos de gestión e inspección tributaria y de desarrollo de las normas comunes de los procedimientos de aplicación de los tributos |
| RIRPF | Reglamento del Impuesto sobre la Renta de las Personas Físicas |
| RIRNR | Reglamento del Impuesto sobre la Renta de no Residentes |
| RIS | Reglamento del Impuesto sobre Sociedades |
| RIVA | Reglamento del Impuesto sobre el Valor Añadido |
| RR | Reglamento general de desarrollo de la Ley 58/2003, de 17 de diciembre, General Tributaria, en materia de revisión en vía administrativa. |
| RST | Reglamento general del régimen sancionador tributario |
| STC | Sentencia del Tribunal Constitucional |
| STS | Sentencia del Tribunal Supremo |
| TC | Tribunal Constitucional |
| TEAC | Tribunal Económico-Administrativo Central |
| TJUE | Tribunal de Justicia de la Unión Europea |
| TRLHL | Texto Refundido de la Ley de Haciendas Locales |
| TRLIRNR | Texto Refundido de la Ley del Impuesto sobre la Renta de no Residentes |
| TRLIS | Texto Refundido de la Ley del Impuesto sobre Sociedades |
| TS | Tribunal Supremo |
| *v. gr.* | verbigracia |

# *Introducción*

Es bien conocido que el art. 106.1 CE garantiza el control jurisdiccional de «la legalidad de la actuación administrativa, así como el sometimiento de ésta a los fines que la justifican». Y es también obvio que el fin al que sirve la Administración tributaria no es otro que velar por el cumplimiento del deber de contribuir recogido por el art. 31 CE, habida cuenta de su servicio a los valores y principios del art. 1.º de la propia Constitución. A la vista, sin embargo, de la literalidad de aquel precepto cabe preguntarse en qué medida la inactividad de la Administración tributaria puede y debe ser objeto de control por los órganos jurisdiccionales contencioso-administrativos, como parece lógico que demandan esos valores propios de un Estado social y democrático de Derecho, y es también exigible para la preservación de los intereses legítimos y, desde luego, de los derechos fundamentales de los obligados tributarios, especialmente el de tutela judicial efectiva del art. 24 CE.

El objeto de estudio de esta obra es el que se acaba de señalar, y toma como punto de partida el reconocimiento legal expreso de unas vías procesales específicas contra la inactividad administrativa, algo que se materializó en la LJCA de 1998 actualmente vigente en su art. 29 LJCA. Y es importante señalar que coetáneamente tuvo lugar la entrada en vigor de la LDGC, norma que supuso un avance notable en relación con la inactividad de la Administración tributaria, e inició la senda para embridarla por cauces jurídicos que continuó y amplió significativamente la LGT de 2003.

El propósito fundamental de este trabajo es tratar de desentrañar si con el paso del tiempo, y a la luz del régimen actual, se ha ido consolidando el uso de esas acciones frente a la inactividad y puede así apreciarse un verdadero avance en la defensa de la posición jurídica de los obligados tributarios frente al incumplimiento por parte de la Administración tributaria de su obligación de actuar. Algo que le impone, además, el principio de buena administración que, incluso, ha llegado a considerarse un derecho fundamental por el TS y que, sea o no esa su naturaleza, se ha erigido como un criterio jurídico decisivo en la lucha contra la inactividad de la Administración tributaria.

Junto a todos estos elementos hay otro fundamental que aboca a la realización de un estudio interdisciplinar y es que el régimen jurídico propio de la vía administrativa, y previo al control jurisdiccional, es especial en la materia tributaria. Se impone, pues, la necesidad de contraste entre el régimen administrativo común de la previa obligación de resolver en sentido amplio y el propio de la materia tributaria por dos razones: la primera, es que convendrá ver si el grado de satisfacción de las garantías constitucionales implicadas, básicamente, los art. 103, 105 y 106 CE, es idéntico al del ámbito general; y, la segunda, porque esa disparidad desemboca, sin embargo, en un régimen de recursos contencioso-administrativos común, y en el que entra en juego el art. 24 CE que se verá influido por las limitaciones que pudieran derivarse del previo régimen en sede administrativa.

Además de esta perspectiva que atiende a los principios constitucionales que he ido enumerando, la relevancia del deber de contribuir y los peculiares perfiles por los que discurre la «actuación» de la Administración tributaria le imprimen un sesgo peculiar a esta cuestión, básicamente por la naturaleza de las potestades administrativas que se ejercitan en un sistema de aplicación de tributos, en sentido amplísimo no técnico-jurídico, basado en la colaboración y el protagonismo de los obligados tributarios.

La estructura del trabajo en tres partes responde, pues, a todos los factores reseñados, como evidencia la lectura de los epígrafes que los encabezan. De manera que, consideradas las razones que hacen especialmente idóneas estas acciones del art. 29 LJCA frente a la inactividad administrativa, se lleva a cabo el necesario análisis de sus perfiles legales conforme a criterios dogmáticos, para, en último término, ir considerando su utilidad práctica de cara a combatir las manifestaciones más significativas de inactividad de la Administración tributaria. En esta última parte destaca el papel fundamental que ha ido desempeñando a lo largo de todos los años de vigencia de la LJCA la Jurisprudencia del TS. Pues el Alto tribunal ha desarrollado una labor encomiable, forjando una doctrina que trata de sortear las dificultades que presenta este régimen legal, y que, lamentablemente, no son pocas y fueron puestas de manifiesto prontamente por la doctrina administrativista. En dicha tarea, referida específicamente al ordenamiento jurídico tributario, el papel del principio de buena administración y el rechazo absoluto del TS a un supuesto derecho a no resolver de la Administración tributaria son criterios decisivos que permiten atisbar un avance significativo de las garantías de los obligados tributarios.

## *Capítulo I*

# La relevancia constitucional del control de la inactividad de la Administración tributaria ex arts. 106 CE y 24 CE

Con carácter general, la relevancia que cabe atribuir a la introducción en la LJCA de 1998 del recurso contra la inactividad administrativa como posible objeto de conocimiento de los órganos de tal jurisdicción, a tenor de su art. 1.º, y que se concreta en las dos acciones contempladas por su art. 29, se debe, como señaló el Profesor GARCÍA DE ENTERRÍA, a que dicha Ley confirmó «definitivamente» la «subjetivización plena del sistema español de justicia administrativa» al servicio del mandato del art. 24 CE[1]. Porque la introducción de estas acciones —y la dirigida contra las vías de hecho— supone «una considerable apertura de las pretensiones ejercitables» y esta es, junto a la previsión expresa de la posibilidad de ejecución de las resoluciones jurisdiccionales, una de las circunstancias esenciales que contribuye a la necesaria adaptación del sistema jurisdiccional contencioso-administrativo a las exigencias del citado art. 24 CE. Y que, siguiendo con las ideas de este autor, debe estar dirigida a «otorgar la tutela efectiva de los jueces y tribunales en el ejercicio de los derechos e intereses legítimos de todas las personas, incluyendo la pretensión de obtener esa tutela judicial como un derecho fundamental» dentro de aquello que la CE proclama como uno de sus valores superiores. En definitiva, la previsión expresa en la vigente LJCA del control jurisdiccional de la inactividad administrativa era uno de los argumentos que le servían para afirmar, hace ya muchos años, que el contencioso-administrativo se había «transformado» pasando de ser «un medio de orden público de protección de la legalidad de la Administración (…) a un sistema de tutela o protección de derechos e intereses legítimos de los ciudadanos», cuyos resultados el tiempo habría de evidenciar.

1. GARCÍA DE ENTERRÍA, E.: *Problemas del Derecho púbico al comienzo del siglo*, Civitas, Madrid, 2001, pp. 78 a 86.

A la vista de este interesante planteamiento, ¿cómo no preguntarse que podría suponer para la materia tributaria tal avance en la configuración del proceso contencioso-administrativo? Esta es, pues, la primera y principal razón que justificaría este estudio. A la que, no obstante, cabe añadir otras más.

Así, no cabe desconocer la influencia que la materia tributaria despliega en una de las principales preocupaciones del autor de la LJCA que constituyó, sin duda, si no el principal, sí uno de los más importantes hilos conductores de la reforma legal. Me refiero al objetivo confesado de contribuir a solventar los alarmantes niveles de litigiosidad y saturación que sufría entonces y sigue sufriendo la jurisdicción contencioso-administrativa española. Fenómeno que se manifiesta agudamente en relación con esta rama del ordenamiento jurídico.

Y, porque como he señalado, también era un propósito de la LJCA, manifestada en su EM, acomodar esta «pieza capital de nuestro Estado de Derecho» a las exigencias constitucionales en todo aquello que la encomiable labor jurisprudencial y doctrinal pudo alcanzar al socaire de la valiosa LJCA/1956 derogada. Desde esta perspectiva son básicamente, —aunque no las únicas—, las exigencias de los arts. 9.1, 24, 103.1 y 106 CE las que merecen mayor atención[2]. Junto a ello, la Ley debía dar cumplida satisfacción a uno de sus cometidos fundamentales: adecuarse a la realidad social a cuyas necesidades debe dirigirse. Conformada ésta por las transformaciones que ha sufrido la Administración española, en su organización, en sus fines y en el contenido y las formas de su «actuación», que discurren paralelas a las de los derechos que «las personas y los grupos sociales ostentan frente a ella». A mi juicio, la consideración de ambos parámetros en la órbita propia del Derecho financiero y tributario nos sitúa precisamente en el seno de algunas de las principales cuestiones que éste tiene planteadas desde la entrada en vigor de la LJCA y que, en la actualidad, permanecen inalteradas cuando no agravadas. La razón es que estos problemas son la consecuencia fundamental de las corrientes legislativas que actuaron, en sentidos diversos, sobre las potestades administrativas a través de las suce-

2. FERNANDO PABLO, M.: «La inactividad de la Administración: de la fuerza de lo fáctico en Derecho y el papel de la norma de procedimiento administrativo», en GONSÁLBEZ PEQUEÑO, H. (Dir.): *La nueva Ley de Procedimiento Administrativo Común,* Wolters Kluwer, Las Rozas (Madrid), 2016, p. 134, recuerda cómo en los trabajos parlamentarios de elaboración de la Constitución, el profesor Lorenzo MARTÍN RETORTILLO, trató de introducir una mención expresa a la inactividad administrativa en el trascendental precepto que es el art. 106 CE.

sivas reformas de la LGT/1963[3], llevadas a cabo en 1985[4] y 1995[5], a las que trató de servir de contrapunto la Ley 1/1998, de 26 de febrero, de derechos y garantías de los contribuyentes (LDGC) coetánea de la LJCA, mediante la «sistematización» de los derechos y garantías de los «contribuyentes». Con posterioridad, la intención manifestada por la vigente LGT, Ley 58/2003, de 17 de diciembre, de acercar los derechos de los «obligados tributarios» a los del régimen común que entonces se contemplaban en una sola norma, la Ley 30/1992, de 26 de noviembre (LRJPAC), suponía un verdadero reto que sólo el tiempo podía confirmar o desmentir. Y, lamentablemente, las posteriores reformas a las que ha sido sometida, muchas de ellas bajo el pretexto, más bien la manida justificación, de la lucha contra el fraude fiscal[6] no hacen sino confirmar ese distanciamiento entre las garantías y derechos que asisten a los administrados, en general, frente a su posición como obligados tributarios. Afirmación que, en puridad, debe referirse únicamente a la vía administrativa previa en sentido amplio.

En último término, porque la impronta de la materia tributaria se deja sentir expresamente en aspectos puntuales de la propia Ley, como es el caso del peculiar instituto previsto por el art. 110 LJCA, al que aludiré en relación con los problemas que pudieran surgir de eventuales omisiones de la actividad administrativa que este precepto presupone.

En suma, la perspectiva de este estudio parte del interrogante que dejó planteado el Profesor GARCÍA DE ENTERRÍA, sobre si esa tendencia «claramente discernible», ese «cambio de paradigma» del contencioso-administrativo, se confirmaba con el paso del tiempo, de modo que se iniciara con ello un «nuevo período en consonancia con el de la primacía de los derechos fundamentales que caracteriza el sistema de Estado de Derecho de nuestro tiempo»[7]. Lógicamente, referido todo ello a la materia tributaria.

3. Ley 230/1063, de 28 de diciembre, General Tributaria.
4. Ley 10/1985, de 26 de abril, de modificación parcial de la Ley General Tributaria.
5. Ley 25/1995, de 20 de julio, de modificación parcial de la Ley General Tributaria.
6. Así, la Ley 36/2006, de 29 de noviembre, de medidas para la prevención del fraude fiscal. Y la más reciente Ley 11/2021, de 9 de julio, de medidas de prevención y lucha contra el fraude fiscal, de transposición de la Directiva (UE) 2016/1164, del Consejo, de 12 de julio de 2016, por la que se establecen normas contra las prácticas de elusión fiscal que inciden directamente en el funcionamiento del mercado interior, de modificación de diversas normas tributarias y en materia de regulación del juego.
7. GARCÍA DE ENTERRÍA, E.: *Problemas del Derecho púbico al comienzo del siglo, op. cit.*, pp. 85 y 86.

## 1. LOS PERFILES DE LA «ACTUACIÓN» DE LA ADMINISTRACIÓN TRIBUTARIA AL SERVICIO DEL ART. 31 CE

Tomando en consideración todo lo anterior, es lógico que en un estudio sobre esta cuestión comencemos por considerar lo dispuesto por el artículo 1.º1 de la LJCA referido a las principales manifestaciones de la *actuación* de la Administración tributaria en la actualidad. Es decir, atendiendo a los perfiles que definen su posición en nuestro ordenamiento jurídico, que la obliga a la satisfacción de un interés público que no es otro que la consecución del deber constitucional de sostenimiento de los gastos públicos del art. 31 CE. Y que, como establece sin excepciones el art. 106 CE, se verá sometida al control jurisdiccional a que alude aquel precepto mediante su conformación como eventual objeto del recurso contencioso-administrativo, definido por los arts. 25 y siguientes de la LJCA.

Desde nuestra perspectiva, el elemento nuclear de este trabajo se centra en el contraste entre la referencia a la *actuación* administrativa como objeto del control jurisdiccional del citado art. 1.º LJCA y el principal rasgo que define la posición jurídica de la Administración tributaria. Circunstancia que le confiere una trascendencia inusitada a uno de los cuatro posibles objetos del recurso contencioso-administrativo que estableció la LJCA, el del art. 29 LJCA que, por ahora, podemos denominar genéricamente como recurso contra la inactividad administrativa. La razón es bien conocida ya desde la promulgación de aquella Ley en el año 1998 y aún antes. Y es que uno de los rasgos característicos de aquella posición se debe a la progresiva consolidación del llamado «modelo de colaboración en la gestión[8]», desarrollado en detrimento del «modelo clásico», justamente por causa de la creciente complejidad del sistema tributario[9]. La relevancia del estudio del objeto del proceso contencioso-administrativo deviene de su análisis respecto a la *actuación* que la Administración tributaria tiene, o debe tener, en la consecución del mismo como instrumento dirigido, como decía, a un fin constitucional último: el deber solidario de contribuir del art. 31 CE. En este sentido, cabe distinguir claramente dos aspectos que, teniendo un origen común en el aludido fenómeno, se hallan conectados, a su vez, con el anterior. Aspectos que se corresponden con la atribución, y el correlativo ejercicio, de potestades de distinta índole.

8. CASADO OLLERO, G.: «La colaboración con la Administración tributaria. Notas para un nuevo modelo de relaciones con el Fisco», *HPE*, núm. 68, 1981, pp. 151 y ss.
9. MARTÍN DELGADO, J. M.: «Los nuevos procedimientos tributarios: las declaraciones liquidaciones y las declaraciones complementarias», *HPE*, núm. 84, 1983, pp. 20 y 33. Así lo reconoce la STC 76/1990, de 26 de abril. (RTC 1990, 76).

A saber: de un lado, la efectividad de dicho modelo que, basado en la preeminente actuación de los particulares, con la generalización de las autoliquidaciones tributarias, así como, en su ámbito específico, de los pagos a cuenta, discurre al margen de un procedimiento administrativo como cauce necesario para el cumplimiento de las prestaciones tributarias, en contraste con el marcado protagonismo administrativo anterior, requiere, como contrapartida, de la «colaboración» administrativa en la tarea de interpretación y aplicación del ordenamiento jurídico por parte de aquéllos. Dicha colaboración traducida en actuaciones de «información y asistencia a los contribuyentes» en un sentido amplísimo como el empleado por la Sección 2.ª del Capítulo I del Título III de la LGT, —heredero del Capítulo II de la LDGC que se refirió a ellos por vez primera—, comprensiva de instrumentos de contenido y características heterogéneas, se hará tanto o más necesaria cuanto más complejo, extenso y asistemático sea el elenco de disposiciones que conforman un sistema tributario. Máxime cuando el legislador no se ha decidido a atajar mediante instrumentos efectivos los orígenes de la proliferación normativa que desencadena la anteriormente aludida inseguridad jurídica. Previendo de modo expreso normas que incidan directamente en la tarea «normativa» de la Administración. Aquella que se refiere no sólo a la elaboración de disposiciones reglamentarias adecuadas a lo dispuesto por el art. 97 CE, sino también en la relativa a la iniciativa legislativa mediante la elaboración de los proyectos de ley[10]. Medidas que se corresponderían con una exigencia derivada de la implantación del modelo de colaboración que demanda una utilización estricta de esta potestad como garantía de precisión y certeza, de seguridad, en suma, de los «contribuyentes»[11]. Más aún, cabe añadir, si el buen funcionamiento de un sistema de gestión tributaria —considerada esta función en un sentido no técnico-jurídico— requiere eficacia y celeridad en su aplicación y su satisfacción depende casi exclusivamente de la actuación de los particulares, no es de extrañar que una de las tendencias legislativas de las sucesivas reformas de la LGT a las que ya he aludido, sea la consagración legal de un principio de *espontaneidad* que favorece la discriminación de trato respecto a la actuación de los particulares según provoque o no una intervención administrativa. El ejemplo más reciente lo tenemos en la Ley 11/2021, de 9 de julio, como consecuencia de las modificaciones en el régimen de recargos por declaración extemporánea (art. 27 LGT) y las reducciones del importe de las sanciones pecuniarias (art. 188 LGT). Y resulta significativo que, tam-

10. RAMALLO MASSANET, J.: «Información y Asistencia en el cumplimiento de las obligaciones tributarias», en AA. VV. *Estatuto del Contribuyente,* 2.ª edición, F. Lefebvre, Madrid, 1999, p. 42.
11. RAMALLO MASSANET, J.: «1974/1998: la evolución doctrinal del Derecho financiero en España», *R.E.D.F,* NÚM. 100, 1998, p. 735.

bién en este primer sentido, esa manifestación o práctica reducción de la intervención administrativa supone la eliminación del procedimiento administrativo. Efecto que tiene relevancia constitucional si se considera su función garantista conforme al art. 105 CE. Abundando en ello, la introducción de la figura de las autoliquidaciones rectificativas en la Ley 13/2023, de Ley 13/2023, de 24 de mayo[12], es, a mi modo de ver un buen ejemplo de ello.

Por otro lado, la segunda circunstancia que sirve para perfilar esa posición de la Administración tributaria deviene de la innecesariedad de la actuación administrativa tendente a la determinación de la obligación tributaria y a su subsiguiente cumplimiento. El efecto fundamental, como es bien sabido, se plasma, en primer lugar, en la eventualidad de la intervención administrativa. Es decir, en un cierto arrinconamiento del procedimiento administrativo con el pernicioso efecto de carácter constitucional al que ya he aludido en referencia al art. 105 CE. En relación con el primer tipo de potestades administrativas, pese a la vigencia formal del procedimiento «clásico», representado hoy día en los arts. 128 a 130 LGT que regulan el «procedimiento iniciado mediante declaración». Y, en cuanto al segundo, por la clara intención del legislador de postergar al máximo la apertura del procedimiento de apremio, tratando de evitarla en la medida de lo posible a tenor del art. 28 LGT y por el papel que desempeña el período ejecutivo en el diseño legal de la recaudación tributaria (arts. 160 y 161 LGT). Y, en segundo lugar, en la transformación de su contenido, centrándolo en el ejercicio de potestades eminentemente fiscalizadoras, de control o sancionadoras de los incumplimientos o cumplimientos irregulares.

Dado que la configuración jurídica de la *actuación* de la Administración tributaria se debe al interés general que está en juego, el reiterado deber constitucional de contribuir, la posibilidad de control jurisdiccional de su eventual omisión que ofrecen los arts. 25 y 29 LJCA es una cuestión de evidente relevancia también constitucional, tal y como hemos visto, atendidos los arts. 24 y 106 CE. Sin embargo, y aunque este es el eje central de nuestro estudio, la trascendencia de las potestades administrativas en juego debiera conducir a una deseable relegación del control de la inactividad administrativa por los jueces y tribunales, primando, por contra, el deber de resolver de la Administración tributaria que afecta a una fase previa. Y no sólo por las garantías constitucionales que acabo de citar, sino por otra más a favor de los administrados: la garantía constitucional de seguridad jurídica del

12. Ley 13/2023, de 24 de mayo, por la que se modifican la Ley 58/2003, de 17 de diciembre, General Tributaria, en transposición de la Directiva (UE) 2021/514 del Consejo de 22 de marzo de 2021, por la que se modifica la Directiva 2011/16/UE relativa a la cooperación administrativa en el ámbito de la fiscalidad, y otras normas tributarias.

art. 9.3 CE. Metodológicamente esto supone la referencia insoslayable a ese estadio administrativo previo donde opera el deber de resolver, como deber de actuar de la Administración tributaria, y, por ende, de la respuesta del ordenamiento jurídico a su omisión. Cabe atender, así, al régimen jurídico de la inactividad administrativa específico de la materia tributaria puesto en contraste, además, con el régimen administrativo general o común. Análisis que se realizará en función de la naturaleza de las distintas potestades administrativa implicadas. Distinguiendo dos grandes grupos. Por un lado, las de fiscalización y control que pueden devenir en la regularización de la situación tributaria de los obligados como, en su caso, en su sanción. Y, por otro, las de información y asistencia, que actuarían, en teoría, con carácter previo, e incluso en evitación de aquéllas.

A la vista de la naturaleza diversa de esas potestades administrativas, la importancia del deber (obligación, según la LGT) de resolver de la Administración tributaria, que evitaría el control jurisdiccional de la inactividad administrativa, lógicamente, es por esto mismo un objetivo perseguible. No sólo por la exigencia constitucional de seguridad jurídica, sino porque también es uno de lo principios recogidos en el más genérico de buena administración que tanta notoriedad está adquiriendo en los últimos tiempos. Cuya naturaleza constitucional, pese a su omisión por la CE, ha sostenido el TS, y cuya relevancia, esencial, a mi modo de ver, estriba en su conexión con el derecho fundamental a la tutela judicial efectiva del art. 24 CE, así como con los arts. 103 y 106 CE. Cuestiones a las que dedicaré las siguientes líneas.

## 2. LA IMPORTANCIA ACTUAL DEL PRINCIPIO DE BUENA ADMINISTRACIÓN (ART. 41 CDFUE) FRENTE A LA INACTIVIDAD EN MATERIA TRIBUTARIA[13]

En el análisis del control jurisdiccional de la inactividad de la Administración tributaria en la actualidad confluye un elemento nuevo que no aparecía en el momento de la promulgación y entrada en vigor de la LJCA en

13. Esta cuestión la he tratado ampliamente en un trabajo anterior, vid. LITAGO LLEDÓ, R.: «El derecho a la buena administración y la inactividad de la Administración tributaria», en MERINO JARA, I. (Dir.): *La protección de los derechos fundamentales en el ámbito tributario,* La Ley-Wolters Kluwer, Las Rozas (Madrid), 2021, pp. 255 a 290. Más allá de la relación del principio con la inactividad administrativa puede consultarse, LITAGO LLEDÓ, R.: «Eficacia práctica del principio de buena administración formulado por el Tribunal Supremo», *Revista Técnica Tributaria,* núm. 133, 2021, pp. 127 a 154. La bibliografía sobre este tema es muy abundante y, entre los trabajos más recientes, puede consultarse el exhaustivo estudio de PAGÈS I GALTÉS, J.: "La raíz iusnaturalista de la buena administración y su configuración jurisprudencial como principio tributario", *REDF,* núm. 200, 2023 (consultado el 9.1.2023).

el año 1998. Me refiero al principio o derecho de buena administración. Y es que, justamente, en este ámbito es donde ha desempeñado, en los últimos tiempos, un papel esencial en la labor del TS tratando de poner coto a la inactividad en un sentido amplio. Así lo evidencia un repaso a la Jurisprudencia más reciente de la que cabe entresacar algunas líneas esenciales.

Por un lado, la aplicación de este principio no se ha visto impedida por las limitaciones que se desprenden del ordenamiento jurídico.

La primera porque se trata de un principio que no está reconocido expresamente ni en las Leyes administrativas ni en la propia LGT. Lo que no ha impedido al TS afirmar que está implícito en el art. 103 CE, lo que dejaría en entredicho ese carácter supuestamente novedoso al que me he referido al comienzo. La segunda dificultad, estrechamente conectada con la primera, es que se trata de un principio formulado expresamente por el art. 41 CDFUE cuyo ámbito de aplicación natural es el que determina el art. 51 de la misma norma. Algo que tampoco ha impedido al TS aplicarlo indiscriminadamente en materia tributaria, dotándolo de una enorme fuerza expansiva.

Atendido el texto del precepto, su conexión con la inactividad también tiene difícil encaje si se trata de la inactividad en sentido técnico jurídico. Esto es, si nos centramos exclusivamente en el instituto jurídico que se refiere a la obligación de resolver en un plazo limitado que incumbe a la Administración. Porque nada dice expresamente sobre ello. Es más, la aplicación de este principio por parte del TS no se ha limitado a esa inactividad en ese sentido estricto, sino que también se ha extendido a ciertos casos de omisión de actividad administrativa pero que no se enmarcan en las disposiciones del ordenamiento jurídico español que se refieren a la inactividad, básicamente, los arts. 21 a 25 LPACAP, y, en general, para la materia tributaria, los arts. 103 y 104 LGT. En este sentido, lo verdaderamente relevante del principio de buena administración es que su falta de reconocimiento explícito constitucional no impide observar que se extrae de todos aquellos que se refieren a la actuación de los poderes públicos y que están al servicio del Estado social y democrático y de derecho, y del interés general, lo que, en consecuencia, conectaría con el fin constitucional del deber de contribuir del art. 31 CE. En definitiva, si éstos demandan una actividad eficaz y puntual, su omisión o retraso devendría en una inactividad antijurídica. Dicho esto, el papel que puede desempeñar el principio de buena administración tiene que ver con su naturaleza jurídica, bien como principio que obliga a la Administración, bien como derecho que ostenta el interesado. La cuestión es que, desde esta perspectiva, el TS lo ha llegado a catalogar como un derecho fundamental por su conexión con otros como el del art. 24 CE, especialmente cuando se trata de inactividad en sentido técnico en relación con recursos y reclamaciones. Sin embargo, se ha empleado como un criterio interpretativo y no como una vía específica por la que encauzar las demandas de los obligados perjudicados. Es decir, el principio de buena administración, según reconoce el propio TS en su STS 586/2020, de 28 de mayo (RJ 2020, 1756) es un canon hermenéutico, una suerte de «metaprincipio» jurídico inspirador de otros. Y en virtud del cual el «deber jurídico de resolver las solicitudes, reclamaciones o recursos no es una invitación de la ley a la cortesía de los órganos administrativos, sino un estricto y riguroso deber legal que obliga a todos los poderes públicos» con base en los arts. 9.1 y 3, 103.1 y 106.1 CE. Dicho de otro modo, el TS ha reiterado en numerosas ocasiones que no es viable reconocer un supuesto derecho de la Administración tributaria a no actuar.

Para concluir esta apretada síntesis, quiero incidir en la nota que ya he señalado de que la proscripción de la inactividad aludiendo a este principio se ha referido por el TS a todo tipo de inactividad. Y esto es relevante en un estudio como este porque la incidencia del principio plantea el problema de su encaje con las normas vigentes sobre inactividad. El problema, en general, sería saber si la consagración de este principio pone en evidencia el régimen legal. Se trata, por tanto, de un riesgo para el principio de legalidad que podría verse comprometido por la creación jurisprudencial del Derecho si se llevan más allá de sus términos estrictos las normas sobre inactividad so pretexto del derecho de los administrados a la buena administración. De ello ha habido ejemplos muy recientes en relación con casos de silencio en vía de recurso donde, sin embargo, este riesgo finalmente no se materializó pese a lo que parecían augurar los autos de admisión de los recursos[14]. En este sentido, la Jurisprudencia del TS ha evidenciado, por un lado, que, en los casos de inactividad en sentido técnico-jurídico, la apelación al principio de buena administración no se ha visto impedida por el hecho de que el art. 41 CDFUE no contemple la obligación de resolver, como tampoco sucede en el contexto de las instituciones europeas donde se gestó el principio. Por otro lado, también ha puesto de manifiesto algo que es más relevante desde el punto de vista de la eventual confrontación con el principio de legalidad, y es que el principio de buena administración solo des-

14. De ello me he ocupado en dos trabajos a los que remito al lector interesado: LITAGO LLEDÓ, R.: «El principio de buena administración y el derecho fundamental de acceso a los recursos de los obligados tributarios en casos de inactividad administrativa» en MORENO GONZÁLEZ, S. y P. J. CARRASCO PARRILA (Dir.): *Los principios del cumplimiento cooperativo en materia tributaria,* Atelier, Barcelona, 2023, pp. 73 a 92; y LITAGO LLEDÓ, R.: «La creación jurisprudencial de excepciones a la vía administrativa previa de revisión en materia tributaria por aplicación del principio de buena administración» (en prensa).

plegará sus efectos realmente en dos casos: cuando los resultados de una interpretación literal sean inaceptables y cuando no esté previsto un límite temporal explícito para la actuación administrativa. En ambos, es evidente que el riesgo deriva de que la efectividad del principio queda en manos del aplicador y/o interprete de la norma.

*Capítulo II*

# El recurso contencioso-administrativo contra la inactividad de la Administración del art. 29 LJCA

## 1. LA RELATIVA INNOVACIÓN LEGAL Y SU INDUDABLE UTILIDAD EN MATERIA TRIBUTARIA

No hay duda de que, en su momento, una de las novedades más llamativas de la LJCA y que en principio estaba llamada a recibir mejor acogida, es la que se refiere a las previsiones específicas en torno a la inactividad de la Administración que establecen los arts. 25.2 y 29 LJCA[1].

El art. 25.2 LJCA, dice: «*También es admisible el recurso contra la inactividad de la Administración y contra sus actuaciones materiales que constituyan vía de hecho, en los términos establecidos en esta Ley*».

Por su parte, el art. 29 LJCA, dispone:

«*1. Cuando la Administración, en virtud de una disposición general que no precise de actos de aplicación o en virtud de un acto, contrato o convenio administrativo, esté obligada a realizar una prestación concreta en favor de una o varias personas determinadas, quienes tuvieran derecho a ella pueden reclamar de la Administración el cumplimiento de dicha obligación. Si en el plazo de tres meses desde la fecha de la reclamación, la Administración no hubiera dado cumplimiento a lo solicitado o no*

1. NIETO, A: «La inactividad de la Administración en la LJCA de 1998», *Justicia Administrativa,* núm. extraordinario, 1999, pp. 46 y 59 y ss., considera que, a la inactividad, como objeto del recurso contencioso-administrativo, se le «añade simétricamente el de las vías de hecho, que debe ser analizado junto a ella, pese a que, a primera vista, constituye un fenómeno muy distinto». Básicamente porque este último podría servir para colmar las lagunas que, dada su configuración legal, presenta el recurso contra la inactividad material, p.ej. en los supuestos en los que se produce una «vía de hecho omisiva», es decir, una inactividad material que no se corresponde con una obligación concreta legalmente establecida y no puede así atacarse por la vía del art. 29.1 LJCA.

*hubiera llegado a un acuerdo con los interesados, éstos pueden deducir recurso contencioso-administrativo contra la inactividad de la Administración.*

*2. Cuando la Administración no ejecute sus actos firmes podrán los afectados solicitar su ejecución, y si ésta no se produce en el plazo de un mes desde tal petición, podrán los solicitantes formular recurso contencioso-administrativo, que se tramitará por el procedimiento abreviado regulado en el artículo 78».*

Coherentemente con la amplitud de la cláusula del art. 1.º.1 LJCA[2], la inactividad de la Administración contraria a Derecho, en tanto constituye una conducta ilegal, se somete al conocimiento de la jurisdicción contencioso-administrativa, pasando a formar parte del objeto del recurso y configurando así una de las cuatro modalidades en que se estructura éste en la LJCA de 1998.

Sin embargo, y pese a las grandilocuentes afirmaciones de la EM de la LJCA en encendida defensa del régimen que introduce, no puede afirmarse en puridad la absoluta novedad de la medida[3]. No, por dos razones:

a) Porque, no en vano, ya el Tribunal Constitucional en su Sentencia 294/1994, de 7 de noviembre (RTC 1994, 294) —reproducida posteriormente por la STC 136/1995, de 7 de noviembre (RTC1995, 136) —, había admitido la idoneidad de la inactividad administrativa como objeto del recurso contencioso-administrativo a la luz del principio constitucional de tutela judicial efectiva, afirmando que «de ningún modo puede excluirse que el comportamiento inactivo u omisivo de la Administración Pública pueda incurrir en ilegalidad y afectar a los derechos e intereses legítimos de los ciudadanos». Concluyendo que «La plenitud del sometimiento de la actuación administrativa a la Ley y al Derecho (art. 103.1 CE), así como

2. Art. 1.º.1 LJCA: «*Los Juzgados y Tribunales del orden contencioso-administrativo conocerán de las pretensiones que se deduzcan en relación con la actuación de las Administraciones públicas sujeta al Derecho Administrativo, con las disposiciones generales de rango inferior a la Ley y con los Decretos legislativos cuando excedan los límites de la delegación*».

3. Ni tampoco su actualidad, porque ya con anterioridad a la promulgación de la LJCA de 1998 concurrían numerosas razones para ella, derivadas básicamente de las exigencias constitucionales contenidas en los arts. 24, 103 y 106 CE; ENTRENA CUESTA, R.: «Responsabilidad e inactividad de la Administración: Notas para un intento de reelaboración», en la obra colectiva *El Derecho Administrativo en el umbral del Siglo XXI. Homenaje al Prof. Dr. Ramón Martín Mateo,* Vol. II, Tirant Lo Blanch, Valencia, 2000, p. 1217. Véase laevolución doctrinal sobre la cuestión, en relación con el régimen anterior a la LJCA de 1998, que sintetiza FERNANDO PABLO, M.: *op. cit.,* p. 134. Vid. también MATA SIERRA, M.ª T.: *Las garantías de los ciudadanos frente a la inactividad de la Administración tributaria,* Lex Nova-Thomson Reuters, Valladolid, 2014, p. 49, que se hace eco de la disparidad de opiniones que provocó este régimen jurídico.

de la función jurisdiccional de control de dicha actuación (art. 106.1 CE), y la efectividad que se predica del derecho a la tutela judicial (art. 24 CE) impiden que puedan existir comportamientos de la Administración pública —positivos o negativos— inmunes al control judicial»[4].

b) Y porque la inactividad de la Administración no constituía un objeto desconocido al amparo de la anterior LJCA/1956. Precisamente destacaba NIETO, a quien se debe esta construcción, que la tercera etapa en la evolución de la jurisdicción contencioso-administrativa la constituyó la ampliación de su objeto «a los actos presuntos a través de la técnica del silencio administrativo»[5] mediante la labor jurisprudencial que la admitió inicialmente respecto del silencio negativo, ampliándose posteriormente al silencio positivo[6]. De este modo, ya en el régimen anterior podía combatirse la inactividad bien fuera formal o material. Y respecto de esta última, tal técnica permitía superar la dificultad basada en la inexistencia de un acto previo formal, transformándola en inactividad del primer tipo[7].

Incluso va más allá GONZÁLEZ PÉREZ al afirmar que ya con aquella Ley podía deducirse directamente una pretensión frente a la inactividad material para la que los Tribunales contaban con jurisdicción, sin que pudiera rechazarse con base en el argumento de la naturaleza revisora de la jurisdicción contencioso-administrativa, que, a su juicio, la propia LJCA/1956 ya había superado. Y porque la exigencia legal y jurisprudencial de un acto formal previo cabe concebirla como presupuesto procesal con una finalidad clara, pues es una exigencia lógica que impide iniciar un procedimiento cuando no existe situación litigiosa, y en tal sentido sigue presente en la vigente LJCA. En opinión de este autor, el problema en relación con la Ley derogada se situaba así en un plano posterior, y consistía en verificar si el sistema legal ofrecía efectiva tutela a estas situaciones. En él las dificultades se planteaban en torno a diversos aspectos relativos a la legitimación, el pro-

4. MATA SIERRA, M.ª T.: *id. últ. cit.* pp. 31 y 32.
5. NIETO, A.: *Op. cit., p.* 46.
6. GÓMEZ PUENTE, M.: «La impugnación jurisdiccional de la inactividad administrativa», *R.E.D.A.*, núm. 107, 2000, p. 333.
7. *Ibidem,* más concretamente, operaba «incorporando la actividad debida al objeto de una solicitud formal y recurriendo contra su desestimación expresa o por silencio administrativo». Técnica que pese a ser excesivamente complicada, como destacara el propio NIETO, al menos servía para que el particular no quedara inerme en estos casos, GARRIDO FALLA, F.: «Comentario al art. 1.º LJCA», *R.E.D.A,* núm. 100, 1998, p. 265.

cedimiento a seguir, las medidas cautelares a adoptar y las potestades del Juez en la eventual sentencia de condena y su posterior ejecución[8].

A la vista de lo anterior, parece lógico preguntarse sobre el alcance de la nueva regulación legal y su auténtico carácter innovador[9]. Interrogante que con abrumadora mayoría ha recibido una respuesta negativa por parte de la doctrina[10], sin que por ello deba dejar de reconocerse, cuando menos, la utilidad de su previsión expresa. Circunstancia que, —junto a la regulación de las vías de hecho—, nos sitúa, a juicio de NIETO, en la cuarta etapa de la evolución de la jurisdicción contencioso-administrativa a que antes he aludido.

¿Cuál es entonces la supuesta innovación de la Ley? ¿Consigue regular un régimen coherente con la amplitud del art. 1.º.1 LJCA y colmar las lagunas que presentaba el anterior, abarcando completamente los supuestos de inactividad? La propia EM de la LJCA aporta respuestas a estas cuestiones:

En primer término, el supuesto recurso genérico contra la inactividad que la LJCA aborda con carácter innovador se refiere exclusivamente a un ámbito muy concreto de la misma: aquel en el que «no juega el mecanismo del silencio administrativo». La anterior afirmación debe, sin embargo, ser matizada en un aspecto fundamental y es que, teniendo en cuenta el contenido heterogéneo del art. 29 LJCA, que regula dos recursos diferentes, no se extiende a la segunda modalidad contenida en el art. 29.2 LJCA y que se refiere a la ejecución de un acto firme, ya que ésta abarca cualquier tipo de inactividad, sea formal, sea material[11]. De modo que la exclusión a que se

8. GONZÁLEZ PÉREZ, J.: *Comentarios a la Ley de la Jurisdicción Contencioso-Administrativa*, 3.ª edición, Tomo I, Civitas, Madrid, 1998, pp. 709, 710 y 712.

9. Véase la posición crítica de GONZÁLEZ-VARAS IBÁÑEZ, S: "La inactividad en el contexto del art. 29.1 de la LJCA", en GONZÁLEZ-VARAS IBÁÑEZ, S. y J.A. TARDÍO PATO (Dir.): *La Ley de la Jurisdicción Contencioso-Administrativa: sus cuestiones actuales*, Aranzadi, Cizur Menor, 2021, pp. 139 a 143.

10. Así, NIETO, A.: «La inactividad de la Administración...», *op. cit.*, p. 46; GONZÁLEZ PÉREZ, J.: *Comentarios...*, Tomo I, *op. cit.*, p. 714; GÓMEZ PUENTE, M.: «La impugnación jurisdiccional....», *op. cit.*, p. 326; SALA SÁNCHEZ, P. y otros: *Práctica procesal contencioso-administrativa*, Tomo II, Ed. Bosch, Barcelona, 1999, p. 738; REAL FERRER, G.: «La Inactividad de la Administración en la Ley de la Jurisdicción Contencioso-Administrativa de 1998», en la obra colectiva *El Derecho Administrativo en el umbral del Siglo XXI. Homenaje al Prof. Dr. Ramón Martín Mateo*, Vol. II, Tirant Lo Blanch, Valencia, 2000, p. 2405.

11. GÓMEZ PUENTE, M.: «La impugnación jurisdiccional...», *op. cit.*, p. 338 y SÁNCHEZ MORÓN, M.: «El Objeto del Recurso Contencioso-administrativo», en AA. VV., *Comentarios a la Ley de la Jurisdicción Contencioso-Administrativa*, Lex Nova, Valladolid,

refiere el legislador se ciñe únicamente al supuesto del art. 29.1 LJCA o **recurso de inactividad**[12] por contraposición a la **acción de inejecución**[13] o recurso para la ejecución de actos administrativos del apartado segundo del precepto. Expresado en sentido negativo ello quiere decir que en todos aquellos casos en que opere el mecanismo del silencio administrativo, generando actos presuntos si se trata de silencio positivo o permitiendo simplemente el acceso a la tutela jurisdiccional en el caso del silencio negativo, el cauce procesal previsto legalmente, por exclusión, es el llamado recurso ordinario del art. 25.1 LJCA. Cuando, por el contrario, la técnica del silencio no sea factible o siéndolo no resulte adecuada cabría, en principio, afirmar la aplicabilidad del art. 29.1 LJCA[14]. Teniendo en cuenta, además, que el silencio administrativo no es la única técnica legalmente prevista como consecuencia de la inactividad procedimental, pudiendo acarrear ésta, por el contrario, la caducidad en los términos que más adelante se verán.

No obstante, y en segundo lugar, el legislador renuncia a la completitud de esta figura en cuanto consolida la naturaleza estrictamente jurídica de este instrumento de control judicial[15]. La razón es que afirma: «El recurso contencioso-administrativo, por su naturaleza, no puede poner remedio a todos los casos de indolencia, lentitud e ineficacia administrativas, sino tan sólo garantizar el exacto cumplimiento de la legalidad». De manera que la labor jurisdiccional se limita por dos razones[16]: de un lado, porque no puede suponer la sustitución de la Administración «en aspectos de su actividad no prefigurados por el Derecho, incluida la discrecionalidad en el «quando» de una decisión o actuación material»; de otro, porque este remedio tampoco faculta a los órganos jurisdiccionales «para traducir en mandatos precisos las genéricas e indeterminadas obligaciones legales de creación de

1999, p. 201, en relación con la naturaleza de la actividad administrativa que sea necesaria para la ejecución del acto. Repárese en que ello no significa negar que estamos ante un supuesto de inactividad material que es calificado por NIETO, *op. cit.*, pp. 48, 55 y 56, como «inactividad material inercial» en la que la Administración no satisface la prestación que el administrado desea obtener y que se halla contenida en el acto que no se ejecuta, pues, como destaca GONZÁLEZ PÉREZ, J.: *Comentarios...*, Tomo I, *op. cit.*, p. 717, es uno de los dos tipos de inactividad material que cabe distinguir a efectos de su control jurisdiccional.

12. Expresión que acuña NIETO, A.: «La inactividad...», *op. cit.*, p. 50.
13. Denominación que emplea DE LA QUADRA-SALCEDO, T.: «Comentario al art. 29 LJCA», *R.E.D.A.*, núm. 100, 1998, p. 309.
14. SÁNCHEZ MORÓN, M.: *op. cit.*, p. 193.
15. *Ibidem*, p. 175.
16. *Ibidem*, p. 176: a su juicio, con ello no pretende restringir el alcance del control jurisdiccional, que será completo y pleno, pero deberá desarrollarse en términos estrictamente jurídicos.

servicios o realización de actividades». La razón es clara: en caso contrario, se estarían invadiendo funciones propias de la Administración.

Así pues, esa genérica afirmación de la EM sobre que «la Ley crea un recurso contra la inactividad de la Administración», que se vería corroborada por el tenor del art. 1.º.1 LJCA, se halla constreñida al tener que referirse «siempre a prestaciones concretas (y actos que tengan un plazo legal para su adopción) y de ahí que la eventual sentencia de condena haya de ordenar estrictamente el cumplimiento de las obligaciones administrativas en los concretos términos en que estén establecidas». Limitación a la que responden los requisitos establecidos por el art. 29.1 LJCA.

Si el ámbito excluido de esta figura parece identificarse por el legislador con la llamada inactividad formal procedimental, en tanto es ésta a la que resulta aplicable la técnica del silencio administrativo, y siendo que esta hipótesis ya se hallaba resuelta en la anterior LJCA/1956, cabe deducir que es intención del legislador crear un cauce de revisión adecuado para la llamada inactividad material. De ahí esa afirmación apriorística en su afán por alcanzar la deseada completitud del control judicial de la inactividad administrativa. Deseo que, como veremos, dista mucho de hacerse realidad. Pues ni el silencio administrativo ofrece solución a todos los casos de inactividad formal, ya que ésta no se limita a la singular o procedimental, ni el establecimiento de los requisitos del art. 29.1 LJCA contribuye a afirmar que con él se puedan controlar todos los casos de inactividad material. Más aún, habida cuenta del preceptivo requerimiento previo a la Administración, puede incluso dudarse de si este nuevo recurso constituye una auténtica alternativa a la empleada anteriormente, consistente en la conversión de la inactividad material en inactividad formal[17]. Pero, sobre todo, habría que considerar si la LJCA ha conseguido avanzar en el ámbito de las garantías constitucionales de los administrados citadas al comienzo y a las que aludía el TC.

Con carácter general, puede afirmarse que el recurso de inactividad del art. 29.1 LJCA sí supone un complemento al recurso tradicional que seguirá siendo útil en los supuestos en que ya lo era al abrigo de la anterior LJCA/1956. Sin embargo, dicha complementariedad puede ser entendida en dos sentidos distintos, aunque no necesariamente excluyentes:

- En un primer sentido, cabría entender que este instrumento tiene como finalidad asegurar la plenitud de la tutela judicial y, por ende, servirá en aquellos casos en que ésta difícilmente era alcanzable con la antigua LJCA/1956, sumándose así al recurso ordinario. Interpretación que, como hemos dicho, favorece el art. 1.º.1 LJCA, en plena sintonía con las garantías cons-

17. GONZÁLEZ PÉREZ, J.: *Comentarios...*, Tomo I, *op. cit.*, p. 714; NIETO, A.: *op. cit.*, p. 54.

titucionales concernidas. Sin embargo, la exigencia de unos requisitos específicos para la aplicación de este mecanismo legal, que limita considerablemente los supuestos para los que resultará aplicable, no debe suponer que puedan quedar fuera del control judicial otros casos de inactividad que sean antijurídicos, porque ello contravendría el mandato constitucional del pleno sometimiento de la actividad administrativa a los órganos jurisdiccionales, sino que para ellos deberá acudirse al recurso contra actos del art. 25.1 LJCA[18].

Es justamente en este primer sentido en el que la afirmación de la auténtica innovación legal puede conllevar importantes consecuencias en el ámbito tributario que se sumarían a las predicables de la generalidad del Derecho administrativo. Respecto de éstas, en el contexto normativo vigente cuando se aprobó la LJCA de 1998, podía decirse que también se planteaba dificultades derivadas de la trasposición del clarificador régimen del silencio administrativo establecido por la Ley 4/1999, de 13 de enero, de reforma parcial de la Ley 30/1992, de 26 de noviembre (LRJPAC). Dificultades que se acrecentaron justamente por la nueva redacción que dicha Ley dio a su Disp. Ad. 5.ª que se refería expresamente a este punto, previendo, en principio, su exclusión. Y que también se extendía a la previa obligación legal de resolver en plazo los procedimientos tributarios. Materia para la que la LDGC estableció ciertas pautas que se separaban sensiblemente del régimen administrativo general o común, obviando cualquier alusión a las consecuencias de su incumplimiento, bien se refirieran a la caducidad, bien al silencio administrativo. Era evidente, desde luego, que todo ello empañaba considerablemente el régimen de acceso a la jurisdicción de cualquiera de las manifestaciones de inactividad formal procedimental en materia tributaria.

Como es de sobra conocido, en los veinticinco años transcurridos desde la promulgación de la LJCA en 1998, ese contexto normativo que la circundaba ha variado de manera significativa. Tanto en el ámbito administrativo como en el tributario. Cosa distinta será que pueda afirmarse que tales cambios formales lo hayan sido también de fondo, algo que trataremos de ir viendo a lo largo de estas páginas en la medida de lo posible. Pues, es cierto que la LGT vigente, en lo relativo a cuestiones que van a ser objeto de análisis, aludió en su EM al objetivo de acercamiento a la normativa administrativa, no obstante la fundamental restricción que suponía enton-

18. Precisa SÁNCHEZ MORÓN, M.: *op. cit.*, pp. 176, 181 y 183, que en el art. 29 LJCA no se recogen todos los casos imaginables de inactividad o pasividad administrativa, sino sólo aquellos en que ésta supone el incumplimiento de deberes u obligaciones específicas preestablecidas y lesiona derechos e intereses legítimos merecedores de tutela judicial.

ces la aludida Disp. ad. 5.ª LRJPAC. En este sentido, es fundamental tener en cuenta que el acercamiento fue limitado, en tanto se estableció un régimen jurídico de la inactividad administrativa específico para la materia tributaria. Esto es, pese a que la intención confesada del autor de la LGT era remitirse, en la medida de lo posible, a las normas generales de la entonces vigente LRJPAC, ello contemplaba ciertas excepciones, aunque no se explican las razones que las justifican. Y ese es precisamente el caso de las normas relativas a la inactividad incluidas en el Título III de la LGT.

El apartado IV de la EM de la LGT lo expresa en los siguientes términos:

«Especial mención merece, en este título, las normas integrantes del capítulo II que, bajo la rúbrica de "Normas comunes sobre actuaciones y procedimientos tributarios" van a tener una particular trascendencia y es donde se aprecia de forma más evidente el grado de aproximación de la normativa tributaria a las normas del procedimiento administrativo común.

En este capítulo, la Ley General Tributaria recoge exclusivamente las especialidades que presentan los procedimientos tributarios respecto a las normas administrativas generales, que serán de aplicación salvo lo expresamente previsto en las normas tributarias. Así, las normas de este capítulo II del título III tienen una gran relevancia ya que, por un lado, resultan aplicables a todos los procedimientos regulados en este título salvo que se establezcan normas especiales en los respectivos procedimientos, y, por otro, constituyen, junto con las normas administrativas generales, la regulación básica de aquellos procedimientos, especialmente de gestión tributaria, que no están expresamente regulados en esta ley.

De acuerdo con este esquema, se regulan las especialidades de las actuaciones y procedimientos tributarios relativas a las formas de inicio de los mismos, los derechos que deben observarse necesariamente en su desarrollo y las formas de terminación, así como cuestiones conexas a dicha terminación tales como las liquidaciones tributarias o el deber de resolver[19]. En cuanto a los plazos de resolución y efectos de su incumplimiento, se incrementa notablemente la seguridad jurídica con una regulación similar a la de la Ley 30/1992, de 26 de noviembre, de Régimen Jurídico de las Administraciones Públicas y del Procedimiento Administrativo Común, salvo en el cómputo de los plazos donde se tiene en cuenta la especificidad de la materia tributaria».

19. Repárese que, en el articulado, concretamente en el título del art. 103 LGT, el legislador opta por cambiar la calificación y se lo designa como «obligación» de resolver.

No obstante ello, hay que reconocer que sí hubo algunos cambios muy significativos, pues la LGT sí solventó las carencias de la LDGC que acabo de señalar. A todo ello me referiré más adelante.

Al margen de lo anterior, en estas líneas iniciales se trata de apuntar la eventual trascendencia que para la materia tributaria podría llegar a suponer el régimen de revisión jurisdiccional de la inactividad administrativa que instauró la LJCA. En particular, interesa para nuestra disciplina desentrañar el ámbito a que se extiende el control de la jurisdicción, especialmente en lo relativo a la acción de inactividad del art. 29.1 LJCA. Entre otras razones, porque, como ya he dicho, la técnica del silencio no soluciona todos los casos de inactividad formal, y así cabe plantearse por ejemplo la inclusión en su seno de diversos supuestos de inactividad formal negocial o convencional o de omisión de información, como las respuestas a consultas tributarias y en general los «deberes» de información y asistencia a los particulares que contemplaba entonces el Capítulo II de la LDGC y recoge actualmente el Título III de la LGT en su Capítulo I, Sección 2.ª, arts. 85 a 91. Y respecto de los cuales siempre ha resultado más que dudosa la existencia de un verdadero deber de resolver cuyo incumplimiento pueda ser sancionado jurídicamente.

En general, qué duda cabe de la necesidad de indagar sobre la utilidad que el recurso contencioso-administrativo puede ofrecer en el seno de una disciplina que desde hace ya mucho tiempo se desenvuelve a través de potestades administrativas fiscalizadoras y de control, de ejercicio eventual. Potestades que dan coherencia a un régimen de gestión, en sentido amplísimo, no técnico jurídico, que otorga primacía a las actuaciones de los particulares, obligados tributarios, —como así vino a reconocer explícitamente la LGT en su art. 83.1 en relación con el art. 17—, quienes deben cumplir sus múltiples obligaciones aplicando un ordenamiento jurídico prolijo, asistemático, pero fundamentalmente abrumador en su enormidad y de muy difícil entendimiento. Circunstancias que generan la necesidad del complemento que suponen los deberes de información y asistencia, genéricos, pero sobre todo a instancia del particular. Necesarios como expresión de la garantía constitucional de seguridad jurídica del art. 9.3 CE.

Como igualmente, o en mayor medida, se hace necesaria la pronta satisfacción de las obligaciones de devolución de ingresos generadas de la combinación de los institutos de la autoliquidación tributaria y los pagos a cuenta. Cuyo incumplimiento ha dado lugar a las contadas ocasiones en que el TS se ha ocupado de la aplicación del art. 29 LJCA a la materia tributaria. Aunque el resultado es ciertamente desalentador pues, como veremos, ni siquiera queda claro si el cauce adecuado es el del art. 29.1 LJCA o la acción de inejecución del art. 29.2 LJCA.

En síntesis, la configuración actual de la posición de la Administración tributaria, brevemente referida en el epígrafe anterior dota, a mi juicio, de inusitada relevancia a lo que genéricamente puede calificarse de obligación de resolver en el seno de las potestades que tiene conferidas y cuyo ejercicio se antoja insoslayable. Por una razón de signo constitucional: su consecución al deber de contribuir al sostenimiento de los gastos públicos del art. 31 CE. A la que se adjuntan las exigencias constitucionales sobre el actuar administrativo instauradas por los arts. 103 y 106 CE, del que no cabe, en esta sede, predicar especialidad alguna, y que, en toda su extensión, queda sometido al control jurisdiccional. Y en último término, y en conexión con lo anterior, por la observancia del derecho fundamental a la tutela judicial efectiva del art. 24 CE, cuya intensidad y predicamento no admite tampoco merma o fisura alguna cuando se refiere a los «obligados tributarios» conforme a los arts. 34 y 35 LGT. Exigencias a las que, en los momentos actuales, ha venido a sumarse la construcción jurisprudencial del principio de buena administración, profusamente aplicado por el TS, y una de cuyas principales facetas es, precisamente, la de la inactividad administrativa.

- El segundo sentido que cabe atribuir al aludido carácter complementario del recurso de inactividad del art. 29.1 LJCA, lo apuntaba NIETO al afirmar que se trata de una vía alternativa al recurso ordinario del art. 25 LJCA, cuya única diferencia sustancial radica en la pretensión ejercitada. Mientras en el recurso ordinario se busca la pretensión material como consecuencia del acto administrativo directamente solicitado, en el recurso de inactividad se pretende directamente aquélla, aunque no puede prescindirse tampoco de éste pues sin él es imposible la prestación material. Ambos regímenes son así, según este autor, simétricos, pero de orden inverso[20].

## 2. LAS CLASES DE INACTIVIDAD ADMINISTRATIVA. NECESIDAD LEGAL DE SU DISTINCIÓN

He venido insistiendo en el epígrafe anterior que, pese a las exigencias del derecho a la tutela judicial efectiva del art. 24 CE y a la amplitud con que se prevé el control jurisdiccional de la actividad administrativa en el art.1.º.1 LJCA, —elementos cuya conjunción constituirá la clave interpretativa del régimen legal, sin perjuicio del nuevo parámetro de «buena administración»—, su articulación concreta, especialmente en los preceptos relativos al objeto del proceso (arts. 25.2 y 29 LJCA), permite intuir la exclusión

20. «La inactividad...», *op. cit.*, pp. 51 y 54.

de determinadas manifestaciones de inactividad administrativa, en cualquiera de los cauces procesales; es el caso, por ejemplo, de la inactividad reglamentaria absoluta[21]. Para el resto de los supuestos, la diversificación de dichos cauces procedimentales, operada a raíz del art. 29 LJCA, impone la previa delimitación del caso concreto a los efectos de elegir cuál de ellos es el adecuado para la situación en que se halle el administrado y, en consecuencia, articular las pretensiones oportunas. Resulta obvia, en conclusión, la necesidad de una tarea inicial de definición de los perfiles de la omisión administrativa.

En este sentido, y como premisa previa, debe tenerse en cuenta que el legislador no atendió las recomendaciones del Consejo de Estado que advertían de la dificultad que presenta el complejo sistema legal habilitado por la LJCA. Consideraba el órgano consultivo que «dado que la distinción entre inactividad formal y material (...) puede no resultar absolutamente patente (...) si no se quiere prescindir absolutamente de dicha distinción, sí podría ser útil, al menos, unificar el régimen aplicable en ambos casos, evitándose de esta manera eventuales discusiones acerca de si se está ante una inactividad formal o material y cualquier duda sobre la aplicación de uno u otro régimen ya que sería el mismo». Afirmación cuya relevancia depende exclusivamente de si, en puridad, puede sostenerse que nos hallamos ante un régimen diferente al que existía con anterioridad y que, como ya he apuntado, podía ponerse en duda a la vista del requisito de previo requerimiento a la Administración. Puesto que, a pesar de la afirmación de la EM de la LJCA, podría concluirse que éste se limita a reproducir la técnica de conversión de la inactividad material en inactividad formal[22].

Pese a ello, la previsión legal específica del art. 32.1 LJCA sobre las pretensiones a ejercitar en los casos del art. 29 LJCA, la del art. 136 LJCA, relativa a las medidas cautelares a adoptar incluso con carácter previo al recurso —en las que se hace innecesaria la ponderación sobre el *fumus boni iuris* del art. 130 LJCA, pues tan sólo se requiere la evidencia de que no ha existido una «negativa al cumplimiento de un derecho prestacional»—[23] y la del art. 108 LJCA, alusiva a la ejecución de sentencias, contribuyen ciertamente a acrecentar las diferencias entre unas u otras acciones. DE LA CUADRA SALCEDO ve en ello el establecimiento de un «sistema de acciones» y no

21. Vid. los argumentos que en contra de ello aporta GÓMEZ PUENTE, M.: «La impugnación jurisdiccional...», *op. cit.*, pp. 327 y 328.
22. GONZÁLEZ PÉREZ, J.: *Comentarios...*, Tomo I, *op. cit.*, pp. 712 y 714.
23. GIMENO SENDRA, V.: «El nuevo sistema de medidas cautelares en la LJCACA de 1998», en la obra colectiva AA. VV: *El Derecho Administrativo en el umbral del Siglo XXI. Homenaje al Prof. Dr. Ramón Martín Mateo,* Vol. II, Tirant Lo Blanch, Valencia, 2000, p. 2277.

sólo de pretensiones, cuyo principal inconveniente radica en que, concebidas aquéllas como compartimentos estancos, el excesivo formalismo que se deriva puede redundar en la indefensión del recurrente al hallarse imposibilitada la reconducción de unas acciones a otras[24].

Teniendo en cuenta todo lo anterior, el planteamiento de la LJCA requiere, en primer lugar, y con carácter previo, de una definición del *concepto de inactividad administrativa* que, en cualquiera de sus cauces procesales, vaya a poder ser objeto del recurso contencioso-administrativo. Para ello, podemos considerar con GÓMEZ PUENTE la existencia de dos elementos definidores: un elemento material, consistente en la constatación de una situación de pasividad o inercia de la Administración; y otro elemento, formal, «que convierte dicha situación en una omisión por infracción de un deber legal de obrar o actuar y determina su antijuridicidad»; nota esta última sustancial pero condicionada por la presencia de un tercer elemento, contingente, que se refiere a las condiciones económicas, sociales... que pudieran determinar la imposibilidad material de actuar y, en consecuencia, harían desaparecer la antijuridicidad, al minorar o incluso eliminar el deber legal[25]. De dichas notas concluye este autor definiendo la inactividad administrativa como la «omisión por la Administración de toda actividad jurídica o material, debida y materialmente posible»[26]. La formulación de este concepto jurídico de inactividad administrativa comporta así la idea de no neutralidad frente a determinadas manifestaciones de «mala administración», por dos razones fundamentales que le dotan de relevancia. En primer lugar, porque con esta actitud la Administración incumple deberes legales, es decir, la nota de antijuridicidad tiene como presupuesto la ilegalidad y «supone afirmar que la Administración, eventualmente, puede hallarse sujeta a un deber de actuación formal o material deducido del ordenamiento jurídico»[27]. En este sentido, entendemos que tanto la inactividad formal como la material deben calificarse como inactividad jurídica[28]. En segundo lugar, y no por ello menos importante, porque «desconoce la posición servicial y la vocación dinámica y transformadora de la realidad social a que está llamada constitucionalmente» la Administración

24. DE LA QUADRA SALCEDO, T.: «Comentario al Art. 29 LJCA», *op. cit.*, p. 308.
25. GÓMEZ PUENTE, M.: *La Inactividad de la Administración*, 2.ª edición, Aranzadi, 2000, pp. 58 y 59.
26. *Ibidem*, p. 118.
27. *Ibidem*, p. 73.
28. Por el contrario, GARCÍA NOVOA, C.: *El silencio administrativo en Derecho tributario*, Aranzadi, Elcano, (Navarra), 2001, p. 21, reserva esta calificación para la inactividad formal singular o procedimental, basándose en la nota que distingue una de otra y que se refiere al tipo de actuación omitida.

en el modelo del Estado social[29]. Cuya naturaleza interventora y prestacional «que se concreta en actuaciones administrativas, agrava las dimensiones del problema al aumentar la dependencia individual de la acción pública y no producirse ésta cuando es legalmente debida y se confía razonablemente en ellas. En este contexto, la inactividad administrativa genera un grave problema de desconfianza institucional y hace crecer un sentimiento de fraude e injusticia que pone en cuestión la propia modalidad social del Estado de Derecho y democrático y puede hacer peligrar muchas de sus conquistas históricas»[30]. Problema al que, desde luego, no es ajena nuestra disciplina[31].

Pues bien, dentro del concepto de inactividad administrativa ha sido tradicional distinguir entre *inactividad formal* e *inactividad material,* aunque la definición de ambas varía sustancialmente en la doctrina.

En relación con la primera, el concepto de inactividad formal que en su día acuñara NIETO[32], identificándola con la inactividad silencial, fue superado por el propio autor, según reconoce abiertamente en trabajo posterior publicado precisamente al hilo de su impugnación jurisdiccional. En esta concepción revisada, aquélla tiene una naturaleza mixta, formal y material al mismo tiempo, y puede definírsela como la inactividad, de naturaleza procedimental, que «aparece cuando no se produce el acto administrativo

29. En este sentido afirma GARCÍA PÉREZ, M: «Reflexiones sobre el objeto del proceso contencioso-administrativo», en la obra colectiva AAVV.: *El Derecho Administrativo en el umbral del Siglo XXI. Homenaje al Prof. Dr. Ramón Martín Mateo,* Vol. II, Tirant Lo Blanch, Valencia, 2000, p. 2416: «Es el propio Estado de Derecho proclamado por la Constitución el que otorga un papel diferente a la Administración y, correlativamente, un nuevo rol a la posición jurídica de los ciudadanos». De lo que, en su opinión, se extrae la consecuencia de que «El sistema procesal administrativo debe cambiar su centro de gravedad, hasta ahora determinado por referencia a los actos de la Administración, y debe configurarse en torno a los intereses subjetivos de los ciudadanos».

30. GÓMEZ PUENTE, M.: *La Inactividad de la Administración, op. cit.,* pp. 59 y 60.

31. CAYÓN GALIARDO, A.: «Prólogo» a la obra de GARCÍA NOVOA, C.: *El silencio ..., op. cit.,* pp. 13 y 14: «(...) el problema de la inactividad de la Administración tributaria crece a medida que se transforman sus funciones y por el mayor intervencionismo del Estado-Fisco en las relaciones económicas». Siendo un problema que «afecta a todos los órdenes de aplicación del tributo (gestión, sancionador y de resolución de reclamaciones) y confronta valores jurídicos tan esenciales como son la seguridad jurídica, la tutela judicial efectiva, la eficacia y objetividad de la Administración, etc.».

32. Siguiendo a este autor se refería SAINZ DE BUJANDA, F.: *Hacienda y Derecho,* Tomo III, Instituto de Estudios Políticos, Madrid, 1968, p. 307, a la inactividad material como aquella inactividad antijurídica que deriva de la pasividad de la Administración en el marco de sus competencias ordinarias. Distinguiéndola de la inactividad formal producida por la pasividad de la Administración dentro de un procedimiento. Considerándose ambas como manifestaciones de la arbitrariedad que cercenan la exigencia constitucional de seguridad jurídica.

esperado en el plazo exigible» y que arrastra necesariamente la inactividad material porque falta el acto administrativo previo[33].

Para GÓMEZ PUENTE, en cambio, la inactividad formal consiste en «la falta de realización por la Administración de una declaración jurídica que resulta legalmente debida». En dicho concepto, que se sitúa en el plano de la realidad jurídica, pueden, a su vez, distinguirse diversas modalidades, en función de la naturaleza de la declaración jurídica omitida. Serían las siguientes: la inactividad normativa o reglamentaria, la inactividad convencional o negocial y la inactividad formal singular o procedimental[34]. Categorías en cuyo seno caben, según SÁNCHEZ MORÓN[35], diversidad de supuestos, que enseguida expondré, y que conforman un conjunto heterogéneo desde la perspectiva de su control jurisdiccional en los que fácilmente pueden hallar acomodo diversos institutos propios del Derecho tributario. Así, identificando la inactividad formal de la Administración con la omisión de un acto jurídico debido, y dado que éste puede ser de muy diversa naturaleza, —normativo o singular, unilateral o bilateral o negociado, definitivo o de trámite, «o bien un acto que no forma parte de un procedimiento o que incluso no sea una manifestación de voluntad, sino sólo de conocimiento (un certificado, por ejemplo), o que tenga carácter informativo, o un informe o dictamen, o un laudo arbitral o incluso un acto jurídico de Derecho privado...»—, también lo serán los supuestos de inactividad formal administrativa.

Por su parte, la inactividad material tendrá lugar, según GÓMEZ PUENTE, en el plano de la realidad fáctica o material, donde se desenvuelve la actuación administrativa omitida, y consistirá en la «falta de realización de una actividad técnica, material o física de trascendencia externa a la Administración» y «sin naturaleza jurídica que constituye la prestación de un servicio o realiza una función en atención de objetivos o satisfacción de intereses públicos»[36].

Más gráficamente, SÁNCHEZ MORÓN, la define, en contraste con la inactividad formal, como la que no consiste en la omisión o ausencia de un acto jurídico (de cualquier tipo), sino en un no hacer o no dar (no pagar) de muy distinta naturaleza[37]. Englobando también en su seno múltiples supuestos heterogéneos y, en consecuencia, de muy difícil sistematización,

33. «La inactividad de la Administración en la LJCA de 1998», *op. cit.*, pp. 48 y 49.
34. GÓMEZ PUENTE, M.: *La Inactividad de la Administración, op. cit*, p. 119.
35. *Op. cit.*, pp. 177 a 180, partiendo de la concepción de GÓMEZ PUENTE que completa.
36. GÓMEZ PUENTE, M.: *La Inactividad de la Administración, op. cit.*, pp. 63 y 119; asumido íntegramente por GONZÁLEZ PÉREZ, J.: *Comentarios...*, Tomo I, *op. cit.*, p. 716.
37. *Op. cit.*, pp. 177 a 180.

de entre los que cabe destacar, a mi juicio, los siguientes por su posible relevancia en relación con la materia tributaria:

1.º La falta de puesta en marcha de actividades materiales cuando sean obligatorias o exigibles jurídicamente.

2.º La no prestación de un servicio ya creado o de una actividad asistencial a quien tenga derecho a ella.

Respecto de ambos cabrá considerar el encaje de los diversos «deberes» previstos en el art. 85 LGT, especialmente, los contenidos en sus arts. 86 (publicaciones), 87 (comunicaciones y actuaciones de información) y los relativos a las consultas tributarias (arts. 88 y 89 LGT). Considerando las dos vertientes que de los mismos se plantean: respecto a la implantación de los «servicios» que para su cumplimiento sean necesarios y en relación con su prestación, una vez implantados, a solicitud de los particulares.

3.º Inactividad funcional[38], consistente en «la falta de ejercicio de funciones administrativas que no constituyen servicios públicos en sentido estricto, sino más bien funciones de autoridad o policía»[39]. Destacando entre ellas las «funciones de inspección o de comprobación o análisis de datos, hechos o cosas». Trasladado esto al ámbito tributario, ¿podría darse un supuesto de inactividad material en relación con el procedimiento de inspección tributaria cuando se solicita la ampliación de las actuaciones inspectoras por el contribuyente, obligado tributario, al amparo del art. 149 LGT (y 179 RGIT)? O ¿se trata de inactividad formal procedimental?

4.º La consistente en no dar o no pagar algo debido, en que se incluyen, según este autor, «todos los casos de impago de cantidades debidas por la Administración por los más diferentes conceptos» y entre los que destaca las «devoluciones de ingresos indebidos». Expresión que, entiendo, no utiliza en sentido técnico jurídico y que por ello debe ser matizada sucintamente en este instante, pues será objeto de un análisis posterior, deslindando, conforme a la distinción legal, los ingresos indebidos propiamente dichos, del art. 32 LGT, de las devoluciones derivadas de la normativa de cada tributo del art. 31 LGT. Básicamente porque mientras que respecto de éstas pudiera darse un supuesto de inactividad material, respecto de aquéllos debe tenerse en cuenta que su procedimiento se halla divi-

38. Expresión que toma de GÓMEZ PUENTE, M.: *La inactividad de la Administración, op. cit.*, p. 812.
39. SÁNCHEZ MORÓN, M.: *op. cit.*, p. 180.

dido en dos fases claramente diferenciadas: declarativa una y ejecutiva la otra. Y según en cuál de ellas se produzca la omisión será uno u otro el tipo de inactividad. Es por ello que en este caso nos encontramos ante un supuesto de inactividad mixta[40].

5.º Por último, cabe reseñar un supuesto de indudable trascendencia en nuestra disciplina pero que, por exceder del objeto de nuestro análisis no será desarrollado con toda la extensión que requiere. Me refiero a la inejecución de sentencias contencioso-administrativas, o, como lo califica NIETO, la Inactividad Resistencial[41].

No obstante, su consideración en este estudio debe tenerse presente como consecuencia de la articulación legal de la acción de inejecución de actos firmes del art. 29.2 LJCA, puesta en relación con las facultades que le otorga al órgano jurisdiccional *ex art.* 71.1, c) LJCA. Pues, impedida la ejecución por sustitución judicial, la contumacia administrativa tras la resolución del recurso favorable al administrado nos situaría ante una inactividad de este tipo, derivada del incumplimiento de lo ordenado en la sentencia[42].

En materia tributaria la cuestión suscitada en los últimos años no se limita a la ejecución de sentencias contencioso-administrativas que podríamos calificar como «cuestión clásica». Pues junto a ella ha surgido una «nueva» cuestión que es la relativa a sentencias y/o resoluciones de reclamaciones económico-administrativas que ordenan la retroacción de actuaciones o bien que expresa o implícitamente permiten su reiteración. Y sobre ello el problema no es solo la propia inactividad en sentido estricto, sino la indefinición legal sobre el plazo para que la Administración tributaria deba cumplir con lo ordenado. Carencia que, sin embargo, ha tratado de suplir la labor del TS.

El interés del obligado tributario en estos casos enlaza con la garantía constitucional de seguridad jurídica del art. 9.3 CE y se refiere a la prolongación excesiva de la interrupción del cómputo del plazo de prescripción.

## 2.1. PERSPECTIVA PROCESAL: APROXIMACIÓN AL ART. 29 LJCA

Aunque la LJCA parece tomar como punto de partida la distinción conceptual entre inactividad formal e inactividad material, de las exigencias recogidas por el art. 29.1 LJCA se deduce claramente, según expone GONZÁLEZ PÉREZ, la exclusión de todos aquellos casos en que la Administra-

40. *Ibidem*, p. 181, en coincidencia con la definición que ofrece NIETO, *vid. supra*.
41. *Op. cit.*, p. 57.
42. *Ibidem*, pp. 56 y 57.

ción viene obligada a una actividad material sin que exista una relación jurídica en la que la otra parte tenga derecho a la petición[43]. Esto es, no abarca completamente los supuestos de inactividad material. Siendo así, ya hemos visto antes que las exigencias del principio de tutela judicial efectiva impiden, según el TC, que dichas exclusiones puedan quedar inmunes al control judicial, por lo que ante la imposibilidad de su encaje en aquel precepto la solución será su articulación por el cauce previsto como régimen general del art. 25.1 LJCA. Paradójicamente, destaca este autor, algunos de ellos requerían de un tratamiento procesal especial en aras de satisfacer aquella garantía constitucional, por lo que el balance de la regulación prevista por la vigente LJCA no puede ser sino negativo, a su juicio. Inversamente, la referencia legal a la omisión de una prestación concreta plantea, por su ambigüedad, la posibilidad de que en este supuesto se puedan enmarcar algunos tipos de inactividad formal, aquellos en los que la omisión de un acto jurídico debido por parte de la Administración no puede ser combatida a través del silencio administrativo, y sí, en cambio, mediante el recurso de inactividad[44]. De ello podremos analizar algunos ejemplos en materia tributaria que han sido objeto de pronunciamiento por el TS.

Según lo anterior cabe plantear dos hipótesis:

a) Bien se entiende que la Ley adscribe al art. 29 LJCA únicamente determinados supuestos de inactividad material: los que se definen claramente por su apartado segundo y aquellos que reúnan los requisitos expresamente previstos por el apartado primero. Es decir, se crean dos cauces procesales aptos para determinadas inactividades materiales, dejando al margen del control judicial las que no cumplieran las condiciones expuestas y las inactividades formales en bloque, para las que la técnica del silencio reconduciría al régimen del recurso ordinario.

b) Bien se admite una interpretación distinta que rechaza la compartimentación apriorística de las inactividades para determinar su enjuiciamiento. Persiguiéndose con ello ampliar al máximo la efectividad del precepto y, por ende, del control jurisdiccional de cualquier inactividad administrativa. En este sentido, la problemática se plantea al margen del mandato claro del art. 29.2 LJCA, y se refiere a la idoneidad de la acción de inactividad del art. 29.1 LJCA para aquellos supuestos de inactividad material que reúnan claramente los requisitos legalmente exigidos. Extendiéndose también

43. *Comentarios...*, Tomo I, *op. cit.*, p. 717.
44. GÓMEZ PUENTE, M.: «La impugnación jurisdiccional...», *op. cit.* p. 336 y SÁNCHEZ MORÓN, M.: *op. cit.*, p. 193.

a aquellos casos de inactividad formal en que no sea operativo el silencio administrativo. La procedencia del recurso en estas situaciones plantea inexorablemente la necesidad de contrastar el régimen legal previsto por la Ley 39/2015, de 1 de octubre, LPACAP, con el específico de la materia tributaria, de ahí que vaya a ser objeto de atención en páginas siguientes.

Igualmente, la acción del art. 25.1 LJCA albergará a todos aquellos supuestos de inactividad material de difícil encaje en la específica acción de inactividad del art. 29.1 LJCA.

El argumento fundamental que sustentaría esta segunda hipótesis ya se ha referido: la garantía de tutela judicial efectiva (art. 24 CE) y el sometimiento pleno de la *actuación* administrativa —según expresión del art. 1.º. 1 LJCA— al control de la jurisdicción contencioso-administrativa (art. 106 CE). A él se le sumaría, en su caso, la posibilidad, también apuntada, de poder concluir afirmando la sustancial identidad entre ambos recursos en principio dispares.

La solución al problema pasa, a mi modo de ver, por considerar que, desde la perspectiva de su control jurisdiccional, la inactividad material puede clasificarse, siguiendo a GONZÁLEZ PÉREZ, en dos tipos que se corresponden con distintas pretensiones y, a su vez, determinan la naturaleza del proceso a seguir para la consecución de una tutela eficaz[45].

En primer lugar, cuando no se discute en el litigio la procedencia de la actividad material porque la obligatoriedad de la Administración o es indiscutible o está ya decidida por un acto firme y ejecutivo, la pretensión del recurrente no es la sentencia de condena sino la ejecución. En coherencia con ello, no tiene sentido en este caso más que articular un proceso ejecutivo, resultando inútil arbitrar un proceso declarativo de cognición aun cuando éste se prevea con carácter abreviado, tal y como establece el art. 29.2, en relación con el art. 78 LJCA. Fundamentalmente porque si bien la rapidez del proceso limitaría inevitablemente la cognición a practicar en el mismo, no enerva la posibilidad de que la Administración, más allá de las causas de oposición que serían lógicas, como la de haberse realizado la ejecución o la imposibilidad material para llevarla a cabo, alegue otras absolutamente inoportunas en esta sede. Se trata concretamente de la posibilidad, apuntada por DE LA QUADRA SALCEDO, de que la Administración argumente la invalidez del acto sin haber acudido previamente a su revisión de oficio

45. *Comentarios...*, Tomo I, *op. cit.*, pp. 713 y 717.

por los cauces legalmente previstos[46]. En este sentido, recuérdese que cuando entró en vigor la actual LJCA la Administración tributaria contaba en la LGT/1963 con una posibilidad adicional, sin parangón en el ámbito administrativo común, y era la de su posible anulación conforme al art. 154 LGT/1963, que afortunadamente desapareció con la LGT de 2003. Al margen de ello, el problema es que en ausencia de limitación legal alguna sobre este particular, queda a la decisión del órgano jurisdiccional la admisión de dichos motivos de oposición al socaire de los arts. 51.3 2.º párrafo[47] y 78.7 LJCA[48].

En segundo lugar, y aun pretendiéndose una actuación material, si está en discusión la obligación de la Administración de realizarla, éste será el objeto del proceso en el que se deducirá una pretensión de condena de la Administración con arreglo al art. 32.1 LJCA; pretensión que nada nuevo añade a la que ya estaba prevista en la anterior LJCA/1956 y actualmente recoge el art. 31.2 LJCA de reconocimiento de una situación jurídica individualizada[49], quedando entonces expedita la vía de la ejecución. En este caso cabe, no obstante, observar una nueva subdivisión que distingue en función de si, por la naturaleza de la prestación, no se requiere acto formal previo para reconocer el derecho a ella, o si, por el contrario, el conflicto gira en torno a la existencia de tal derecho[50].

46. *Op. cit.*, pp. 310 y 311: propone así la articulación de una serie de causas de oposición tasadas en parecidos términos a lo previsto para los procesos de ejecución civil. Y aun cuando entiende este autor que ello puede llegar a admitirse en el caso de los actos nulos, las exigencias del principio de seguridad jurídica demandarían que bien se hubiese iniciado previamente dicho procedimiento de revisión, o bien que se procediera enseguida a la misma.
DE LA FUENTE CABERO, I.. «La acción procesal para la ejecución de un acto firme del art. 29.2 de la LJCA de 1998», en GONZÁLEZ-VARAS IBÁÑEZ. S. y J. A. TARDÍO PATO (Dir.): *La Ley de la Jurisdicción contencioso-administrativa: sus cuestiones más actuales*, Aranzadi, Cizur Menor, 2021, p. 149, precisa, no obstante, que, aunque se hubiera iniciado o llevado a cabo la revisión de oficio ésta no presupondría la desestimación automática del recurso del art. 29.2 LJCA pues el órgano jurisdiccional debería comprobar su posible fundamento y asegurarse de que no se ha llevado a cabo como un modo de eludir la acción del art. 29.2 LJCA.

47. Art. 51.3. 2.º párrafo LJCA: «*(…) cuando se impugne la no realización por la Administración de las obligaciones a que se refiere el artículo 29, el recurso se inadmitirá si fuera evidente la ausencia de obligación concreta de la Administración respecto de los recurrentes*».

48. El art. 78.7 LJCA, se inserta en la regulación del llamado «procedimiento abreviado». Su texto es el siguiente: «*7. (…) el demandado podrá formular las alegaciones que a su derecho convengan, comenzando, en su caso, por las cuestiones relativas a la jurisdicción, a la competencia objetiva y territorial y a cualquier otro hecho o circunstancia que pueda obstar a la válida prosecución y término del proceso mediante sentencia sobre el fondo*».

49. GÓMEZ PUENTE, M.: «La impugnación jurisdiccional...», *op. cit.*, p. 341.

50. GONZÁLEZ PÉREZ, J.: *Comentarios...*, Tomo I, *op. cit.*, p. 717.

Supuestos, todos ellos, para los que, aun resultando conveniente un proceso cognitivo, la efectividad de la tutela judicial requiere de diversas condiciones: a) de su carácter sumario y su sencillez; b) del establecimiento de medidas cautelares adecuadas que pudieran adoptarse antes de incoarse el proceso, como efectivamente prevé el art. 136 LJCA; c) la posibilidad de acudir al proceso sin necesidad de acto previo, o bien, cuando fuera posible por la naturaleza de la prestación, fijándose un brevísimo plazo en el que la Administración pudiera realizar la actividad, una vez formulada la reclamación por el demandante; y, d) ampliándose, por último, las potestades de sustitución del Juez en lo posible[51].

La vigente LJCA, en principio, parece que adopta el esquema anteriormente pergeñado, aun cuando lo hace con diferencias tan notables que cabe dudar de su auténtica utilidad desde la perspectiva constitucional que guía esta cuestión[52]. Y ello por varias razones:

1.ª Porque pese a distinguir el recurso contra la inejecución de actos firmes (art. 29.2 LJCA) no le anuda la consecuencia lógica de encauzarlo mediante un proceso ejecutivo, limitándose en cambio, como ya se ha dicho, a prever un proceso cognitivo abreviado[53] y sin eliminar la necesidad de reclamación administrativa previa. Bien es cierto que el reconocimiento expreso de esta posibilidad, abierta para cualquier afectado en los términos del art. 19 LJCA[54] y predicable respecto de cualquier acto susceptible de ejecución[55], presenta, al menos, una mayor utilidad en comparación con el régimen anterior. Ya, como entiende NIETO, porque tal y como está regulado el recurso se consigue pasar de un acto administrativo no eje-

51. *Ibidem,* p. 714. Medidas sobre cuya virtualidad coincide NIETO, A.: *op. cit.,* p. 49.
52. No obstante, GONZÁLEZ PÉREZ, J.: *Comentarios...,* Tomo I, *op. cit.,* pp. 718 y 721, afirma que la Ley ha seguido una clasificación distinta, atendiendo al origen de la obligación de realizar la actividad. En su concepción, el supuesto del art. 29.2 LJCA se subsume en el de aquel previsto en el apartado 1.º del precepto en que la prestación concreta debida deriva de un acto administrativo.
53. SÁNCHEZ MORÓN, M.: *op. cit.,* p. 203, que, aunque de más rápida tramitación no es ejecutivo, pese a que «en el fondo nos encontramos aquí ante una acción de naturaleza *ejecutiva,* en la que no se discute sobre el título de ejecución y su licitud, ya que se trata de un acto firme, sino tan sólo sobre sus efectos».
54. *Ibidem,* p. 201 y GÓMEZ PUENTE, M.: «La impugnación jurisdiccional...», *op. cit.,* p. 331.
55. Precisa SÁNCHEZ MORÓN, M.: *op. cit.,* p. 201, que «puede tratarse de un acto singular o de destinatario indeterminado, de un acto favorable o de gravamen, de un acto de cualquier Administración y órgano y de cualquier contenido (...) Inclusive puede tratarse de actos de trámite, por ejemplo, los que deciden medidas provisionales en un procedimiento administrativo». Quedando excluidos, en su opinión, las disposiciones generales inaplicadas o los contratos o convenios incumplidos.

cutado a una sentencia; lo que ciertamente sólo supone un desplazamiento del problema a un momento posterior, pues si la Administración no la ejecuta nos hallaremos ante una inactividad material resistencial[56]. Ya porque, como señala GONZÁLEZ PÉREZ, actualmente no se seguirá el proceso ordinario sino el abreviado[57]. Pero al margen de ello, ambos autores coinciden en negar que la vigente LJCA se haya separado del sistema tradicional.

2.ª Porque también respecto del recurso de inactividad del art. 29.1 LJCA cabe objetar que la elección del procedimiento no haya atendido a las necesidades planteadas por la doctrina que se han señalado más atrás; como tampoco se ha prescindido del requisito de reclamación previa.

3.ª Pero, además de lo anterior, en el recurso de inactividad el problema estriba, principalmente, en las exigencias establecidas legalmente sobre la prestación concreta a favor de personas determinadas con derecho a reclamarla, pues supone una injustificada restricción al concepto legal de legitimación previsto con carácter general por el art. 19 LJCA, y cuya obligatoriedad deriva de las fuentes allí enumeradas.

4.ª Finalmente, ambos supuestos cuentan con ventajas comunes que derivan exclusivamente del régimen de medidas cautelares y de la específica previsión del art. 108 LJCA para la ejecución de sentencias.

### 2.1.1. El requerimiento previo a la Administración

La interposición del recurso contencioso-administrativo contra la inactividad administrativa, en cualquiera de las dos modalidades del art. 29 LJCA, requiere necesariamente[58] de una previa reclamación a la Administración para que lleve a cabo en el plazo de tres meses el cumplimiento de la obligación desatendida del art. 29.1 LJCA (o bien para la consecución de un acuerdo entre las partes) o realice, en un mes, la ejecución a la que se refiere el art. 29.2 LJCA. Con ello, según la EM de la Ley «lo que se persigue es sencillamente dar a la Administración la oportunidad de resolver el conflicto y de evitar la intervención judicial». Esto es, se intro-

56. *Op. cit.*, pp. 56 y 57.
57. *Comentarios...*, Tomo I, *op. cit.*, p. 722.
58. GARCÍA PÉREZ, M.: «Reflexiones sobre el objeto del proceso contencioso-administrativo», *op. cit.*, p. 2416, entiende que «La propia estructura administrativa y la eficacia de la actividad administrativa requieren esta «llamada de atención» que, en ningún caso, debe volverse contra el ciudadano diligente».

duce un instrumento de conciliación[59] obligatoria[60], como medida que permitiría descongestionar los órganos de la jurisdicción contencioso-administrativa, pero que denota el alejamiento de estas figuras del proceso ejecutivo[61] aunque, como hemos visto, ello daría mejor satisfacción a las pretensiones deducidas.

Transcurridos los aludidos plazos, comenzará a contarse el de dos meses previsto para la interposición del recurso contencioso-administrativo, pues así lo dispone especialmente el art. 46.2 LJCA[62]. Recurso que, según la propia EM de la LJCA, se dirigirá contra la inactividad (originaria) directamente y no contra la actuación u omisión producida posteriormente respecto de la reclamación. Afirmación que, sin embargo, plantea diversos inconvenientes.

Así, en primer lugar, el supuesto legalmente previsto se refiere a la desatención absoluta de la reclamación, consistente en que pervive la inactividad y la Administración no se ha pronunciado expresamente sobre ella. En este caso parece claro que el interesado dispone de dos meses para la interposición del recurso del art. 29 LJCA, bien el de inactividad del apartado 1, bien la acción de inejecución de un acto firme del apartado 2. Debiendo plantear sus pretensiones conforme al contenido de la reclamación, pues en caso contrario podría entenderse incumplido el requisito pre-

59. SÁNCHEZ MORÓN, M.: *op. cit.*, p. 198. Precisa GARCÍA PÉREZ, M.: «Reflexiones sobre el objeto del proceso contencioso-administrativo», *op. cit.*, pp. 2.415 y 2.416, que «Se trata más bien de una especie de *interpellatio* o denuncia de la mora, que tiene por finalidad tratar de evitar el proceso cuando la Administración no ha cumplido por motivos distintos a su falta de voluntad de cumplimiento» (el subrayado es mío).

60. Frente a ello, entiende GONZÁLEZ PÉREZ, J.: *Comentarios...*, Tomo I, *op. cit.*, p. 725, que, si bien es lógico otorgar esta oportunidad a la Administración, no lo es tanto que se impida al interesado interponer el recurso contencioso-administrativo hasta que no haya transcurrido el plazo legalmente previsto de uno o tres meses.

61. ESTEVE PARDO, J.: «Actividad administrativa impugnable», en SANTOS VIJANDE, J. M. (Dir.): *Comentarios a la Ley de la Jurisdicción Contencioso-Administrativa,* EDERSA, Madrid, 1999, p. 321.

62. Puntualizando GONZÁLEZ PÉREZ, J.: *Comentarios a la Ley de la Jurisdicción Contencioso-Administrativa,* Tomo II, 3.ª edición, Civitas, Madrid, 1998, pp. 962 y 963 que «Es evidente que si el solicitante no inicia el proceso administrativo en el plazo de dos meses, no será obstáculo para que pueda ulteriormente formular de nuevo su reclamación o solicitud de ejecución, si la Administración insistiese en su pasividad, sin que operara la excepción de acto consentido a que se refiere el art. 28». Vid. STS de 2.4.2013 (RJ 2013, 4656) comentada por CALATAYUD PRATS, I.: "Inactividad y vía de hecho en el contencioso-tributario", en CHICO DE LA CÁMARA, P. y J. GALÁN (Dir.): *La revisión de actos en materia tributaria,* Lex Nova, Thomson- Reuters, Valladolid, 2016, pp.551 a 554.

vio[63]. El recurso así deducido no se dirige frente a la negativa de la Administración a remediar la inactividad que representa su silencio, no se impugna por tanto una desestimación presunta, porque, como se colige del art. 46.2 LJCA, no se le aplica el régimen de los actos presuntos, al menos desde esta perspectiva procesal. No obstante, y habida cuenta de los plazos de silencio administrativo previstos en la LRJPAC, vigente en el momento de promulgación de la LJCA[64], surgió una cuestión que, dado que tales plazos permanecen inalterados en la vigente LPACAP (arts. 122.2 y 124.2), sigue de actualidad. La cuestión es si acaso no podría confundirse esta reclamación con el planteamiento de una solicitud que iniciaría un procedimiento administrativo[65]. Admitiendo, empero, que se trate de vías diferentes, bien es verdad que son tan escasas las diferencias entre una y otra que puede llegar a dudarse de la verdadera utilidad del nuevo recurso[66]. Afirmación que cobra un sentido diametralmente opuesto cuando el término de comparación se refiere al régimen del silencio vigente en la vía económico-administrativa propia de la materia tributaria.

Más aún cuando la respuesta administrativa a la reclamación puede ofrecer diversos matices que contribuyen a introducir una mayor confusión. Repárese, por ejemplo, en que para el caso de la acción de inejecución el plazo de un mes puede resultar insuficiente para la completa satisfacción de la pretensión del recurrente en determinados supuestos, por ejemplo, cuando la ejecución requiere de la tramitación de un procedimiento complejo como puede ser el de disposición y pago de un crédito reconocido[67]. Transcurrido dicho plazo e iniciada la ejecución: ¿puede el interesado interponer el recurso contencioso-administrativo? Si se contesta negativamente: ¿no se estaría admitiendo un efecto suspensivo de la reclamación que, en principio, no parece derivar de la Ley? Pues téngase en cuenta que el propio plazo de un mes responde a la existencia de un título ejecutivo incumplido, de ahí su mayor brevedad respecto al de la acción de inactividad. Y si se impide el ejercicio de la acción de inejecución: ¿qué remedio le queda al interesado si transcurridos los dos meses del art. 46.2 LJCA no se ve satisfecha completamente la ejecución? ¿Debería entonces volver a formular la

63. SÁNCHEZ MORÓN, M.: *op. cit.*, p. 198.
64. Tanto NIETO, A.: *op. cit.*, p. 54, como GONZÁLEZ PÉREZ, J.: *Comentarios...*, Tomo I, *op.cit.*, p. 725, destacan la identidad del plazo de tres meses previsto por el art. 29.1 LJCA con el general de la Ley procedimental.
65. SÁNCHEZ MORÓN, M.: *op. cit.*, p. 197, por el contrario, entiende que dicha reclamación no abre un procedimiento administrativo semejante al que se inicia por solicitud del interesado o por la interposición de un recurso administrativo. En idéntico sentido, GÓMEZ PUENTE, M.: *La Inactividad de la Administración, op. cit.*, p. 764.
66. NIETO, A.: *id. últ. cit.*
67. SÁNCHEZ MORÓN, M.: *op. cit.*, p. 202.

reclamación para poder reabrir los plazos de interposición del recurso?[68] Por el contrario, aun iniciada la ejecución, la posibilidad de interponer el recurso contencioso-administrativo permitiría controlar jurisdiccionalmente posibles actuaciones administrativas que únicamente se hubieran producido para simular el cumplimiento a fin de interrumpir el ejercicio de la acción.

En segundo lugar, puede ocurrir también que planteado el requerimiento continúe la inactividad, pero la Administración responda formalmente a la reclamación, bien estimándola, bien desestimándola. En ambos casos, pese a la persistencia de la inactividad es evidente que la situación ha variado por la respuesta de la Administración. En el primero, porque puede entreverse la posibilidad de acudir no sólo a la acción de inactividad del art. 29.1 LJCA sino alternativamente a la del art. 29.2 LJCA por la existencia de un acto administrativo cuya firmeza permitiría esta acción. En el segundo, porque junto a la acción de inactividad podría plantearse la opción de acudir al recurso ordinario contra el acto de denegación[69]. Obteniéndose de ambos la impresión de que el recurso de inactividad puede «transformarse» en otro de objeto distinto[70] por *mor* del requisito de la conciliación previa.

En el caso en que la Administración deniega expresamente el requerimiento de ejecución de un acto firme la posibilidad de ulterior interposición de recurso contencioso-administrativo parece estar en las razones que sustenten la denegación. Pues no hay duda de que, si la razón que se opone es que ya se ha ejecutado íntegramente, aun de forma sustitutoria, la interposición del recurso tiene un valor relativo, pues si se deduce, la Administra-

68. *Ibidem,* se pronuncia afirmativamente. También GÓMEZ PUENTE, M.: *La inactividad de la Administración, op. cit..,* p. 764, quien considera que el *derecho a la ejecución,* que deriva de la presunción de validez y eficacia del acto, no puede estar sometido a plazo de caducidad alguno. Por ello, transcurrido el plazo de un mes tras el preceptivo requerimiento y también el previsto por el art. 46.2 LJCA para la interposición del recurso contencioso-administrativo, mientras no haya prescrito el derecho de ejecución no podrá considerarse desistido al interesado, quien podrá reiterar el requerimiento y posteriormente acudir a la jurisdicción.

69. En este sentido, HUERGO LORA, A.: *Las pretensiones de condena en el contencioso-administrativo,* Aranzadi, Elcano (Navarra), 2000, pp. 190 y 191, entiende que en los supuestos del art. 29.1 LJCA el interesado cuenta con dos alternativas: bien impugnar la denegación de la solicitud previa «como si fuese un acto», deduciendo frente a él la pretensión de condena del art. 31.2 LJCA, bien presentando el recurso contra la inactividad (arts. 29.1 y 32.1 LJCA); DE LA QUADRA SALCEDO, T.: «Comentario al Art. 29 LJCA», *op. cit.,* pp. 306 y 309: admitiendo esta opción, se inclina por la acción de inactividad prevista por el art. 29.1 LJCA.

70. NIETO, A.: *op. cit.,* p. 52.

ción, lógicamente, opondrá dicha circunstancia[71]. Cuestión distinta es que la Administración haya denegado la solicitud alegando imposibilidad material para la ejecución, caso en el que, entiendo, dicha circunstancia deberá ser calibrada por el órgano jurisdiccional, que podría llegar a apreciarla cuando concurran razones de interés público sobrevenidas tras la firmeza del acto[72]. Fuera de estos supuestos, la negativa expresa de la Administración en nada se diferencia de su silencio absoluto frente al requerimiento.

### 2.1.2. Requisitos del recurso de inactividad del art. 29.1 LJCA

Una de las principales conclusiones consideradas en epígrafes anteriores se refería a que en la enumeración de los supuestos que, derivados de una conducta omisiva antijurídica de la Administración, pueden acarrear una inactividad material jurídicamente reprochable se hallan no sólo aquellos cuya proyección externa[73] se «expresa en los términos de una relación subjetiva de naturaleza individual»[74], sino también «aquellos supuestos —nada infrecuentes en nuestra vida administrativa— en que la Administración viene obligada a una actividad material sin que exista una relación jurídica en la que la otra parte tenga derecho a la petición»[75]. Pese a ello, la Ley Jurisdiccional limita el ámbito del art. 29 LJCA a los primeros estableciendo así una injustificada exclusión respecto de los segundos, como consecuencia de los requisitos que impone en su apartado primero[76]. Norma que no hace sino concretar lo dispuesto previamente por el art. 25.2 LJCA que establece que «También es admisible el recurso contra la inactividad de la Administración

71. Como ya se ha visto, DE LA QUADRA SALCEDO, T.: «Comentario al Art. 29 LJCA», *op. cit.*, p. 311, argumenta la necesidad de prever la existencia de causas tasadas de oposición frente a la acción de inejecución, en similitud con lo que acontece en el ámbito civil, entre las que se contarían las aludidas en el texto.

72. *Ibidem*.

73. GÓMEZ PUENTE, M.: *La inactividad de la Administración, cit.*, p. 63, ésta es una de sus notas definitorias en contraposición con la inactividad material orgánica o interna no imputable *ad extra* a la Administración, por circunscribirse sólo a ella.

74. *Ibidem*, p. 65.

75. GONZÁLEZ PÉREZ, J.: *Comentarios...*, Tomo I, *op. cit.*, p. 715.

76. Sostenía NIETO, A.: *op. cit.*, p. 59, que cuando se trata de sistematizar las variedades que aparecen en la Ley se descubre «el enorme vacío que la Ley ha dejado sin proteger: las inactividades materiales que no coinciden con una obligación concreta legalmente preestablecida». Por ejemplo, cita SÁNCHEZ MORÓN, M.: *op. cit.*, pp. 186 y 187, la implantación de servicios públicos, incluso obligatorios, como es el caso de los recogidos por el art. 26.2 LBRL. Para estos casos, la previsión del art. 29.1 LJCA sólo resultará viable cuando el Ayuntamiento ya hubiera adoptado la decisión formal de creación de un servicio, o hubiera consignado las partidas necesarias en los presupuestos, concretando de alguna manera los términos de la prestación, y el servicio no se creara efectivamente.

(...) en los términos establecidos en esta Ley». Y éstos son, justamente, los previstos en el aludido apartado primero del art. 29 LJCA.

A los efectos de analizar los requisitos legales que determinan la procedencia de este recurso de inactividad podemos distinguir los aspectos formales, entre los que se cuenta el origen o fuente de la obligación prestacional de la Administración, y los aspectos sustantivos, de los que cabrá analizar la prestación concreta omitida por la Administración, prevista, además, en favor de personas determinadas que para poder accionar deberán tener derecho a ella[77]. Dichos aspectos se corresponden con la prestación material debida cuya omisión propicia el acceso a la jurisdicción contencioso-administrativa y cuyo establecimiento responde a la preocupación del legislador manifestada en la EM, a la que ya he aludido, de limitar el ámbito de actuación de aquélla, y que encuentra su reflejo normativo en el art. 71.2 LJCA. Esto denota el escaso grado de eficacia que el sistema legal implantado va a tener al tratar de combatir la inactividad de la Administración. Porque, desde el punto de vista de las opciones de política legislativa con que se contaba al elaborar la Ley, el legislador se inclinó por elegir la menos contundente de todas ellas[78]. De la trascendencia que la Ley les otorga da buena cuenta el art. 51.3.2.º LJCA, que ante su ausencia determina la inadmisión del recurso, ausencia que, sin embargo, debe ser «evidente».

1) Aspectos Formales: relativos al origen de la obligación prestacional que puede ser triple, hallándose tanto en disposiciones generales[79] que no precisen actos de aplicación, como en actos y en contratos o convenios administrativos. O, lo que es lo mismo, que la obligación debe estar jurídicamente perfeccionada[80].

Sin embargo, cuando la obligación lo está por hallarse establecida en un acto administrativo, la vía del art. 29.1 LJCA se muestra estéril frente a la

77. Clasificación que tomamos de GÓMEZ PUENTE, M.: «La impugnación jurisdiccional de la inactividad administrativa», *op. cit.*, pp. 335-337, aunque éste se refiere a ellos calificándolos como «problemas».
78. Vid. NIETO, A.: *op. cit.*, pp. 48 y 49.
79. Mientras GONZÁLEZ PÉREZ, J.: *Comentarios...*, Tomo I, *op. cit.*, p. 718, considera que se trata de una referencia genérica, cualquiera que sea el rango de la disposición, legal o reglamentario, SÁNCHEZ MORÓN, M.: *op. cit.*, pp. 187 y 188, se plantea, sin embargo, el ámbito de la misma en tanto que no alude expresamente a las disposiciones con rango de ley, y aunque tales supuestos puedan darse con carácter excepcional, no es inverosímil, por ejemplo, el caso de servicios públicos cuya implantación no necesite de desarrollo reglamentario o el de leyes singulares que «reconozcan derechos prestacionales a determinadas personas y que sean autoejecutivas».
80. Según SÁNCHEZ MORÓN, M.: *Id. últ. cit.*, p. 186: «una obligación que, para existir como tal y desplegar sus efectos, no precise de ulteriores actos jurídicos de concreción».

alternativa del apartado 2, en cuanto éste sea firme, opción que se antoja preferible[81]. Bien es verdad, no obstante, que la exigencia de firmeza del acto administrativo, —en el sentido tradicional del término que indudablemente abarca tanto la vía administrativa como la judicial—, puede plantear el problema de acceso a la vía del art. 29.2 LJCA cuando éste no es firme por estar recurrido, pero no se halla suspendida su ejecución. En estos casos la aplicación literal de la Ley conduciría a la vía del art. 29.1 LJCA donde lo que se discute es el derecho a una prestación material que, sin embargo, ya ha sido reconocida por un acto, aun cuando dicha decisión se halle recurrida. Así, la pretensión ejercitada no es otra que la ejecución no llevada a cabo por la Administración a la que se ve compelida por el ordenamiento jurídico (arts. 39 y 98 LPACAP) pese a su impugnación[82]. Por ello, creo que la solución idónea es la apuntada por J. GONZÁLEZ PÉREZ quien, si no entiendo mal, también para dichos casos considera de aplicación la vía de los arts. 29.2 y 78 LJCA[83].

2) Aspectos Sustantivos: entre ellos cabe incluir tres cuestiones diversas.

a) En torno a la prestación[84] a la que se refiere el art. 29.1 LJCA se plantean, a su vez, otras dos cuestiones. En primer término, la ambigüedad de la expresión legal que parece comprensiva tanto de prestaciones materiales como formales. Ello puede llevar a concluir en dos sentidos distintos: quedando fuera de toda duda que el art. 29.1 LJCA se refiere a las primeras[85] ¿lo hace de manera exclusiva? O, por el contrario, ¿permite considerar en su seno la solución a determinadas prestaciones formales para las que la

81. Sobre esta afirmación se muestran unánimes GONZÁLEZ PÉREZ, J.: *Comentarios...*, Tomo I, *op. cit.*, pp. 721 y 722, quien, como ya he indicado *supra*, analiza el art. 29.2 LJCA inserto en este supuesto; SÁNCHEZ MORÓN, M.: *op. cit.*, p. 188 y GÓMEZ PUENTE, M.: «La impugnación jurisdiccional de la inactividad administrativa», *op. cit.*, p. 336. Frente a ello, DE LA QUADRA SALCEDO, T.: *op. cit.*, pp. 311 y 312, entiende que «por razones sistemáticas» ambos supuestos no pueden ser los mismos y ello obliga a buscar un sentido a la diferencia de procedimientos «con distinciones cuya sutileza podría llegar a extremos contrarios a la seguridad jurídica».

82. Considera, no obstante, HUERGO LORA, A.: *op. cit.*, p. 192, que en estos casos se dará el problema de discrecionalidad o no de la potestad de ejecución de la Administración. Problema que rechaza implícitamente GONZÁLEZ PÉREZ, J.: *Comentarios..., cit.*, p. 721.

83. *Id. últ.cit.*

84. GONZÁLEZ PÉREZ, J.: *Comentarios..., op. cit.*, p. 717; SÁNCHEZ MORÓN, M.: *op. cit.*, p. 185, aunque este término pudiera hacer pensar que se refiere únicamente a un tipo de actividad material, la actividad prestacional, el principio de tutela judicial efectiva aconseja interpretarlo en el sentido amplio del art. 1.088 CC, considerándolo como expresión compresiva de cualquier obligación de dar o hacer.

85. GÓMEZ PUENTE, M.: «La impugnación jurisdiccional de la inactividad administrativa», *op. cit.*, p. 336.

técnica del silencio no garantiza el acceso a la tutela jurisdiccional[86]? A mi entender, esta segunda opción plantea una interesante perspectiva a considerar respecto a determinadas figuras del Derecho tributario, que serán objeto de análisis en epígrafes posteriores.

La segunda cuestión a que aludía se refiere al requisito de concreción que la Ley demanda de la prestación; cualidad que, en principio, le corresponde otorgar a la fuente que la establezca: la norma, el acto o el contrato o convenio administrativos. Sin embargo, ¿cuál es el grado de concreción exigible para que pueda considerarse satisfecha la exigencia legal? Pues, mientras para las obligaciones cuyo título se halla en una disposición general se precisa la innecesariedad de «actos de aplicación», dicha exigencia no se predica del resto de fuentes de la obligación.

Según ello, en el supuesto de obligaciones con origen en disposiciones generales y ante la falta de concreción de la norma, podría llegar a concluirse en la inexistencia de obligación alguna de la Administración. Parece, sin embargo, que en este caso o bien se trata de una norma necesitada de posterior desarrollo o complemento o su valor es puramente didáctico o, incluso, propagandístico. En el ámbito del Derecho tributario, no cabe desconocer que ésta fue justamente una de las principales y más duras críticas que se formularon sobre muchas de las previsiones de la LDGC, que se derivaban de la ausencia de sanción ante su incumplimiento por la Administración tributaria. Objeción a la que no escapan precisamente las normas de la LGT, ya aludidas, que se refieren al «deber» de información y asistencia que proclama el art. 85 LGT. En estos casos, pues, la inadmisibilidad del recurso provendría de la imposibilidad de afirmar la existencia de la obligación de prestación. Es claro, sin embargo, que el requisito de concreción al que alude el art. 29.1 LJCA no puede entenderse de modo absoluto, identificándolo con la completa definición de la obligación en todos sus extremos[87], porque ello, en mi opinión, vulneraría el principio constitucional de tutela judicial efectiva. De manera que la indefinición parcial de la obligación no puede impedir la admisión del recurso, sino que influirá condicionando el control judicial, por ejemplo, cuando aquélla se deba al reconocimiento de un margen de discrecionalidad de la Administración[88]. Según esto, la sentencia condenatoria de la Administración deberá satisfacer la pretensión ejercitada por el recurrente con arreglo al art. 32.1 LJCA, que le concede la posibilidad de «pretender del órgano jurisdiccional que

86. SÁNCHEZ MORÓN, M.: *op. cit.*, pp. 193 a 196.
87. *Ibidem*, p. 190: así, señala, por ejemplo, la existencia de una obligación de pago de cantidad cierta, pero aún no liquidada o cuantificada.
88. GÓMEZ PUENTE, M.: «La impugnación jurisdiccional de la inactividad administrativa», *op. cit.*, p. 337.

condene a la Administración al cumplimiento de sus obligaciones en los concretos términos en que estén establecidas». Lo que el órgano jurisdiccional podrá realizar siempre que tenga suficientes criterios legales y fácticos que se lo permitan sin inmiscuirse en la esfera de lo que queda a la decisión de la Administración. Y ello se puede lograr bien reduciendo los límites de aquélla o bien deduciendo el contenido mínimo de la obligación que no necesita mayor precisión[89].

Supuesto el necesario grado de concreción de la norma éste puede no ser suficiente y demandar por ello la interposición de un acto administrativo que permitirá su aplicación. En este caso, la interpretación literal del art. 29.1 LJCA impediría el acceso a la jurisdicción mediante esta vía. Sin embargo, no creo que sea esa la interpretación correcta a la luz de las exigencias constitucionales implicadas. Repárese si no en lo absurdo de la anterior conclusión cuando se trata, por ejemplo, de las llamadas devoluciones derivadas de la normativa tributaria. En ellas, el reconocimiento legal del derecho a la devolución no puede verse empañado por la presencia de un necesario acto administrativo de disposición del pago, máxime cuando tal derecho a la devolución se reconoce legalmente al margen de la potestad de comprobación administrativa, como sucede en el IRPF, el IVA y el ISoc., y tendremos ocasión de analizar.

En resumen, la ausencia de intervención administrativa no puede identificarse con la de intermediación alguna que siempre es necesaria, pues precisamente eso es lo que se demanda a través de esta acción, sino que cabe referirla a una intermediación «cualificada» que comportará un margen de apreciación o valoración, actuación sustancialmente distinta de aquella que se limita a «comprobar» la concurrencia de los presupuestos legales que hacen nacer el derecho a la prestación[90]. Sin embargo, en presencia de esa actuación de mera constatación articulada mediante un acto administrativo y en tanto éste alcance firmeza: ¿no procederá la acción del art. 29.2 LJCA, dado que éste será ejecutivo? No es de extrañar, a la vista de este interrogante, que en la práctica el problema se centre en discernir cuál de las dos acciones sea la idónea. Problema que se agravará si ello comporta consecuencias negativas para el recurrente que hubiera errado a la hora de elegir el cauce procesal[91].

b) La prestación concreta debe estar reconocida en favor de una o varias personas determinadas. Debe, en consecuencia, estar precisada desde el punto de vista subjetivo. Exigencia que parece excluir del ámbito de la

89. *Ibidem*. En idéntico sentido SÁNCHEZ MORÓN, M: *op. cit.*, p. 190.
90. DE LA QUADRA SALCEDO, T.: «Comentario al Art. 29 LJCA», *op. cit.*, pp. 303-305.
91. Vid. DE LA FUENTE CABERO, I.: *op. cit.* pp. 150 a 152.

acción de inactividad las omisiones de deberes legales de hacer establecidos a favor del interés general y los intereses difusos[92]. Pero no demanda, por el contrario, una exhaustiva determinación nominativa de los mismos, siendo suficiente el señalamiento de los requisitos legales que deben concurrir[93].

Las exclusiones que derivarían de este requisito legal, plantean, como ha señalado GÓMEZ PUENTE, un importante problema: su incompatibilidad con el Estado social de Derecho, cuya implantación ha transformado el papel de la Administración pública; circunstancia que revela la necesidad de favorecer la inclusión de toda conducta administrativa —en los términos del art. 1.º.1 LJCA— en el objeto del proceso contencioso-administrativo. Por ello, señala este autor la conveniencia de acoger la construcción de la doctrina alemana que, en aras de la ampliación objetiva del control jurisdiccional de la Administración, propone extender la noción de relación jurídica pública a la que se seguirá ciñendo aquel control. Ésta «existiría siempre que dos o más sujetos de Derecho mantengan una relación basada en una norma de Derecho público, haya o no un acto administrativo previo. Y como toda actividad administrativa está jurídicamente vinculada o basada en normas («sometimiento pleno a la Ley y al Derecho» dice el art. 103.1 CE), la relación jurídico-pública sobre la que fundar el control jurisdiccional existirá siempre que una actuación u omisión de la Administración tuviera repercusión o proyección externa; esto es, siempre que trabara una relación de contenido e intensidad variable, no necesariamente individual, personal o directa (en términos de exclusividad), con uno o más sujetos»[94]. Conforme a ello, cabe preguntarse, por ejemplo, si los obligados tributarios definidos en el art. 35 LGT son un colectivo suficientemente concreto como para reconocer a su favor los «derechos» enumerados por el art. 85 LGT.

c) Por último, el art. 29.1 LJCA impone una limitación a la legitimación para recurrir —pese a que sistemáticamente no es este el cometido de una norma definidora del objeto del recurso— al permitirlo únicamente a «quienes tuvieran derecho a ella», en atención a la prestación concreta en favor de una o varias personas determinadas. Exigencia que se halla en clara contradicción con el art. 19.1 LJCA en tanto que esta acción excluye a quienes

92. SÁNCHEZ MORÓN, M: *op. cit.* pp. 191 y 192; GÓMEZ PUENTE, M.: «La impugnación jurisdiccional de la inactividad administrativa», *op. cit.*, p. 337. Ambos coinciden en señalar que incluso los intereses colectivos estarían incluidos, siempre que se reconozcan a favor de personas individualizadas o grupos de personas.

93. DE LA QUADRA SALCEDO, T.: «Comentario al Art. 29 LJCA», *op. cit.*, p. 301.

94. *La inactividad de la Administración, op. cit.*, pp. 66 y 72.

ostentan un interés legítimo[95]. Y que destaca más aún tras el contraste con lo dispuesto por el Art. 29.2 LJCA que refiere la acción de inejecución de un acto firme a «los afectados» por la inactividad como titulares de intereses legítimos[96]. Esta interpretación, sin embargo, debe ser rechazada con base en las exigencias del principio de tutela judicial efectiva[97], debiendo afirmarse así que la inactividad material puede ser recurrida mediante esta acción tanto por quienes ostentan un derecho subjetivo como por quienes detentan un interés legítimo[98].

Afirmado lo anterior, la relevancia de este requisito se halla, a juicio de GONZÁLEZ-VARAS, en que la existencia de un derecho o interés legítimo es «directamente» el criterio de estimación del recurso, «debiendo observar los órganos jurisdiccionales del orden contencioso-administrativo si la norma permite deducir dicho derecho o interés de cuyo ejercicio se derive la obligación administrativa de conceder o realizar una prestación a favor del recurrente». Para ello, su labor requiere de un margen de apreciación inevitable, sirviéndose de unos criterios de interpretación que deberá aplicar incluso en casos tan dudosos como las declaraciones legales objetivas, respecto de las que difícilmente puede deducirse la legitimación para recurrir de los particulares, dado que en ellas el único destinatario es la Administración; o cuando las normas otorgan a ésta discrecionalidad para actuar o permanecer inactiva, en el que igualmente se antoja prácticamente imposible la legitimación[99].

Los criterios que, en su opinión, servirán para acceder o no a la estimación del recurso se clasificarán según nos hallemos en uno u otro de los casos descritos.

Comenzando por el segundo, la labor judicial en estos casos tenderá a considerar las posibilidades que se le ofrecen de reducir la discrecionalidad

95. Como destaca HUERGO LORAS, A.: *op. cit.*, p. 187, la exigencia de invocación de un derecho subjetivo, que con la antigua LJCA/1956 se requería de las pretensiones de condena en relación con la impugnación de los actos administrativos, se traslada ahora al recurso de inactividad.

96. DE LA QUADRA SALCEDO, T.: «Comentario al Art. 29 LJCA», *op. cit.*, p. 312.

97. GONZÁLEZ PÉREZ, J.: *Comentarios...*, Tomo I, *op. cit.*, p. 724 y GÓMEZ PUENTE, M.: «La impugnación jurisdiccional de la inactividad administrativa», *op. cit.*, p. 331.

98. Vid. GÓMEZ PUENTE, M.: *Id. últ. cit.*, pp. 331 y 332, quien analiza detalladamente esta cuestión de la legitimación; SÁNCHEZ MORÓN, M: *op. cit.*, p. 192; GONZÁLEZ-VARAS IBÁÑEZ, S.: «Nuevos tipos procesales. Recursos contra la Inactividad Administrativa y Vía de Hecho» en JIMÉNEZ BLANCO CARRILLO DE ALBORNOZ (Dir.), *Estudios sobre la Jurisdicción Contencioso-Administrativa*, C.E.M.C.I., Granada, 1999, p. 184.

99. *Ibidem*, pp. 184 y 185.

que la norma concede a la Administración[100], pudiendo incluso, y a través de ella, eliminarla, cuando pueda ceñirse a una única decisión o actuación, que se impondrá en la sentencia. A tal efecto, los criterios que pueden servir al órgano jurisdiccional son: 1) La «necesidad de tutelar bienes jurídicos esenciales»; 2) La existencia de un peligro que haga necesaria la intervención administrativa; 3) La «desviación de poder por omisión», consistente en la inadecuación de la omisión o inactividad con el fin previsto en la norma. Y así, volviendo al supuesto de las normas de los arts. 85 y siguientes de la LGT, cuyo fundamento último puede hallarse en el principio constitucional de seguridad jurídica (art. 9.3 CE), ¿cómo podrá considerarse satisfecha dicha garantía constitucional en caso de omisión o incumplimiento por la Administración de sus deberes de información y asistencia? Lo bien cierto es que, no obstante la aplicación de estos criterios, concurre la imposibilidad de que el órgano jurisdiccional pueda ordenar un determinado comportamiento a la Administración cuando ésta mantenga un reducto de discrecionalidad para actuar o no.

Respecto de las declaraciones legales objetivas, la estimación del recurso, pese a la dificultad inicial del supuesto, puede alcanzarse, según este autor, acudiendo a diversos criterios interpretativos, todos ellos guiados por una finalidad común: el intento de subjetivación de la norma[101]. Articulándose dicha interpretación conforme a los derechos constitucionales en general, que permitirían obtener «reflejos jurídico-subjetivos» de la norma en favor de terceros que pudieran así estar interesados en su cumplimiento, pese a que su único destinatario es la Administración. Pudiendo obtenerse aquéllos en atención a derechos como los contenidos en los arts. 18.2, 45, 47 CE, etc. En otras palabras, «Para identificar dichos reflejos jurídicos ha de constatarse un efecto protector de la norma a favor de terceros, por tanto, una necesidad especial de protección jurídica o de tutelar bienes jurídicos esenciales»[102].

Desde la perspectiva del Derecho tributario, lo relevante de estos planteamientos es, a mi modo de ver, que los derechos fundamentales, especialmente, son de indudable eficacia en ese proceso de subjetivación de las normas. Y entre ellos entiendo que cabría destacar señaladamente el derecho a la tutela judicial efectiva en un doble aspecto: como guía indudable

100. *Ibidem*, p. 192: en estos supuestos se dictará sentencia «precisando los márgenes dentro de los cuales ha de dictarse o realizarse la decisión o actuación administrativa».

101. *Ibidem*, p. 191: «en nuestro país existe un especial interés social en reforzar en la medida de lo posible la acción procesal de los ciudadanos interesados en combatir la inactividad administrativa, como vía para la mejor realización de los fines públicos, sociales o colectivos» (subrayado mío).

102. *Ibidem*, pp. 188 y 190.

de toda esta materia que favorecería en todo caso la admisibilidad del recurso y su estimación; y como garantía constitucional en manos de los obligados tributarios ante la Administración que ostenta, en el modelo de colaboración en la gestión tributaria, potestades fundamentalmente fiscalizadoras y de control. Y cuyo «parecer» no se manifiesta a través de un acto administrativo como es la liquidación tributaria, que está rodeada de una serie de garantías jurídicas, de rango constitucional incluso ex art. 105 CE, sino que corre a cargo de los contribuyentes. En este sentido, ya hemos visto cómo la conexión de este derecho fundamental con la exigencia de «buena administración», también constitucional, según el TS, propende a limitar la inactividad administrativa, pero una vez producida ésta no puede redundar en beneficio de la Administración y la plena viabilidad del cauce del art. 29 LJCA es el modo más idóneo de lograrlo desde la perspectiva constitucional. Cuestiones todas ellas sobre las que no debe dejar de insistirse habida cuenta del necesario equilibrio que debe existir entre las partes integrantes de la relación jurídica tributaria.

Pese a su distinta naturaleza, también el deber constitucional de contribuir al sostenimiento de los gastos públicos del art. 31 CE, su consecución y efectividad, puede constituir una guía imprescindible en la aludida subjetivación de las normas que imponen una determinada actuación administrativa, dirigida, se supone, a facilitarlo. Mediante devoluciones «de oficio» en tributos autoliquidados, mediante prestación de asistencia e información, etc. La cuestión es: ¿Puede en estos casos reconocerse un auténtico derecho de los contribuyentes a su obtención que comporte su posible exigencia ante la eventual omisión administrativa? O es que ¿acaso puede sustraerse la Administración de la obligación de asegurar «el respecto a los derechos y garantías de los obligados tributarios» establecidos en la LGT, como le ordena su art. 3.º.2?

Abunda en lo anterior un hecho que, a mi modo de ver, no puede dejar de producir efectos prácticos concretos en esta cuestión. Me refiero a las consecuencias positivas que debe entrañar, desde la perspectiva del principio *pro actione,* el paso que supone que las normas tributarias hayan evolucionado de un ámbito subjetivo referido a los «contribuyentes», que fue el que adoptó la LDGC coetánea de la LJCA, a otro que abarca un espectro mucho más amplio, el de los «obligados tributarios» del art. 35 LGT.

# *Capítulo III*

# La inactividad de la Administración tributaria como objeto del proceso contencioso-administrativo

## 1. SUPUESTOS DE INACTIVIDAD FORMAL

### 1.1. INACTIVIDAD REGLAMENTARIA[1]

La cuestión sobre el control jurisdiccional de la inactividad reglamentaria ha sido abordada por el TS desde hace ya mucho tiempo con un carácter eminentemente restrictivo, dando lugar a una jurisprudencia constante en la que, no obstante, cabe atisbar algún avance reciente muy significativo, como es el caso de la STS n.º 300/2023, de 8 de marzo (RJ 2023, 1734) en la que el TS sostiene que «hay que concebir la potestad reglamentaria como una potestad susceptible de integrar el contenido de un *deber legal de obrar jurisdiccionalmente exigible*. Ese deber no tiene autonomía o sustantividad propia sino que se integra en el más genérico de asegurar la ejecución de las leyes».

1. SAINZ DE BUJANDA, F.: *Hacienda y Derecho,* Tomo III, *op. cit.,* 1968, p. 304: considerando las manifestaciones de la arbitrariedad en la esfera normativa apuntaba ya la posibilidad de que ésta se produjera por una conducta pasiva de la Administración, que no tenía por qué limitarse —aun cuando fuera la hipótesis comúnmente prevista— a la esfera de los actos aplicativos de las normas, «...sino que puede producirse dentro del ámbito de la potestad reglamentaria, esto es, en el ámbito de una función creadora de normas. Tal acontece siempre que los órganos administrativos se abstienen de elaborar aquellas disposiciones —Reglamentos o textos refundidos o articulados— que la ley prevé como necesarios para la seguridad jurídica. Su inexistencia puede conducir, en determinados sectores, a un caos normativo y, con él, a una inseguridad que deriva de una arbitraria inactividad».

Las pretensiones deducidas frente a la inactividad reglamentaria en general[2] y específicamente respecto a las omisiones de un reglamento que pudieran hacerle incurrir en una eventual infracción de la ley o del ordenamiento jurídico plantean, según reconoció la STS de 14 de diciembre de 1998 (RJ 1999, 154), «una situación excepcional en los mecanismos de control de la actividad administrativa». Situación que, como ya he avanzado, ha sido objeto de una doctrina jurisprudencial restrictiva (recogida, por ejemplo, en la STS n.º 553/2018, de 5 de abril [RJ 2018, 1663] y en la posterior STS n.º 1694/2020, de 10 de diciembre, [RJ 2020, 4938]), tanto desde el punto de vista formal, de acceso a la jurisdicción, reconocido pese a las tradicionales dificultades sobre la legitimación, como desde un punto de vista sustancial, en torno al contenido y alcance de la función revisora de los órganos jurisdiccionales. En este último punto, los obstáculos a los que se ha enfrentado la cuestión se circunscriben al carácter revisor de la jurisdicción[3] y, especialmente, por la «consideración de la potestad reglamentaria como facultad político-normativa de ejercicio discrecional»[4] vinculada a la función de dirección política del Gobierno reconocida por el art. 97 CE. Y aunque todos ellos no hayan llegado a impedir el reconocimiento de dicho control jurisdiccional, como no podía ser menos tras la entrada en vigor de la Constitución y a tenor de sus artículos 103 y 106, sí han influido decisivamente en la configuración de sus perfiles, debiendo distinguirse en su ejercicio entre aspectos reglados y discrecionales.

En primer término, el ejercicio de pretensiones de nulidad por infracción omisiva es posible teóricamente en dos supuestos, con la importante salvedad de que frente a lo que sostuvo la citada STS de 14 de diciembre de 1998, las SSTS de 16 y 23 de enero de 1998 (RJ 1998, 566) y (RJ 1998, 1261), respectivamente, se refirieron a ellos como los «únicos» en los que procedería apreciar una ilegalidad omisiva jurisdiccionalmente controlable. Y son estos mismos casos a los que se siguen refiriendo pronunciamientos muy posteriores como la citada STS n.º 1694/2020, de 10 de diciembre (RJ 2020, 4938). Son los siguientes:

---

2. Que no puede entenderse expresamente excluida de la LJCA (Art. 3.º LJCA); vid. GÓMEZ PUENTE, M.: «La impugnación jurisdiccional...», *op. cit.*, pp. 327 y 328.
3. *Ibidem*, pp. 368 y 375: dogma que también ha actuado en el plano formal, en relación el acceso a la tutela judicial, el objeto del recurso y la aludida cuestión de la legitimación; siendo, probablemente, el causante de la escasez de pronunciamientos jurisprudenciales en esta materia.
4. GÓMEZ PUENTE, M.: «La impugnación jurisdiccional...», *op. cit.*, p. 328, frente a su concepción como una actividad netamente administrativa, que no significa, empero, su exoneración del control jurisdiccional del que, en general, no se excluyen los actos de gobierno *ex art.* 2, a) LJCA.

a) ...cuando, siendo competente el órgano titular de la potestad reglamentaria para regular la materia de que se trata, la ausencia de la previsión reglamentaria suponga el incumplimiento, no de una mera habilitación, sino de una obligación expresamente establecida por la Ley que se trata de desarrollar o ejecutar. Expresión que el TS mantiene intacta si bien la actualiza en relación con la eventual omisión reglamentaria respecto de la trasposición de una Directiva.

   En el contexto de aquellas antiguas Sentencias y a los efectos de aclarar esta distinción, cabría traer a colación la «omisión» que desde la promulgación de la LGT/1963 supuso la ausencia de aprobación de un reglamento de gestión tributaria o el que debiera disciplinar el expediente de fraude de ley.

b) El que la STS de 16 de enero de 1998 calificó como «omisión reglamentaria relativa»: «...cuando el Reglamento determine la creación implícita de una situación contraria a la Constitución o al ordenamiento jurídico». Sólo en este caso el restablecimiento de la supremacía de la Constitución o de la Ley puede consistir en «negar simplemente eficacia jurídica al efecto derivado de dicho silencio del reglamento», sin necesidad de imponer a esta norma, por parte del órgano jurisdiccional, un contenido determinado. Más recientemente, en un supuesto ajeno a la materia tributaria, la STS n.º 553/2018, de 5 de abril, estima el recurso atendiendo a que la inactividad reglamentaria provocó situaciones de desigualdad en relación con los beneficios previsto en la norma de rango legal que debió ser desarrollada.

En materia tributaria, podía citarse como ejemplo la ilegalidad del art. 78.3, d) del Reglamento del IRPF, aprobado por el RD 214/1999, de 5 de febrero, declarada por la STS de 19 de mayo de 2000 (RJ 2000, 6067), «en cuanto omite a los ascendientes con derecho al mínimo familiar, regulado en el art. 40, apartado 3, ordinal 1.º, letra a) de la Ley 40/1998, de 9 de diciembre del IRPF». En él, las consecuencias derivadas de la declaración de nulidad consistían en la inclusión de este supuesto junto al de los descendientes que dan derecho a la aplicación del mínimo familiar, simplemente por aplicación de la Ley de IRPF entonces vigente[5]. Resultándole de

5. GÓMEZ PUENTE, M.: *La inactividad de la Administración, op. cit.*, pp. 382 y 383: aunque no fue una técnica utilizada en este caso, destaca este autor que un modo de reducción de la inactividad reglamentaria por la Jurisprudencia consiste en atribuir efecto directo a la Ley, lo que no es más que una técnica de integración normativa. A este principio de efectividad de las leyes, que trata de impedir que la inactividad reglamentaria demore los efectos de la Ley, responde la STS de 4 de noviembre de 1988 (RJ

aplicación, incluso, y en la misma medida, la regularización prevista en aquel momento por el art. 81.2. 5.º del citado RIRPF. Solución que se vio corroborada por el RD 1.732/2000, de 20 de octubre, que modificó los aludidos preceptos en el sentido apuntado[6].

La posibilidad, en segundo lugar, de deducir pretensiones de condena a la Administración para elaborar y promulgar una disposición reglamentaria, «o que ésta tenga un contenido determinado», no puede, según la jurisprudencia tradicional del TS, rechazarse «*ad limine*, sin desnaturalizar la función jurisdiccional». Esgrimiendo en favor de ello que el pronunciamiento judicial, «en todo caso de fondo, dependerá de la efectiva existencia de una obligación o deber legal de dictar una norma de dicho carácter»[7]. Expresión que parece referirse a cada caso concreto, a diferencia de lo que parece sostener la STS n.º 300/2023, de 8 de marzo (RJ 2023, 1734) que he citado al comienzo y a la que enseguida volveré.

Las mayores dificultades se han planteado, sin embargo, en torno a un segundo problema, de carácter sustantivo: el alcance del control judicial. Respecto al mismo, la jurisprudencia del TS ha venido sosteniendo la difi-

---

1988, 8457), deducida en torno a la ausencia de desarrollo reglamentario por el Ministerio de Hacienda del art. 64.3 del derogado RPEA de 1981, sobre la presentación de reclamaciones económico-administrativas el último día del plazo, en relación con el art. 74 de dicho Reglamento. Concluyendo el Tribunal, en aras a preservar la efectividad de la garantía constitucional del art. 24 CE, en sus vertientes del principio *pro actione* y de prohibición de indefensión, que de dicha omisión no cabe deducir la inexistencia de lugar hábil para estos casos y, por ello, el interesado podía presentar la reclamación en un lugar distinto de los referidos por el artículo 74.

6. La modificación del art. 81.2 RIRPF supuso, para este caso, la introducción de un nuevo apartado noveno.

7. GARCÍA NOVOA, C.: *El silencio..., op. cit.*, pp. 22 y 23: uno de los factores determinantes de la «valoración» de la ausencia de actividad reglamentaria será la existencia o no de una norma previa con rango de Ley, pues «no será lo mismo la inactividad cuando no se adopte un reglamento ejecutivo que cuando no se dicte un reglamento independiente»; mientras que en el primer caso «se estaría transgrediendo la regla del principio de legalidad de la Administración, en su expresión más amplia de vinculación positiva», en el segundo, la apreciación de la inactividad dependerá de si se admite la existencia de reglamentos independientes. Sobre esta cuestión, cabe precisar con GARCÍA DE ENTERRÍA y T.R. FERNÁNDEZ: *Curso de Derecho administrativo*, Tomo I, 10.ª edición, Civitas, Madrid, 2000, pp. 209-212 y 265-268, respecto a los reglamentos ejecutivos, que éstos son conceptuados como expresión de las remisiones normativas sean genéricas o específicas; debiendo afirmarse, respecto de los reglamentos independientes, dictados al margen de toda Ley de habilitación, que, según ha reiterado la jurisprudencia, únicamente pueden existir en el ámbito organizativo interno de la Administración, nunca en el normativo, estándoles vetada la regulación abstracta de derechos y obligaciones de los ciudadanos en situación de sujeción general. En esta última conclusión coinciden MARTÍN QUERALT, J. y otros: *Curso de Derecho financiero y tributario*, 8.ª edición, Tecnos, Madrid, 1997, p. 186.

cultad de que el Gobierno pueda ser compelido por el mandato derivado de una sentencia judicial al ejercicio de la potestad reglamentaria en un determinado sentido, sobre la base de la configuración constitucional de la misma, *ex art.* 97 CE. Pues ello supondría admitir la posibilidad de un poder de sustitución judicial que abarcaría la determinación del contenido de la disposición, que «excedería de las facultades de la Jurisdicción» y se halla actualmente prohibido por el art. 71.2 LJCA[8]. Porque dicho poder sólo podría admitirse, matizó la STS de 14 de diciembre de 1998, «hasta donde la Ley regla la actividad administrativa», circunstancia que, respecto a la potestad reglamentaria, difícilmente alcanza la forma o contenido con que ha de quedar redactada la norma, aunque exista obligación legal de dictarla[9].

En la actualidad, sin embargo, puede verse algún avance significativo en la cuestión como es el caso de la citada STS n.º 300/2023, de 8 de marzo (RJ 2023, 1734) de cuya doctrina creo que se pueden entresacar varias conclusiones muy esperanzadoras en el avance del control jurisdiccional de la inactividad reglamentaria por la vía del art. 29.1 LJCA.

En primer término, define qué hay que entender por inactividad reglamentaria, delimitándola tanto positiva como negativamente. Según el TS: «La inactividad u omisión reglamentaria tiene lugar cuando resulta legal o constitucionalmente debido el dictado de una disposición de carácter general por la Administración y esta no lo hace. No se incluyen en esta categoría aquellos supuestos de omisión de la actividad político-constitucional del

8. Poder que ha sido admitido por el TS en alguna ocasión, más allá del supuesto del art. 85 LJCA, *v.gr.* STS 17 diciembre 1967 (RJ 1967, 5545), recogida por GÓMEZ PUENTE, M.: *La inactividad de la Administración, op. cit.*, p. 376.

9. GÓMEZ PUENTE, M.: «La impugnación jurisdiccional...», *op. cit.*, p. 328, «Cuestión distinta es que, examinada jurisdiccionalmente la omisión reglamentaria pueda llegarse a la conclusión de que la Administración no está obligada a dictar el reglamento y que la oportunidad de éste, lo mismo que su contenido, esté confiada a su discrecional juicio». Algo que puede suceder con relativa frecuencia dado que la discrecionalidad es habitual en las remisiones legislativas a la potestad reglamentaria, esencialmente en cuanto al contenido, no así en lo que respecta al plazo. Pero en ningún caso la discrecionalidad es causa de exención jurisdiccional de la Administración. Debiendo destacarse aquí con SAINZ DE BUJANDA, F.: *Hacienda y Derecho*, Tomo III, *op. cit.*, p. 311 que «Los Tribunales de justicia pueden eventualmente actuar (...) de modo que la Administración se sienta impelida a ejercer las funciones normativas que le haya encomendado la ley, absteniéndose de aplicar aquellos preceptos que por su carácter impreciso o fragmentario no puedan reputarse verdaderamente preceptos jurídicos. En tales hipótesis, el control judicial de la inactividad administrativa se traducirá en una más intensa invocación y aplicación de los principios generales del ordenamiento, que lógicamente han de prevalecer sobre normas concretas cuya falta de desarrollo o articulación pueda llevar la inseguridad a las relaciones sociales que en ellas se disciplinan».

Gobierno con trascendencia normativa, como la aprobación de decretos leyes o decretos legislativos, como tampoco la faltade presentación de proyectos legislativos, pues aun cuando pueda tenerse por actividad administrativa no exige propiamente el ejercicio de la potestad reglamentaria».

En segundo lugar, considera que son dos las dificultades que se plantean al abordar la inactividad que acaba de definir. «La primera deriva de la propia concepción de esta potestad, más próxima a los poderes políticos del Gobierno que a las potestades propiamente administrativas. La segunda dificultad tiene que ver con su exigibilidad jurisdiccional, ya que se suele descartar que su ejercicio pueda constituir el contenido de un deber legal que los tribunales puedan compeler».

En tercer lugar, aborda ambas cuestiones desde la perspectiva constitucional, señalando, respecto del primero de los problemas que: «Sin embargo, el que la Administración pueda verse obligada a ejercer la potestad reglamentaria no debería sorprendernos pues el propio art. 97 de la Constitución declara específicamente la sumisión a la ley de ese poder normativo, como con carácter general lo está a la ley y al derecho toda la actividad administrativa». Y en cuanto al segundo afirma: «Y lo mismo puede decirse acerca del control jurisdiccional de esa potestad, como del resto de la actividad administrativa. El art. 106.1 de la Constitución no establece excepciones a ese control, que se ha de extender también a toda omisión reglamentaria contraria a la legalidad. En otros sistemas jurídicos, como es el caso de Francia, el control jurisdiccional de la inactividad reglamentaria en ejecución de las leyes tiene lugar a través tanto del recurso por exceso de poder como de la reclamación de responsabilidad administrativa por los daños ocasionados, siendo esta última la vía que ofrece el remedio más directo y eficaz contra la inactividad».

En cuarto lugar, y como ya he avanzado al comienzo del epígrafe, la conclusión que se obtiene de lo anterior es que estamos ante la existencia de un deber genérico susceptible de control jurisdiccional. Lo expresa así el TS: «*hay que concebir la potestad reglamentaria como una potestad susceptible de integrar el contenido de un deber legal de obrar jurisdiccionalmente exigible.* Ese deber legal no tiene autonomía o sustantividad propia sino que se integra en el más genérico deber de asegurar la ejecución de las leyes.

Esta técnica bifásica de regulación (Ley-Reglamento) presupone una Administración diligente que complete el proceso de ejecución legal. Entender de otra manera la competencia normativa del Ejecutivo (como competencia propia, desvinculada de la ley) supondría otorgar a éste un derecho de veto sobre todas aquellas leyes cuya aplicación dependiera del complemento reglamentario correspondiente, lo que constitucionalmente resultaría inadmisible. Con arreglo a lo expuesto, *no podemos concebir el ejercicio de la potestad reglamentaria para la ejecución de las leyes en un sentido discrecional o facultativo sino que constituye un deber a cargo de la Administración siempre que la efectividad y aplicabilidad de la ley dependan del complemento reglamentario y cuándo, con mayor razón, es la propia ley quien expresamente encarga dicho desarrollo normativo.*

La Administración tiene ante todo el deber de ejecutar la ley. *El deber legal de dictar un reglamento debe tenerse por deber jurídico, para cuyo cumplimiento la Administración actúa como poder vicarial en su función administrativa,* con plena subordinación a la ley, de manera que no se pueden invocar en el ejercicio de esta función, a los efectos de justificar su incumplimiento, las facultades de naturaleza político-constitucional que le corresponden al Gobierno en otras circunstancias» [10].

Pero si la existencia de este «deber legal jurídico de dictar un reglamento» sostiene el TS «parece evidente», el problema que aborda a continuación es el del control jurisdiccional cuando ese deber se ha sometido legalmente a un plazo determinado. El problema se concreta, a su vez, en dos cuestiones: la primera, la naturaleza indicativa o imperativa del plazo o término legal y, la segunda, los efectos de su incumplimiento.

La conclusión del TS es que el señalamiento de un plazo es de carácter imperativo y no meramente indicativo, a pesar de su carácter formal. De este modo, el incumplimiento del plazo no supondrá la invalidez del reglamento extemporáneo, salvo que así lo hubiera establecido la ley habilitante de manera expresa. Nuevamente observa el TS la existencia de un deber. Pues sostiene que «El establecimiento del plazo vincula a la actuación administrativa con la fuerza de un deber legal cuya inobservancia por omisión coloca [a] la Administración en situación ilegal y puede determinar la existencia de una responsabilidad, especialmente cuando del retraso se derivan daños evaluables económicamente, salvo que se justifique que no ha sido materialmente posible dictar en plazo el reglamento porque existan circunstancias que lo impidan, siendo carga de la Administración la acreditación de la existencia de tales circunstancias». Ya anteriormente la STS n.º 553/2018, de 5 de abril (RJ 2018, 1663) había sostenido que "el incumplimiento del plazo no puede ser salvado acudiendo a la autonomía de voluntad administrativa para determinar el momento oportuno en que dictar el reglamento (...) puesto que esa decisión sería posible antes de la expiración del plazo pero no una vez vencido. El plazo es así imperativo, aunque no

10. Las cursivas son todas mías.

puede considerarse esencial a los efectos de provocar un vicio invalidante de un reglamento tardío».

Pero si se trata de un retraso injustificado, sostiene el FJ 5.º de la STS n.º 300/2023, de 8 de mayo, al abordar el alcance del control jurisdiccional, «que debe recordarse que frente a la inactividad reglamentaria la garantía de la legalidad depende tanto de la posibilidad de dictar sentencias condenatorias que declaren la obligación o deber legal de dictar un reglamento cuanto de procurar el cumplimiento voluntario o la ejecución forzosa de la sentencia. Sabemos que la discrecionalidad inherente al desarrollo de la función administrativa en el marco de la legalidad constituye un límite a la función jurisdiccional de control de la actividad, pero en el cumplimiento de un plazo o término legal no hay margen alguno de discrecionalidad por lo que esta discrecionalidad no puede oponerse como inconveniente para que el juez condene a la administración a dictar una medida reglamentaria. Otra cosa es el contenido de la norma reglamentaria donde la discrecionalidad administrativa si *(sic)* juega como límite de la actividad jurisdiccional. Ello permite descartar, como de hecho hace el art. 71.2 de la LJCA, que el juez pueda condenar a dictar una medida reglamentaria concreta o sustituir el incumplimiento administrativo acordando por sí mismo en ejecución forzosa de la sentencia la medida reglamentaria.

El principio de separación de poderes impide que la función jurisdiccional se transforme en función administrativa de modo que, no pudiendo el juez situarse en la posición de la Administración para integrar materialmente el contenido de la actividad debida, solo le queda impulsar o compeler la producción de esta por otros medios a su alcance».

Para concluir, el TS sintetiza su decisión afirmando que «cuando la ley encarga a la Administración un determinado desarrollo reglamentario y le fija un plazo para ello, está imponiéndole unos deberes jurídicos de obligado cumplimiento de los que no puede sustraerse el Gobierno invocando su naturaleza político-constitucional, ni el carácter discrecional de la potestad reglamentaria.

En estos casos, desarrolla una función administrativa cuyos contornos esenciales están preordenados en la ley, sin que tenga margen para dejar de cumplir el encargo recibido como tampoco para dejarlo suspendido en el tiempo cuando la ley ha fijado un plazo determinado, como aquí ocurre.

La Administración se halla plenamente sometida a la ley y al derecho según el artículo 103.1 de la Constitución, y el Gobierno debe ejercer la función ejecutiva y la potestad reglamentaria de acuerdo con la Constitución y las leyes (art. 97 CE) y corresponde a los tribunales controlar la potestad reglamentaria y la legalidad de la actuación administrativa, así como el sometimiento de ésta a los fines que la justifican (art. 106.1 CE).

No habiéndose presentado por el representante de la Administración justificación suficiente sobre el incumplimiento del plazo por parte del Gobierno para dictar la norma reglamentaria que tenía encomendada por mandato legal, procede declarar que esa inactividad reglamentaria infringe dicho mandato que goza de una imperatividad es indiscutible».

Al hilo de esta posible justificación, cabe traer a colación el caso debatido en la STS n.º 553/2018, de 5 de abril, en la que el incumplimiento no podía respaldarse en el hecho de que, por otra norma legal, se hubiera dejado sin efecto el plazo establecido o se hubiera procedido a su modificación o suspensión y no apreciando la posición mayoritaria de la Sala que ello hubiera tenido lugar por una ley de presupuestos. La decisión de la mayoría, que en un principio se justifica porque esta última trataba de otra cuestión distinta de la que debatía en el proceso se enturbia, dando lugar a un voto particular, porque en la Sentencia se alude a la vieja cuestión sobre la supuesta especial naturaleza y función de las leyes de presupuestos, de manera que la discrepancia se centra en si son o no un instrumento que pudiera modificar el plazo de desarrollo reglamentario.

Al margen de esto lo relevante de esta Sentencia es que perfila claramente cuáles son los márgenes de la decisión jurisdiccional sobre la inactividad y sostiene que los artículos 31.1 y 71.2 LJCA no es que impidan que pueda imponerse a la Administración la obligación de elaborar una disposición reglamentaria, «sino que más bien nos facultan expresamente para ello». Y tampoco es que estos preceptos impidan imponer un plazo para ello, «pues nos faculta expresamente el art. 71.1 LJCA (…) Además, existiendo un plazo legal para el ejercicio de la potestad reglamentaria (…) la garantía de la legalidad —artículo 9.1 y 103.1 de la Constitución— y la efectividad de la tutela judicial efectiva —artículo 24 de la Norma Fundamental— imponen entender reducida ya la discrecionalidad de que podría gozar la Administración para el ejercicio de la potestad reglamentaria y efectuar la condena para su efectivo ejercicio en un plazo determinado, sin que con ello la función jurisdiccional traspase sus propios límites y se "transforme" en función administrativa. Es decir, que una vez que la administración ha sobrepasado los aspectos legalmente prefigurados para el ejercicio de su potestad, que en este caso limitaban el cuándo de su ejercicio, no es posible que la inercia administrativa quede nuevamente a su discrecional decisión sin que se lesione el interés legítimo de los recurrentes que, no lo olvidemos, tenía un respaldo jurídico evidente (…)».

### 1.2. INACTIVIDAD SINGULAR O PROCEDIMENTAL EN EL ÁMBITO TRIBUTARIO. LA PERVIVENCIA DE LA NECESIDAD DE CONTRASTE CON EL RÉGIMEN COMÚN DE LA LEY 39/2015, DE 1 DE OCTUBRE (LPACAP)

El contexto normativo actual, después de una tortuosa evolución que analiza detalladamente la profesora MATA SIERRA [11], está conformado por dos leyes, una de carácter general, la Ley 39/2015, de 1 de octubre, LPACAP, que, sin embargo, es posterior en el tiempo a la norma «especial» por razón de la materia, la LGT, cuya entrada en vigor tuvo lugar durante la vigencia de la LRJPAC en su versión posterior a la reforma de la Ley 4/1999, de 13 de enero, y que fue decisiva en dos aspectos. Por un lado, porque alteró con carácter general el régimen jurídico de la inactividad administrativa, y, por otro, porque afectó de manera significativa a la especialidad de la materia tributaria a través de la modificación de su Disp. Ad. 5.ª y recrudeció, si se me permite el uso de una expresión tan gráfica, su aislamiento al sustituir, la previsión de subsidiariedad por la de supletoriedad, e incluir una especial mención a las normas sobre inactividad.

Pues bien, una vez ha tenido lugar el cambio normativo en el ámbito común, y habida cuenta de que éste no se ha visto acompañado ni coetánea ni sucesivamente de ninguna modificación en el ordenamiento tributario, cabe preguntarse si subsisten las diferencias entre ambos que se daban con anterioridad, y, en definitiva, si perviven los problemas que se dieron entonces.

Así pues, parece lógico comenzar preguntándonos: ¿Sigue existiendo la especialidad de la materia tributaria en relación con el régimen jurídico común de la inactividad administrativa? Y, en consecuencia: ¿sigue siendo necesario el contraste entre ambas regulaciones con vistas a conocer el grado de satisfacción de las garantías constitucionales implicadas?

La respuesta a esta pregunta se obtiene, a mi modo de ver, comenzando por contrastar la Disp. ad. 1.ª de la LPACAP y la Disp. ad. 5.ª de la LRJPAC.

Comenzado por la primera de ellas, vigente en la actualidad, su texto es el siguiente, a los efectos que nos interesa:

«*Especialidades por razón de materia.*

*1. Los procedimientos administrativos regulados en leyes especiales por razón de la materia que no exijan alguno de los trámites previstos en esta Ley o regulen*

11. *Op. cit.*, pp. 27 a 49.

*trámites adicionales o distintos se regirán, respecto a éstos, por lo dispuesto en dichas leyes especiales.*

*2. Las siguientes actuaciones y procedimientos se regirán por su normativa específica y supletoriamente por lo dispuesto en esta Ley:*

a) *Las actuaciones y procedimientos de aplicación de los tributos en materia tributaria y aduanera, así como su revisión en vía administrativa.*

(...)

c) *Las actuaciones y procedimientos sancionadores en materia tributaria y aduanera (...)».*

El texto de la polémica Disp. ad. 5.ª LRJPAC, en su versión por la Ley 4/1999, decía así: Principio del formulario Final del formulario:

*«Procedimientos administrativos en materia tributaria.*

*1. Los procedimientos tributarios y la aplicación de los tributos se regirán por la Ley General Tributaria, por la normativa sobre derechos y garantías de los contribuyentes, por las Leyes propias de los tributos y las demás normas dictadas en su desarrollo y aplicación. En defecto de norma tributaria aplicable, regirán supletoriamente las disposiciones de la presente Ley.*

*En todo caso, en los procedimientos tributarios, los plazos máximos para dictar resoluciones, los efectos de su incumplimiento, así como, en su caso, los efectos de la falta de resolución serán los previstos en la normativa tributaria.*

*2. La revisión de actos en vía administrativa en materia tributaria se ajustará a lo dispuesto en los artículos 153 a 171 de la Ley General Tributaria y disposiciones dictadas en desarrollo y aplicación de la misma».*

En el lapso entre ambas, entró en vigor la LGT que estableció el sistema de fuentes propias de la materia tributaria y que reafirman la supletoriedad de la normativa común. Éstas son dos: el art. 7 LGT, con carácter general, y el art. 97, en particular, para las «actuaciones y procedimientos tributarios», los de aplicación de los tributos, se entiende, puesto que se trata de una norma ubicada en el Título III de la LGT[12].

12. Vid. MARTÍN QUERALT, J. y otros: *Curso de Derecho Financiero y Tributario*, 34.ª ed., Tecnos, Madrid, 2023, p. 372, cuyos autores destacan la naturaleza «puramente recordatoria» de este precepto respecto de la supletoriedad de la normativa general, así como de su efecto particular, como es que prevalezca la normativa reglamentaria sobre la LPAPAC, por razón de la especialidad de la materia.

El art. 7.2 LGT establece: *«Tendrán carácter supletorio las disposiciones generales del derecho administrativo y los preceptos del derecho común»*.

Esta norma de carácter general se reitera para el ámbito concreto del Título III de la LGT relativo a la «aplicación de los tributos» que no se identifica, como es de sobra conocido, con los procedimientos administrativos que incluye. Recordemos que en el Capítulo II del Título III de la LGT se regulan las «Normas comunes sobre actuaciones y procedimientos tributarios», y que éste comienza con el art. 97 para dar paso, inmediatamente, a una Sección 1.ª titulada «Especialidades de los procedimientos administrativos en materia tributaria».

El sistema de fuentes del art. 7 se concreta en el art. 97 con el título: «Regulación de las actuaciones y procedimientos tributarios».

Y dice:

*«Las actuaciones y procedimientos de aplicación de los tributos se regularán:*

a) *Por las normas especiales establecidas en este título y la normativa reglamentaria dictada en su desarrollo, así como por las normas procedimentales recogidas en otras leyes tributarias y en su normativa reglamentaria de desarrollo.*

b) *Supletoriamente, por las disposiciones generales sobre los procedimientos administrativos».*

Siguiendo un criterio de interpretación sistemática, lo relevante es que en la aludida Sección 1.ª se incluyen las especialidades de las fases de los procedimientos tributarios, debiendo fijarnos, lógicamente, por lo que se refiere a nuestro objeto de estudio, en la fase de terminación. Es, pues, el art. 100 LGT sobre las «formas de terminación» del procedimiento el que resulta relevante. Y de entre las que enumera, a los efectos de las acciones de inactividad que nos ocupan, habremos de fijarnos en las siguientes: a) la resolución expresa; b) una de las posibles consecuencias de la falta de la misma, ya que se cita la caducidad que, sin embargo, no es la única; c) «el cumplimiento de una obligación que hubiera sido objeto de requerimiento»; y, d) otras causas previstas por el ordenamiento tributario, y así, nos detendremos en la posibilidad de terminación convencional prevista con carácter general en el art. 91 LGT.

Como ya he señalado con anterioridad, la EM de la LGT manifestó su intención de acercamiento de las normas tributarias a las previsiones generales de la entonces vigente LRJPAC y, únicamente, en lo que se considerara conveniente, incluir normas «especiales» que, lógicamente, primarían frente a aquéllas. Dicho de otro modo, el criterio interpretativo a seguir que pautaba el legislador tributario parecía ser que sólo si no había norma específica que se ocupara de regular una misma materia, cabría acudir con normalidad a la norma general. Ese es el sentido, por lo demás, de la «supletoriedad»: la existencia de laguna u omisión en las normas especiales.

En conclusión, al socaire de la anterior normativa administrativa de carácter general el régimen jurídico sobre la inactividad de la Administración tributaria no cabía duda de que era «especial». Los argumentos jurídicos eran dos: el primero era anterior a la LGT de 2003, se trataba de la polémica disp. ad. 5.ª de la LRJPAC. Y el segundo, fue la regulación expresa sobre la inactividad contenida no sólo en el Título III de la LGT de 2003, en sus arts. 100, ya citado, y sobre todo, los 103 y 104, sino las diversas previsiones al respecto tanto en el Título VI, en lo que se refiere concretamente al procedimiento sancionador (arts. 209.2 y 211.4 LGT), como en el Título V en relación con los procedimientos especiales de revisión, por una parte, y con el recurso de reposición y las reclamaciones económico-administrativas, por otra.

En el año 2015 se producen, sin embargo, dos cambios normativos muy relevantes. Por una parte, la LPACAP, acompasada de la Ley 40/2015, de 1 de octubre, de Régimen Jurídico de las Administraciones Públicas (LRJSP). En ella, precisamente, se contempla un ejemplo de aplicación directa de la normativa general en el ámbito tributario. Me refiero a las acciones sobre responsabilidad patrimonial del Estado legislador, bien por contravención del Derecho de la Unión Europea (DUE), bien por inconstitucionalidad sobre las que nada se dice en la LGT de 2003. Pese a que este desenlace no era el que auguraba la tramitación de la Ley 34/2015, de 21 de septiembre, de reforma parcial de la LGT cuyo anteproyecto sí apostaba por la especialidad en este aspecto que, como digo, no prosperó.

Al margen de ello, llama la atención que esta reforma parcial, segundo de los hitos normativos a los que me refería, tuvo lugar en el mismo año que se promulgaron las leyes administrativas —sin perjuicio de su entrada en vigor demorada— y, sin embargo, ahondó en el distanciamiento del régimen jurídico de la inactividad en materia tributaria en cuanto supuso, por ejemplo, la ampliación *de facto* del plazo de resolución de las reclamaciones económico-administrativas. Pues este es el resultado práctico de la reducción drástica del ámbito de aplicación del procedimiento abreviado que se vio limitado a un único caso, el de las reclamaciones de escasa cuantía (arts. 245 LGT y 64 RR). De este modo, el distanciamiento respecto de la mayor brevedad de plazos en el ámbito general es cada vez más acusado, en detrimento, desde luego, del deber de buena administración del art. 41 Carta y del derecho de acceso a la jurisdicción del art. 24 CE.

Al margen de todo ello, y dado que se trata ahora de fijar las premisas del análisis, la primera conclusión que se alcanza es que, pese a la falta de referencia expresa sobre el régimen de la inactividad, la lectura de los dos apartados de la Disp. ad. 1.ª LPACAP no deja margen a la duda sobre que, en la vía administrativa, el régimen jurídico de la inactividad de la Administración tributaria es especial, es decir, se aparta del régimen administrativo general. Sin embargo, esta misma norma nos recuerda algo que es fundamental, y es que dicha especialidad no afecta al ámbito jurisdiccional. Conclusión a la que aboca el art. 240 LGT. De este modo, la existencia en sede jurisdiccional de vías específicas de recurso contra la inactividad de la Administración tributaria que pudieran paliar los problemas surgidos como consecuencia de dicha inactividad se torna esencial como garantía de la efectividad del derecho fundamental de defensa de los obligados tributarios y del control de la Administración. Mandatos constitucionales ambos que impiden que la Administración pueda verse beneficiada precisamente de su inactividad. Algo que ha repetido en numerosas ocasiones el TC y más recientemente viene insistiendo en ello el TS.

Es cierto que el balance de la evolución normativa no es del todo negativo si se considera que desde la entrada en vigor de la LJCA de 1998, en la que se contemplaban las acciones frente a la inactividad administrativa, hemos superado, primero, la inexistencia de una obligación legal de resolver de la Administración tributaria con la LDGC y posteriormente, con la LGT actual, la ausencia generalizada de plazos para hacerlo. Pero ni esta última cuestión está del todo solucionada, como sucede en determinados aspectos muy conflictivos como es la ejecución de resoluciones estimatorias de los TEA o de los propios órganos jurisdiccionales que suponen la reiteración o retroacción de actuaciones, ni el legislador tributario ha apostado por facilitar el acceso a la vía jurisdiccional. Antes al contrario, a la vista de esa tendencia al alargamiento de los plazos de resolución que acabo de señalar. Opción que no solo va en contra del deber de buena administración de resolver en un plazo razonable, *ex* art. 41 Carta, sino que posterga el acceso a la jurisdicción en contravención del art. 24 CE.

### 1.2.1. La obligación legal de resolver los procedimientos tributarios en el plazo máximo señalado

#### *1.2.1.1. La obligación legal de resolver del art. 103 LGT*

La relevancia jurídica de la inactividad administrativa singular o procedimental, bien se identifique plenamente con la inactividad formal, bien se considere como una especie de ella que no agota la categoría general, se halla en la existencia de un deber legal de resolver indiferente al modo de iniciación del procedimiento, que con carácter general se establece actualmente en el art. 21 LPACAP y en particular para la normativa tributaria contempla el art. 103 LGT. Si bien en los procedimientos iniciados de oficio aquélla deriva lógicamente del deber de incoación, que operaría respecto a las inactividades referidas al inicio del procedimiento, en ambos tipos de procedimientos su fundamento común se hallaría en el principio constitucional consagrado en el art. 103.3 CE que obliga a la Administración Pública a servir con objetividad los intereses generales con sometimiento pleno al ordenamiento jurídico[13].

Siguiendo el razonamiento de GARCÍA NOVOA, quien, a propósito de la anterior regulación, destacaba que «Para que la obligación de resolver sea un verdadero "deber", al que se corresponde un derecho del ciudadano, es necesario que el ordenamiento ligue a su incumplimiento una consecuencia jurídica que (...) estará en función del interés que se ventile en el procedimiento en cuestión»[14], cabe señalar que los efectos jurídicos previstos para este tipo de inactividad formal referida a la finalización del procedimiento son el silencio administrativo, la prescripción o la caducidad. Institutos jurídicos cuya finalidad responde a las exigencias constitucionales de seguridad jurídica y tutela judicial efectiva y respecto de los cuales la obligación de resolver «consistirá en la declaración de la circunstancia que concurra en cada caso, con indicación de los hechos producidos y las normas aplicables», según el párrafo 2.º del art. 22.1 LPACAP. Esto mismo sucederá en los casos de renuncia del derecho, desistimiento de la solicitud o desaparición sobrevenida del objeto del procedimiento.

Bien es cierto que desde la promulgación de la LDGC sí hubo previsión legal expresa en torno a las cuestiones recogidas, entonces, en el ámbito administrativo general, por el art. 42 LRJPAC, estableciéndose por el art. 13 LDGC la obligación de la Administración tributaria de resolver expresamente. Obligación referida no a «todos los procedimientos», lo que indudablemente incluiría tanto al procedimiento sancionador[15] como a los de revisión, sino a «todas las cuestiones que se planteen en los procedimientos de gestión tributaria», cualquiera que sea su modo de iniciación, expresión de la que, en puridad, se excluían las dos tipologías de procedimientos citadas[16]. Y que, a diferencia de la establecida en el art. 42 LRJPAC, no se extendía,

13. CASANA MERINO, F.: «La nueva redacción de la Ley 30/1992 y sus efectos en el ámbito tributario», *R.E.D.F.*, núm. 103, 1999, p. 421.
14. *El silencio..., op. cit.*, p. 37.
15. *Ibidem*, p. 88.
16. CASANA MERINO, F.: *op. cit.*, pp. 424 y 425, utilizando una interpretación sistemática entiende que la LDGC en su referencia genérica incluye los procedimientos de revisión

al menos expresamente, a su notificación, igual que sucedía en éste antes de la reforma. La LGT, actualmente, sí ha solventado esta cuestión en el último inciso del apartado 1 de su art. 103, pero, como ya he señalado, mantiene formalmente las exclusiones aludidas, si bien, en diversas normas, como, por ejemplo, las relativas a la práctica de notificaciones, se unifica el régimen por vía de las remisiones legales. Así, el art. 211.2 LGT, en cuanto a la obligación de resolver el procedimiento sancionador, y el art. 214.3 LGT en cuanto a los procedimientos de revisión del Título V de la LGT.

Ambos preceptos se diferenciaban igualmente en cuanto a sus excepciones, pues frente a la redacción del art. 13 LDGC que la establecía para los supuestos de «procedimientos relativos al ejercicio de derechos que sólo deban ser objeto de comunicación y cuando se produzca la caducidad, la pérdida sobrevenida del objeto del procedimiento, la renuncia o el desistimiento de los interesados», el art. 42 LRJPAC únicamente consideraba tal el primero de ellos; el resto, como se ha visto, únicamente suponen una modulación en el contenido de dicha obligación, pero no su exclusión. La diferencia entre ambos se observaba claramente cuando se lee el párrafo segundo del art. 13.1 LDGC según el cual lo que es una obligación insoslayable en el régimen común sólo se realizará en el ámbito tributario a petición del interesado, sin que en estos casos la Administración pueda incumplir dicha obligación. La discrepancia observada se ha mantenido en el régimen actual. Pues el art. 103.2 LGT reproduce las excepciones del último inciso del art. 13.1 LDGC y, por su parte, el art. 21 LPACAP hace lo propio con el suyo.

Tal diferencia, sin embargo, no se explica suficientemente si se quiere dotar de plena relevancia a la obligación de resolver de la Administración como instituto que garantiza la seguridad jurídica del administrado. Así, en los casos en que ésta se refiera a procedimientos iniciados de oficio o suponga el ejercicio de potestades de injerencia, dicha garantía, como veremos, se suele asociar a la caducidad del expediente; en ellos la declaración de dicha circunstancia no sólo es necesaria a efectos prácticos[17], sino también porque impedirá la conclusión tardía del procedimiento. En este sentido, veremos más adelante la jurisprudencia del TS que establece como exigencia insoslayable que la caducidad sea declarada en determinados supuestos.

---

de oficio; en el mismo sentido DE LA NUEZ SÁNCHEZ-CASCADO, E. y E. PÉREZ TORRES: *Revisión de actos y solución de conflictos tributarios*, Aranzadi, Elcano (Navarra), 2000, p. 132.

17. Por ejemplo, para la devolución de avales, GARCÍA NOVOA, C.: *El Silencio …., op. cit.*, p. 70.

Las excepciones expresas a la obligación de resolver en el ámbito común se refieren en el art. 21.1 tercer párrafo, —al igual que en su antecedente el art. 42.1, 3$^{er}$. párrafo LRJPAC—, además de la señalada, a los «supuestos de terminación del procedimiento por pacto o convenio». Supuesto que, sin embargo, se omite en materia tributaria. Así sucedía en el art. 13 LDGC y sucede ahora en el art. 103 LGT, lo podría hacer pensar en la exclusión de dicha obligación de resolver para los acuerdos previos de valoración del art. 91 LGT, pese a que para ellos el apartado 4 del precepto haya previsto la consecuencia del silencio administrativo[18]. Cuestión que veremos en un epígrafe posterior.

### 1.2.1.2. *La existencia de un plazo máximo de resolución*

Indisolublemente unida a la obligación de resolver se halla la necesidad de establecimiento de un plazo máximo de resolución, cuestión de la que se ocupaba el art. 42 LRJPAC en sus apartados 2 y 3; precepto que ha convivido tanto con la LDGC como con la vigente LGT y cuyo mandato reproduce actualmente el art. 21 en sus apartados 2 y 3, igualmente. En todos ellos se establece un plazo máximo referido a la notificación de la resolución que varía en función de su previsión expresa por la «norma reguladora de cada procedimiento». En este caso se puede extender a seis meses, salvo que una norma con rango de Ley[19] o la «normativa comunitaria europea», según decía la LRJPAC, o el «Derecho de la Unión Europea» conforme establece ahora el art. 21.2 2.º párrafo LPACAP, prevean otro de mayor extensión. Es decir, que la ausencia de previsión expresa sitúa dicho plazo máximo de resolución de los procedimientos administrativos en el de tres meses.

En materia tributaria, y en el contexto de la LRJPAC, el art. 23 LDGC estableció el plazo máximo de resolución de los procedimientos de «gestión» y lo fijó en seis meses con la excepción del procedimiento de apremio —cuyas actuaciones podrán extenderse hasta el de prescripción de la acción

18. La Disposición adicional vigésima novena de la Ley 14/2000, de 29 de diciembre, de Medidas fiscales, administrativas y del orden social para el año 2.001, que permanece vigente, estableció en su apartado 4: «*La terminación convencional de procedimientos administrativos, así como los procedimientos de mediación, arbitraje o conciliación, no están sujetos al régimen de silencio administrativo previsto en la Ley 30/1992, de Régimen Jurídico de las Administraciones Públicas y del Procedimiento Administrativo Común*».

19. Expresión en la que cabe entender incluidas, pese a su polémica naturaleza jurídica, las llamadas «Leyes de Acompañamiento». Así, la Disposición adicional vigésima novena de la Ley 14/2000, de 29 de diciembre, de Medidas fiscales, administrativas y del orden social para el año 2001, apartado primero, que se acaba de citar en la nota anterior.

de cobro[20]— y, lo que es más preocupante, «salvo que la normativa aplicable fije un plazo distinto». No podía calificarse de otro modo esta excepción si se atiende a lo acontecido con el RD 803/1993, de 28 de mayo, a través del cual la regulación específica en materia tributaria, que excluiría la derivada de la Ley 30/1992[21], consistió en la consagración, —en su art. 1.c) en relación con el Anexo 3—, de la ausencia de plazo de resolución para los procedimientos de comprobación e investigación (arts. 104 y 109 LGT/1963), de apremio (arts. 128 a 139 LGT/1963), los procedimientos especiales de revisión de los arts. 153 y 154 LGT/1963 y el procedimiento para aceptar el pago de deudas tributarias mediante bienes del Patrimonio Histórico Español.

La alusión genérica a la normativa específica de cada procedimiento planteó la cuestión de su posible deslegalización derivada de la ausencia de exigencia de rango legal de la norma que contradijera la regla general, en paralelismo con lo establecido por el art. 42 LRJPAC. La cuestión era: ¿Puede una norma reglamentaria ampliar dicho plazo general o, lo que es peor, puede eliminarlo? ¿Qué virtualidad cabría otorgar a la garantía de seguridad jurídica de los arts. 13 y 23 LDGC en caso afirmativo?

El rechazo de dicha posibilidad comporta el respeto de los plazos establecidos expresamente por dicha Ley: el general de seis meses para los procedimientos de gestión y los especiales referidos a las devoluciones de oficio y al procedimiento sancionador, fijados por los arts. 11 y 34.3 LDGC, respectivamente, así como a la contestación de consultas vinculantes (art. 8 LDGC); y al procedimiento inspector, que el art. 29.1 LDGC situó en doce meses, prorrogables por otros doce en determinadas circunstancias.

Si para los procedimientos iniciados de oficio en los que se hubiera producido la caducidad el art. 13 LDGC eximía a la Administración tributaria de la obligación general de resolver expresamente declarando la concurrencia de dicha circunstancia, para los procedimientos iniciados a instancia de parte no concluidos en el plazo máximo previsto el art. 23.2 LDGC afirmaba que «se producirán los efectos que se establezcan en su normativa específica». Añadiendo que «A estos efectos, todo procedimiento de gestión

---

20. Sobre la justificación de dicha exclusión nos remitimos a BAYONA GIMÉNEZ, J. J.: *La caducidad en el ordenamiento tributario español,* Aranzadi, Pamplona, 1999, p. 166, quien acertadamente distinguía entre la necesidad del establecimiento de un plazo máximo y las consecuencias que al mismo deban aparejarse, entre las que no parece adecuada la caducidad.

21. No obstante, la STS de 2 de diciembre de 1998 (RJ 1998, 10124) niega que se trate de un desarrollo de dicha Ley, aunque sí le reconoce la virtualidad de impedir su aplicación supletoria en punto al plazo máximo de resolución del procedimiento de inspección; GARCÍA NOVOA, C.: *El Silencio..., op. cit.*, pp. 62 y 65.

tributaria deberá tener expresamente regulado el régimen de actos presuntos que le corresponda».

Se planteaba así la cuestión que, derivada de la ausencia de sistematización de los efectos provocados por el incumplimiento de la obligación de resolver en materia tributaria, sea en los procedimientos de gestión en su consideración más amplia, sea en los de revisión o sancionadores, se refiere a la aplicabilidad del régimen «común» articulado a raíz de la Ley 4/1999.

A la vista de estos antecedentes es como, entiendo, se puede apreciar mejor la labor de sistematización de la cuestión por parte de la LGT, si bien, en mi opinión, queda en entredicho el objetivo de acercamiento a la normativa administrativa común, anunciado en su EM. Así lo evidencian diversos aspectos como la diferencia de plazos de resolución, difícilmente justificable si se trata de los procedimientos de revisión, o el hecho de que el desarrollo se lleva nuevamente a cabo de un reglamento, en este caso el RD 1065/2007, de 27 de julio, que derogó el RD 803/1993, de 28 de mayo. Circunstancia que, sin embargo, no mereció el reproche del TS. Algo que no puede sorprender si se considera su postura en relación con aquel reglamento.

La STS de 25 de enero de 2005 (Rec. n.º 251/2003) (RJ 2005, 1098) se refirió con carácter general a la cuestión, que se le había planteado, en concreto, en relación con un procedimiento de nulidad del art. 153 LGT/1063 y lo dispuesto por el art. 1.c) del RD 803/1993.

«El precepto se refería a los procedimientos relacionados en el anexo 3 del propio Real Decreto, sobre modificación de determinados procedimientos tributarios, señalando que continuarán hasta su finalización de acuerdo con la naturaleza y características propias, sin perjuicio, en su caso, de la prescripción de la acción, de la imposibilidad material de continuarlos por causas sobrevenidas, del desistimiento, la renuncia o la caducidad de la instancia.

[...] en sentencia de 4 de diciembre de 1998 (rec. 569/1993), decía esta Sala que la primera salvedad que debe hacerse consiste en que no tener plazo prefijado para su terminación no equivale a que puedan ser indefinidos, eternos, o «estar abiertos toda la vida»; significa, por el contrario, que el plazo para su conclusión es tan extenso como el de prescripción del derecho a que se refieran (cinco años hasta el 1.º de enero de 1998 y cuatro años a partir de entonces, con arreglo a la Ley 1/1998), con lo que se sustituye la perención o caducidad del expediente y, en su caso, la generación del silencio administrativo, por la extinción del derecho. Todo ello, ciertamente, desde la vigencia del Real Decreto 803/1993 y hasta la entrada en vigor de la mencionada Ley 1/1998, de 26 de febrero, de Derechos y Garantías de los Contribuyentes, que ha venido a establecer nuevos plazos de caducidad para unos y otros casos.

De ahí que la Sala no pueda compartir la tesis de que la falta de señalamiento nominativo de un plazo en el Anexo 3 del Real Decreto impugnado abriera la posibilidad de acudir, «supletoriamente», a la aplicación del plazo residual de tres meses a que se refiere el Art. 42.2 de la Ley 30/1992. El mencionado Anexo no contiene ninguna laguna que deba ser suplida mediante normas ajenas. Dejaba referido al plazo de prescripción del derecho que se ejercite el tiempo de duración del expediente.

Es más, precisamente esa interpretación de que la falta de señalamiento de un plazo específico en el Anexo 3 suponía que el expediente había de ser concluido antes de que transcurriera el plazo de prescripción, es lo que llevó a esta Sala en sus sentencias, una, de 28 de febrero de 1966 y otras cuatro más de 28 de octubre de 1997, a entender que la interrupción durante más de seis meses, por causa no imputable al interesado, de las actuaciones inspectoras, operaba que el inicio de estas no afectase al plazo de prescripción que se estaba ganando cuando dieron comienzo.

Ninguna vulneración de la Ley 30/1992 por el Real Decreto 803/1998 podía, tampoco, ser admitida en razón a que, como queda expuesto, la primera tiene carácter de «Derecho supletorio» respecto de los procedimientos tributarios. El Real Decreto 803/1998 para nada desarrolla la Ley 30/1992 por la razón sencilla de que sería absurdo que una disposición reglamentaria desarrollara una norma de mero carácter supletorio. El Real Decreto 803/1998 participa de la naturaleza de los reglamentos independientes (o *extra legem,* según la vieja terminología), como lo evidencia su propia Exposición de Motivos, cuando dice: «La disposición adicional quinta de la Ley 30/1992, consciente de las peculiaridades de las actuaciones administrativas en materia tributaria, permite que los procedimientos tributarios se rijan por su normativa específica, sin perjuicio de la aplicación subsidiaria de aquella. En el momento actual existe un amplio elenco de procedimientos tributarios cuyas disposiciones reguladoras poseen diversos grados de detalle. Así, en algunos casos las disposiciones tributarias llevan a efecto una regulación completa y exhaustiva de los procedimientos, mientras que en otras ocasiones se limitan a concretar algunas especialidades que se derivan de la naturaleza de las actuaciones que se desarrollan, por lo que en estos últimos casos los procedimientos se someten en gran medida a los preceptos generales del procedimiento administrativo, dado su carácter supletorio. El presente Real Decreto realiza modificaciones en determinados procedimientos tributarios, centrando su atención especialmente en aquellos que, por carecer de una regulación propia de los plazos para su resolución o de los efectos de la falta de resolución dentro de los plazos correspondientes, se rigen por las disposiciones generales reguladoras del procedimiento administrativo común, dado su carácter supletorio». Es decir, el Real Decreto 803/1998 (*sic*) precisamente lo que trataba de evitar era la aplicación supletoria de la Ley 30/1992 en aquellos procedimientos que, por estar incompletamente regulados en las normas tributarias, presentaban lagunas susceptibles de ser resueltas con arreglo a los preceptos de la Ley 30/1992. Y lo hacía desde la situación de exclusión de los procedimientos tributarios, a lo que, naturalmente, no obsta que procurase o intentase seguir, desde la especialidad que le es propia, los postulados generales del procedimiento común.

No puede compartirse, por tanto, ninguna tacha de ilegalidad del Real Decreto impugnado por inadecuación con la Ley 30/1992 que, en ningún caso, desarrolla.

La Sala no podía, tampoco, compartir la tesis de que la existencia de unas especialidades propias del procedimiento tributario, que lo separen de las reglas generales, vulnerase ningún mandato constitucional. El Art. 149 de la Constitución fija el marco normativo de competencia exclusiva del Estado, dentro del que figura un apartado 1.18.ª donde se hace referencia al «procedimiento administrativo común, sin perjuicio de las especialidades derivadas de la organización propia de las Comunidades Autónomas». Es decir, el carácter de «común» se predica respecto del que ha de regir en todo el territorio de la Nación española y vinculante para las Comunidades Autónomas, y no respecto de la sujeción a él de todas las materias administrativas. Precisamente la existencia de un procedimiento «común» implica la posibilidad de que existan procedimientos «especiales»; en otro caso, el Texto constitucional hablaría de procedimiento «único», «exclusivo», «unitario» que son términos antónimos de «común». En el lenguaje jurídico tradicional se ha contrapuesto, por ejemplo, el concepto de Derecho común a los Derechos forales, y hablar del primero nunca significó negar la posible existencia de los segundos.

La Disposición Adicional Quinta de la Ley 30/1992 no puede considerarse contraria al precepto constitucional citado, sin perjuicio de que, en el terreno de la doctrina científica, y en términos *de lege ferenda*, pueda patrocinarse y aun desearse la existencia de un procedimiento administrativo único y omnicomprensivo, exento de particularismos, del que la realidad práctica tanto dista por el momento.

La LDGC, en sus artículos 23 y 29, establecería determinados plazos para los procedimientos de gestión (seis meses, como regla general, salvo que la normativa aplicable fije uno distinto), y para las actuaciones de comprobación e investigación y las de liquidación (doce meses, prorrogable por otros doce cuando se tratase de actuaciones de especial relevancia). Pero será el artículo 217.6 LGT/2003 el que, frente a la normativa anterior, establezca el plazo máximo para resolver en el procedimiento de revisión de los actos nulos de pleno derecho, así como los efectos anudados a su incumplimiento. Esto es, el plazo de un año a computar: si el procedimiento se inicia a instancia del interesado, desde que se presenta la solicitud; y, en el supuesto de que se inicie de oficio, desde la notificación al interesado del acuerdo de iniciación de oficio del procedimiento. Y, como efectos del incumplimiento del plazo: en el primer caso, la caducidad el procedimiento; y, en el segundo la desestimación por silencio administrativo de la solicitud, quedando expedito el camino de la interposición de los recursos correspondientes».

Hay en el momento actual dos circunstancias relevantes a la hora de tratar la cuestión:

La primera de ellas tiene que ver con la sistematización y completitud que, en apariencia al menos, ofrecía la LGT en sus arts. 103 y 104, con carácter general, en conjunción con las normas específicas del procedimiento sancionador (art. 211 LGT) y las de los diversos procedimientos de revisión, tanto los especiales como en vía de recurso o reclamación. Normas a las que enseguida me referiré. Sin embargo, dicho régimen legal fue vaciado de contenido, en gran medida y así lo reconoce el propio TS, por *mor* de la Disp. Ad. 1.ª del RD 1065/2007, de 27 de julio, a la vez que su Disp. Der. 1, letra f), derogaba el RD 803/1993.

La STS de 4 de marzo de 2009 (Rec. 185/2007) (RJ 2009, 1575) rechaza el recurso directo deducido contra la aludida disp. ad. 1.ª, rebatiendo los argumentos de la recurrente[22] conforme a los siguientes razonamientos:

22. El primero de los motivos era la discrepancia con lo dispuesto en el apartado 3 del art. 104 de la LGT, que exige que se regule esta cuestión por la normativa específica del tributo de que se trate. Y frente ello no se podrá oponer que esta previsión no es nueva por estar contenida en el Anexo 4 del Real Decreto 803/1993, de 28 de mayo, al que deroga el Real Decreto impugnado, al tener la norma derogada el mismo rango legal. Señalaba, por último, que la Disposición Adicional primera impugnada, al establecer en el punto Uno que «los procedimientos que se relacionan podrán entenderse desestimados (...)», supone un perjuicio para el contribuyente, ya que la norma abre la posibilidad de la impugnación, con la necesidad de aplazar decisiones importantes, lo que no resulta en modo alguno equitativo ni respetuoso para el contribuyente.

«La disposición adicional primera, en su apartado uno, recoge el listado de procedimientos en los que el silencio produce efectos desestimatorios, en sustitución de la norma reglamentaria antecesora, el Real Decreto 803/1993, que se deroga, que afecta a 94 procedimientos; en cambio, en el apartado dos, aparecen tres únicos procedimientos respecto de los que se prevé el silencio positivo.

Es cierto que esta regulación viene a vaciar en la práctica la regla general del silencio positivo establecida en la Ley General Tributaria en el art. 104.3 de la Ley General Tributaria, en cuanto, a los efectos del silencio en los procedimientos tributarios, señala que, en los procedimientos iniciados a instancia del interesado, el silencio administrativo «producirá los efectos que establezca su normativa reguladora», y que, a falta de ésta, tal silencio tiene efectos positivos como regla general, al disponer que «los interesados podrán entender estimadas sus solicitudes por silencio administrativo, salvo las formuladas en los procedimientos de ejercicio del derecho de petición a que se refiere el art. 29 de la Constitución y en los de impugnación de actos y disposiciones, en los que el silencio tendrá efecto desestimatorio».

Sin embargo, todo ello no puede determinar una declaración de nulidad de pleno derecho de esta disposición adicional, ya que la propia Ley habilita a una disposición reglamentaria para establecer el sentido del silencio, pues sólo habla de «normativa reguladora», a diferencia de lo que señala el 43.2 (*sic*) de la Ley 30/92, que autoriza el cambio del sentido de silencio por una norma con rango de ley o norma de Derecho Comunitario.

Por otra parte, aunque la disposición adicional primera no contiene la «normativa reguladora» de ninguno de los procedimientos que menciona, sin que tampoco estén regulados en el propio Reglamento, sino en otras normas, que no prevén los efectos del silencio, y que no han sido modificadas, hay que reconocer que la Ley no exige que el régimen de actos presuntos haya de recogerse en la normativa específica de cada tributo, no persiguiendo otra cosa la disposición adicional primera, al haber asumido la Ley General Tributaria la regulación del silencio en los procedimientos de aplicación de los tributos, de forma similar a la Ley 30/92, que la adecuación del régimen del silencio a la naturaleza de los mismos.

Finalmente, nada hay que objetar al empleo de la expresión, «podrán entenderse desestimadas», que utiliza el apartado uno de la disposición, en contraposición a la utilizada en el apartado dos «deberán entenderse estimados», pues con estas expresiones la norma se está refiriendo al propio sentido del acto presunto que supone el silencio administrativo. No cabe olvidar que el art. 43.3 de la Ley 30/92 dispone que la «estimación por silencio administrativo tiene a todos los efectos la consideración de acto administrativo finalizado del procedimiento. La desestimación por silencio administrativo tiene los solos efectos de permitir a los interesados la interposición del recurso administrativo o contencioso-administrativo que resulte procedente», lo que concuerda con lo que dispone a continuación el apartado 4 del art. 43: «En el caso de desestimación por silencio administrativo, la resolución expresa posterior al vencimiento del plazo se adoptará por la Administración sin vinculación alguna al sentido del silencio», a diferencia de los casos de estimación por silencio, en que la resolución posterior de la Administración sólo puede ser confirmatoria».

La segunda de las circunstancias a las que me refería tiene que ver con las conclusiones que se desprenden si se considera el texto de la vigente LPAPAC en contraste con su antecesora. En primer lugar, porque, así como en la polémica Disp. Ad. 5.ª LRJPAC sí se hacía expresa mención a la especialidad de la cuestión sobre la inactividad administrativa en materia tributaria, con alusión explícita de los diversos aspectos que dicha inactividad implica, pues aludía a «los plazos máximos para dictar resoluciones, los efectos de su incumplimiento, así como, en su caso, los efectos de la falta de resolución». Sin embargo, nada de ello se dice en la Disp. Ad. 1.ª LPACAP norma actualmente vigente que se limita a las «actuaciones y procedimientos de aplicación de tributos», de «su revisión en vía administrativa» y a las «actuaciones y procedimientos sancionadores». Esto es, mientras la especialidad sí era expresamente reconocida en punto a la inactividad administrativa en materia tributaria en el régimen de la LRJPAC, como consecuencia de la reforma de la Ley 4/1999, no sucede igual ahora donde sólo cabe verla en tanto se incluye en las «fases de los procedimientos» de la Subsección 1.ª, de la Sección 1.ª, relativa a las «Especialidades de los procedimientos administrativos en materia tributaria», del Capítulo II del Título III de la LGT.

En segundo lugar, tras el contraste entre el actual art. 24 LPACAP que sucede al art. 43 LRJPAC al que se refiere el TS, se concluye que se mantiene la diferencia respecto al rango de las normas exigidas para alterar el sentido del silencio administrativo. Si bien el citado precepto incluye en su apartado 1 algunas novedades que importa destacar y que amplían en el alcance del silencio negativo. De entre ellas hay dos que afectan a la materia tributaria. La primera de manera directa, pues se trata de los procedimientos de responsabilidad patrimonial donde no hay supletoriedad alguna, sino que se aplica el régimen general de esta Ley y el de la LRJSP. Cuestión a la que le afecta la nueva restricción que se incluye a continuación, en el párrafo segundo de este apartado primero, sobre la inactividad en el recurso de alzada interpuesto contra la desestimación por silencio de una solicitud (doble silencio) que en esta materia pasa a ser negativo. La segunda, es la inclusión expresa entre los casos de silencio desestimatorio de los «procedimientos de revisión de oficio iniciados a solicitud de los interesados» (*sic*) que, si bien, no tiene eficacia directa en materia tributaria, refrenda lo establecido por la LGT en el año 2003.

### 1.2.2. La caducidad y el silencio administrativo en materia tributaria. Contraste con el régimen común y acceso al control jurisdiccional

La sistematización del régimen de inactividad que se llevó a cabo en la LGT se basa en la diferencia de funciones administrativas para la aplicación de los tributos en sentido amplísimo, no técnico-jurídico. De este modo, el régimen de inactividad donde mejor aparece perfilado es en el Título III referido a la aplicación de los tributos, esta sí en sentido estricto o técnico-jurídico. Y engloba, a su vez, regímenes muy dispares, en cuanto son muy llamativas las diferencias entre los procedimientos de gestión, el de inspección y el de recaudación, en puridad, el de apremio. Porque, como es sabido, el propio legislador en la práctica dejó sin efecto el art. 104.1 LGT al prever expresamente todos y cada uno de los plazos de los procedimientos de gestión, estableciéndolos en seis meses. Y, en aplicación de la habilitación que el mismo precepto le confería, excluyó en sus normas específicas el procedimiento de inspección que en ningún momento desde el año de promulgación de la LGT ha bajado de los doce meses de duración. Y, por lo que hace al procedimiento de apremio, su duración se extiende, conforme al propio art. 104.1 LGT, al plazo de prescripción «del derecho de cobro».

Por su parte, y al margen de esta norma, el régimen de inactividad se refiere a las diversas potestades administrativas de autotutela que se regulan en los Títulos IV y V de la LGT, la ejercitada a través de la potestad sancionadora y la reduplicativa de los procedimientos de revisión en materia tributaria que, a su vez, se agrupan en dos bloques, el de los procedimientos especiales de revisión y el de aquellos en que la revisión se refiere a un recurso o reclamación económico-administrativa. Además, y extramuros de la LGT, en relación con el ámbito local habría que acudir a su normativa propia para ver cuál es el régimen de la inactividad en esta cuestión. Aquí, como se sabe, hay una absoluta falta de sistematización en cuanto el art. 14 TRLHL, único que se ocupa de la cuestión, permanece completamente ajeno a la realidad actual, puesto que su apartado 2 no contempla el régimen de los Municipios de Gran Población del Título X de la LBRL.

Pese a que me acabo de referir a las funciones y potestades administrativas que son objeto de regulación separada en la LGT, el art. 104 LGT al que parece corresponderle la misión de trasladar al ámbito tributario lo establecido en la normativa administrativa común, presenta una notable diferencia. Y es que, mientras en el art. 25.1, b) LPACAP, la inactividad acarrea la consecuencia de la caducidad «en los procedimientos en que la Administración ejercite potestades sancionadoras o, en general, de intervención, y susceptibles de producir efectos desfavorables o de gravamen», en el art. 104.4, b) LGT, la caducidad simplemente se anuda a los eventuales efectos «desfavorables o de gravamen» que pueden derivarse del procedimiento, pero no a las potestades ejercitadas en el mismo. Algo muy llamativo si se tiene en cuenta la configuración actual de la actividad de la Administración tributaria a la que me he referido en páginas anteriores y la naturaleza de las potestades que principalmente se ejercitan, siendo el ejemplo paradigmático el del procedimiento de inspección que sigue estando ajeno a la caducidad, *ex art*. 150.6 LGT. Tal vez ahí estribe la omisión de la LGT. Sobre ello se ha pronunciado reiteradamente el TS justificándolo, precisamente, en la relevancia de las funciones administrativas aquí ejercitadas y su consecución al «pro común», en el bien entendido que se refiere al deber constitucional de contribuir del art. 31 CE.

E igualmente cabe traer a colación la doctrina del TS en relación a otra omisión muy llamativa de la normativa tributaria. Y es que tanto antes con la LRJPAC, como ahora con la LPACAP, tanto en los casos de «silencio administrativo en los procedimientos iniciados a solicitud del interesado» (art. 43 LRJPAC y 24 LPACAP), como en la regulación de la «falta de resolución expresa en procedimientos iniciados de oficio» (art. 44 LRJPAC y art. 25 LPACAP), el «vencimiento del plazo máximo establecido sin que se haya dictado y notificado resolución expresa *no exime a la Administración del cumplimiento de la obligación legal de resolver*». Pues bien, ni el apartado 3 ni el 4 del art. 104 LGT incluyen algo que es esencial, y es que las previsiones legales sobre los efectos de la inactividad administrativa no hacen decaer la obligación de resolver. Algo a lo que, con base en el principio de buena administración, está aludiendo con muy buen tino, entiendo, el TS en relación con la inactividad de la Administración tributaria y que, incluso en algunos casos, llega a censurar por su contumacia.

Sin perjuicio de poder incidir más adelante en alguna otra diferencia, lo cierto es que para llevar a cabo el análisis del acceso a la jurisdicción contencioso-administrativa de los supuestos de inactividad que nos ocupan, tanto las leyes administrativas, la actual y la anterior, como la LGT, distinguen en función de la forma de inicio del procedimiento administrativo. En aquéllas, de hecho, se tratan en preceptos separados, y, como ya he señalado, el art. 24 LPACAP se ocupa de los casos de «silencio en procedimientos iniciados a solicitud del interesado». Silencio que tanto puede ser positivo como negativo, con los diferentes efectos que ello conlleva. Pues en el primer caso sí existe un «acto presunto» (art. 24.2 LPACAP) y, en consecuencia, la Administración que, en virtud de la obligación de resolver, debiera hacerlo aun vencido el plazo máximo, sólo puede confirmar el sentido estimatorio del silencio. Por otra parte, el art. 25 LPACAP se ocupa de la «falta de resolución expresa en procedimientos iniciados de oficio» que tanto puede comportar el silencio negativo, «en el caso de procedimientos de los que pudiera derivarse el reconocimiento o en su caso, la constitución de derechos u otras situaciones jurídicas favorables» (en la LRJPAC eran individualizadas), o la caducidad en los casos que ya he transcrito.

Frente a ello, en la LGT ambas formas de iniciación se abordan en un único precepto, el reiterado art. 104 LGT que distingue entre los «procedimientos iniciados a instancia de parte» en su apartado 3. Aquí, a salvo de normativa específica, el silencio como norma general sería positivo con dos excepciones en las que el silencio «tendrá efecto desestimatorio». En este aspecto el art. 104 LGT evidencia su eficacia más allá del Título III de la LGT, pues se refiere expresamente a la inactividad en la «impugnación de actos y disposiciones», expresión tan desafortunada como la del art. 6 LGT, ya que las disposiciones generales no se impugnan en la vía administrativa, sino directamente en sede jurisdiccional contencioso-administrativa. Junto a ello, el apartado 4 regula los efectos de la inactividad en los «procedimientos iniciados de oficio», como se ve la terminología sí es coincidente con la ley administrativa, y al igual que en ella esos efectos pueden ser, bien el silencio negativo, «si se trata de procedimientos de los que pudiera derivarse el reconocimiento o, en su caso, la constitución de derechos u otras situaciones jurídicas individualizadas de los obligados tributarios»; o bien la caducidad en los supuestos citados más atrás.

Según este esquema, los criterios para abordar el análisis son los siguientes. En primer lugar, conforme a la norma general, habría que ir distinguiendo en los tres Títulos de la LGT los procedimientos según cuál sea su forma de inicio. En segundo lugar, hay que tener en cuenta que más allá de esta sistematización, la norma general ya no tiene mayor utilidad en cuanto todos los procedimientos a los que alude la LGT, tanto de aplicación de los tributos, como el procedimiento sancionador y los procedimientos de revisión tienen previsto expresamente el régimen jurídico de su inactividad. En tercer lugar, es sabido también que hay procedimientos que son susceptibles de las dos formas de iniciación. Es decir, que puede ser iniciados tanto de oficio como a «instancia de parte», según el art. 104.3 LGT; a «instancia del obligado tributario», con arreglo al art. 98.1 LGT; o «a instancia del interesado», según los arts. 217.2, b), 220.1 y 221.1 LGT. Por último, mientras en todos estos la respuesta del ordenamiento tributario es el silencio, negativo con carácter general, en los procedimientos iniciados de oficio la solución a la inactividad puede ser el silencio o la caducidad, lo que también habrá de tenerse en consideración en el análisis.

Las diferencias que se han ido señalando, en las que la materia tributaria no sale muy bien parada, pues presenta un perfil más restrictivo de la seguridad jurídica de los interesados en el procedimiento, que es, en definitiva, la garantía constitucional que está en juego, no puede empañar el hecho cierto de que la LGT de 2003 representó todo un avance frente a su predecesora la LGT/1963, transitando y ampliando la senda del cambio que abrió la LDGC. Basta para comprobarlo considerar las diferencias entre su art. 23 y los apartados 3 y 4 del art. 104 LGT/2003.

### 1.2.3. La caducidad en los procedimientos tributarios

#### *1.2.3.1. De su tradicional inaplicación a su expreso reconocimiento legal*

Esta evolución queda descrita de manera muy gráfica, a mi entender, por la STS de 30 de junio de 2004 (rec. n.º 39/2003, casación en interés de ley) (RJ 2004, 6004), que traigo a colación, no tanto por la síntesis de la cuestión que realiza, sino porque su defensa y justificación de la ausencia de la caducidad en materia tributaria que auspiciaba la LGT/1963, fue abandonada afortunadamente por el legislador tributario. Hay aún alguna una razón adicional que le dota de interés y se extrae del supuesto de hecho del que trae causa la sentencia. Por una parte, porque ejemplifica la conmixtión entre la potestad de comprobación, inspección, y sancionadora que presidió durante mucho tiempo el régimen jurídico aplicable. Por otra, porque el problema de la inactividad y la eventual consecuencia de la caducidad se deriva de la ejecución de una reclamación económico-administrativa. Cuestión que plantea no pocos problemas en la actualidad pese a las modificaciones habidas en las normas aplicables.

Decía entonces el TS[23]: «El artículo 105, apartado 2, de la Ley General Tributaria, en su redacción original, no modificado por la Ley 25/1995, de 20 de Julio, promulgada después de la vigencia de la Ley 30/1992, de 26 de noviembre, de R.J.A. y P.A.C., pese a que uno de sus objetivos era adaptar la Ley General Tributaria a esta Ley 30/1992, dispone: "2. La inobservancia de plazos por la Administración no implicará la caducidad de la acción administrativa, pero autorizará a los sujetos pasivos para reclamar en queja".

23. Vid. FJ 6.º Las cursivas son mías.

*Este precepto no deja lugar a dudas acerca de que rechaza la caducidad de los procedimientos de gestión tributaria en sentido amplio, incluidos, por tanto, los de comprobación e investigación (procedimiento inspector) por paralización o retraso por culpa de la Administración Tributaria.*

Los hagiógrafos de la Ley 30/1992, de 26 de noviembre, no han comprendido la *vetusta y ciertamente profunda justificación del artículo 105,* apartado 2, de la Ley General Tributaria, que hemos reproducido, y que *consiste en que los tributos constituyen la parte más importante de la Hacienda pública, es decir del patrimonio del "procomún"; por ello, la paralización en la gestión de los tributos no debe perjudicar al "procomún", de ahí que no acepte la caducidad por culpa de la Administración Tributaria; pero eso sí, permite los recursos en queja de los contribuyentes cuando no se atiendan con diligencia sus recursos o reclamaciones.*

Hay un cierto parecido con la defensa que las Leyes hacen del dominio público, afirmando que es imprescriptible, de manera que en su defensa niegan la usucapión por terceros, lo cual es perfectamente lógico; en cambio, en los tributos, son los contribuyentes los que colaboran en la formación de la Hacienda pública y, por ello, cabe la prescripción de sus obligaciones tributarias, pero lo que no es procedente es la caducidad por culpa del gestor de la Hacienda Pública, porque si se admitiera, el perjudicado sería el "procomún", es decir los tributos como algo que es de todos».

Atendido el tenor literal de la Disp. ad. 5.ª LRJPAC concluye el TS «(...) que en los procedimientos tributarios no son de aplicación las normas sobre caducidad, cuando se trate de procedimientos iniciados de oficio no susceptibles de producir actos favorables para los ciudadanos (art. 43.4 de la Ley 30/1992, citada); de ahí que el Reglamento del procedimiento para el ejercicio de la potestad sancionadora, aprobado por Real Decreto 1398/1993, de 4 de agosto, no sea aplicable a las sanciones tributarias, las cuales se regirán por la Ley General Tributaria, y por el Real Decreto 2631/1985, de 18 de diciembre, sobre Procedimiento para sancionar las infracciones tributarias, que, conforme a las normas legales vigentes y aplicables, en el período de tiempo de autos, no reconoció la caducidad por el retraso o paralización de estos procedimientos por culpa de la Administración Tributaria.

Tercera.– Esta Sala Tercera mantiene doctrina reiterada y completamente consolidada, consistente en que de conformidad con lo dispuesto en el Real Decreto 803/1993, de 28 de mayo, de Modificación de Determinados Procedimientos Tributarios, que excepciona del plazo de seis meses a los procedimientos regulados en el Reglamento General de la Inspección de los

Tributos; y estos, al no tener plazo máximo de resolución, no estaban sometidos obviamente a la caducidad, y todavía con más claridad, en relación a la caducidad que estamos analizando, porque los procedimientos tributarios, en especial el de reclamaciones económico administrativo no tienen un plazo de resolución cuyo incumplimiento produzca la caducidad, sino todo lo contrario; el plazo de un año para resolver, tanto en única o primera instancia, si se incumple, lo que produce no es la caducidad, sino su desestimación presunta que abre el recurso de alzada en vía económico-administrativa, o en su caso la vía jurisdiccional.

Cuarta.– La Ley 1/1998, de 26 de febrero, de Derechos y Garantías de los Contribuyentes, no aplicable al caso de autos "ratione temporis", debe ser traída a colación, porque representa las ideas más actuales sobre las cuestiones que estamos analizando, que son, como mínimo, sumamente instructivas:

La Ley 1/1998, de 26 de febrero, de Derechos y Garantías de los Contribuyentes no estableció con carácter general la caducidad de los procedimientos tributarios por paralización e incumplimiento del plazo establecido de resolución (…).

Sin embargo, respecto del procedimiento sancionador tributario sí se ha establecido la caducidad por culpa de la Administración Tributaria, en virtud de lo dispuesto en el artículo 34, apartado 3, de dicha Ley 1/1998, que dispone: "El plazo máximo de resolución del expediente sancionador será de seis meses", precepto que ha sido desarrollado por el artículo 36, apartado 1 del Real Decreto 1930/1998, de 11 de septiembre ,por el que se desarrolló el régimen sancionador tributario y se introducen las adecuaciones necesarias en el Real Decreto 939/1986, de 25 de abril, por el que se aprueba el Reglamento General de la Inspección de los Tributos, que dispone: Artículo 36. Plazos para resolver. 1. De acuerdo con lo dispuesto en el apartado 3 del artículo 34 de la Ley 1/1998, de 26 de febrero, de Derechos y Garantías de los Contribuyentes, el plazo máximo para resolver el procedimiento será de seis meses, a contar desde la fecha de notificación al contribuyente de la iniciación del expediente sancionador. Dicho plazo se considerará interrumpido por las dilaciones en la tramitación imputables a los interesados o por la suspensión del procedimiento a que se refiere el artículo 5 de este Real Decreto. Transcurrido dicho plazo sin que la resolución haya sido dictada, se entenderá caducado el procedimiento y se procederá al archivo de las actuaciones, de oficio o a instancia del interesado, sin perjuicio de la posibilidad de iniciar de nuevo el procedimiento, en tanto no haya prescrito la acción de la Hacienda Pública para imponer la correspondiente sanción, y que claramente establece la caducidad por culpa de la Administración, por incumplimiento de los plazos para resolver, pero, y esto es importante, estas normas son aplicables hasta que se dicta la resolución en vía de gestión que ultime el procedimiento sancionador, pero obviamente no son aplicables en la vía de reclamación económico administrativa, en la cual (Rglto de 1981 y de 1996) no existe la caducidad por incumplimiento de los plazos, por culpa de los Tribunales, hecho que sólo origina la posibilidad de que los recurrentes consideren presuntamente desestimada su reclamación, a efectos de abrir la posibilidad de recurso de alzada en esta vía administrativa, o la vía jurisdiccional contencioso-administrativa, ni tampoco cuando se trate del retraso o paralización por más de seis meses de la ejecución de una resolución de estos Tribunales o de una sentencia de los Órganos jurisdiccionales».

Como se desprende de la lectura de este fundamento jurídico, y si yo no entiendo mal, el TS identificaba el establecimiento expreso de un plazo de resolución con el efecto de la inactividad. Así parece afirmarlo en relación con el procedimiento de inspección cuando carecía de plazo máximo de resolución; y luego sostiene la misma idea al hilo del art. 34 LDGC, pese a que éste, en puridad, no estableció la caducidad, sino que fue una norma reglamentaria posterior, como el propio TS reconoce. Sea como fuere, la reproducción de estos antecedentes permite, como decía antes, apreciar que la evolución de la cuestión ha sido ciertamente positiva, aunque ello no signifique que resulte más que mejorable.

Una vez repasado, gracias a la síntesis del TS, la evolución normativa de la cuestión, llegamos al momento actual en el que régimen jurídico de la caducidad vigente es el siguiente:

Por una parte, en el ámbito administrativo general hay dos preceptos:

El art. 25.1. b) LPACAP: «*En los procedimientos en que la Administración ejercite potestades sancionadoras o, en general, de intervención, susceptibles de producir efectos desfavorables o de gravamen, se producirá la caducidad. En estos casos, la resolución que declare la caducidad ordenará el archivo de las actuaciones, con los efectos previstos en el artículo 95*».

Y el art. 95.3 LPACAP:

«3. *La caducidad no producirá por sí sola la prescripción de las acciones del particular o de la Administración, pero los procedimientos caducados no interrumpirán el plazo de prescripción.*

*En los casos en los que sea posible la iniciación de un nuevo procedimiento por no haberse producido la prescripción, podrán incorporarse a éste los actos y trámites cuyo contenido se hubiera mantenido igual de no haberse producido la caducidad. En todo caso, en el nuevo procedimiento deberán cumplimentarse los trámites de alegaciones, proposición de prueba y audiencia al interesado»*[24].

Por otra parte, en materia tributaria rige, como principio general, lo dispuesto en el art. 104.5 LGT: «*Producida la caducidad, ésta será declarada, de oficio o a instancia del interesado, ordenándose el archivo de las actuaciones.*

*Dicha caducidad no producirá, por sí sola, la prescripción de los derechos de la Administración tributaria, pero las actuaciones realizadas en los procedimientos caducados no interrumpirán el plazo de prescripción ni se considerarán requerimientos administrativos a los efectos previstos en el apartado 1 del artículo 27 de esta ley.*

*Las actuaciones realizadas en el curso de un procedimiento caducado, así como los documentos y otros elementos de prueba obtenidos en dicho procedimiento, conservarán su validez y eficacia a efectos probatorios en otros procedimientos iniciados o que puedan iniciarse con posterioridad en relación con el mismo u otro obligado tributario».*

Por su parte, cabe recordar que el art. 103.2 LGT, en relación con la caducidad de los procedimientos prevé lo siguiente: «*No existirá obligación de resolver expresamente en los procedimientos (...) en los que se produzca la caducidad (...) la pérdida sobrevenida del objeto del procedimiento, la renuncia o el desistimiento de los interesados.*

*No obstante, cuando el interesado solicite expresamente que la Administración tributaria declare que se ha producido alguna de las referidas circunstancias, ésta quedará obligada a contestar a su petición».*

### *1.2.3.2. La caducidad en el procedimiento sancionador tributario*

La razón por la que el análisis comienza por el procedimiento sancionador tributario, pese a estar al margen del Título III donde se ubica el art. 104 LGT, es que, si la premisa de la caducidad es, según el art. 25 LPACAP, la naturaleza del procedimiento, más bien, de las potestades que en él se ejerciten, el sancionador puede considerarse el arquetipo de procedimiento susceptible de caducar[25]. Pese a esta obviedad, acabamos de ver que no fue hasta el año 1998, coetáneamente con la LJCA vigente, cuando de manera implícita la LDGC reconoció la aplicabilidad de esta figura, y se desarrolló por el reglamento sancionador aprobado por el RD 1930/1998, de 11 de

24. El segundo párrafo no se contenía en el art. 92.3 LRJPAC.
25. GARCÍA NOVOA, C.: *op. cit.*, p. 87.

septiembre, cuyo art. 36 es el que reconoció explícitamente este efecto frente a la inactividad, previendo que:

«*Transcurrido dicho plazo sin que la resolución haya sido dictada, se entenderá caducado el procedimiento y se procederá al archivo de las actuaciones, de oficio o a instancia del interesado, sin perjuicio de la posibilidad de iniciar de nuevo el procedimiento, en tanto no haya prescrito la acción de la Hacienda Pública para imponer la correspondiente sanción*».

Es importante recordar los antecedentes del régimen actual porque permiten observar importantes diferencias en la evolución de la cuestión.

Así, no es ya que sea la propia LGT en su art. 211, apartados 1 y 4, y no una norma reglamentaria, la que prevé la caducidad, sino que también en ella se establece otro efecto no previsto anteriormente y es que, a tenor del art. 211.4, 2.º párrafo: «*Dicha caducidad impedirá la iniciación de un nuevo procedimiento sancionador*». Afirmación que contrasta con lo que acontece en materia administrativa conforme al art. 25.1, b) LPACAP y el silencio al respecto del art. 90 de la misma norma que no lo contempla entre las especialidades de la fase de terminación del procedimiento sancionador «común».

Sin embargo, en relación con el procedimiento sancionador tributario y la inactividad de la Administración tributaria no son estas dos las únicas cuestiones a tener en cuenta, sino que habría que añadir otras más.

Como se sabe, si bien el principio general, según el art. 208 LGT, es la tramitación separada del procedimiento sancionador, cabe también la renuncia a este derecho del obligado tributario y ello cambia completamente las normas arriba transcritas, ya que tanto el plazo de resolución como los efectos de la inactividad propios del procedimiento sancionador desaparecen y son sustituidos por los del procedimiento de aplicación de los tributos correspondiente.

Así lo establece el art. 208. 2 LGT: «*En los supuestos de actas con acuerdo y en aquellos otros en que el obligado tributario haya renunciado a la tramitación separada del procedimiento sancionador, las cuestiones relativas a las infracciones se analizarán en el correspondiente procedimiento de aplicación de los tributos de acuerdo con la normativa reguladora del mismo, conforme se establezca reglamentariamente*».

En desarrollo de esta previsión, el art. 27 del RST vigente desde 1.1.2018, pues su redacción se debe al RD 1072/2017, de 29 de diciembre dispone:

«*Tramitación y resolución del procedimiento sancionador en caso de renuncia.*

*1. Cuando el interesado haya manifestado que renuncia a la tramitación separada del procedimiento sancionador, su inicio deberá notificarse y, a partir de ese momento, su tramitación se desarrollará de forma conjunta con el procedimiento de aplicación de los tributos, y será de aplicación para ambos procedimientos la regulación establecida en la Ley 58/2003, de 17 de diciembre, General Tributaria, y en su normativa de desarrollo para el correspondiente procedimiento de aplicación de los tributos, incluida la relativa a los plazos y a los efectos de su incumplimiento.*

*A efectos de lo dispuesto en el artículo 104.2 de la Ley 58/2003, de 17 de diciembre, General Tributaria, no se tendrá en cuenta en el cómputo del plazo del procedimiento de aplicación de los tributos, el tiempo transcurrido desde la fecha del primer intento de notificación del inicio del procedimiento sancionador debidamente acreditado hasta la fecha en que dicha notificación se entienda producida.*

*Una vez notificado el inicio, las cuestiones relativas al procedimiento sancionador se analizarán conjuntamente con las del procedimiento de aplicación de los tributos, y la documentación y elementos de prueba obtenidos durante la tramitación conjunta se considerarán integrantes de ambos expedientes, debiéndose incorporar formalmente a éstos, con vistas a los recursos que pudieran interponerse contra la resolución dictada en cada procedimiento.*

*2. No obstante su tramitación conjunta, cada procedimiento finalizará con un acto resolutorio distinto.*

*3. Las propuestas de resolución del procedimiento de aplicación de los tributos y la de los procedimientos sancionadores que deriven de aquél deberán notificarse simultáneamente. En el procedimiento de inspección, las propuestas de sanción notificadas se tramitarán conforme a lo dispuesto en los apartados 5 y 6 del artículo 25.*

*No obstante, en los supuestos previstos en el primer párrafo del apartado 1 y en el apartado 2 del artículo anterior, deberán notificarse el inicio y la propuesta de resolución del procedimiento sancionador con anterioridad o simultáneamente a la notificación de la resolución del procedimiento de aplicación de los tributos, sin que deba notificarse de nuevo la propuesta de resolución de éste».*

Atendidas estas normas, las cuestiones a las que me refería son las siguientes:

a) Los efectos que la renuncia a la tramitación separada provoca en el plazo máximo de resolución y los efectos de la inactividad administrativa.

Acogerse a la posibilidad legal de renuncia a la tramitación separada, en principio, no planteará problemas si se tratara de los procedimientos de aplicación de los tributos a los que alude el art. 209.1 LGT, esto es, el procedimiento iniciado mediante declaración, el de verificación de datos y el de comprobación limitada, pues para todos ellos su plazo máximo de resolución es de seis meses y la inactividad más allá de ese plazo supondrá la caducidad con los efectos del art. 104.5 LGT. A pesar de ello, sí se plantean dos interrogantes. El primero es: ¿se podría abrir otro procedimiento en virtud de este precepto o prevalece el art. 211.4 LGT; y el segundo: ¿se le aplican las causas de interrupción y dilaciones de los arts. 103 y 104 RGIT? La respuesta a estas preguntas estaría en el art. 27.1 RST, pero, así como la segunda puede no se ser excesivamente problemática, y atendida la doctrina de la STS n.º 1032/2019, de 10 de julio (RJ 2019, 3525) la respuesta debe ser negativa; la primera en cambio sí es más problemática y, en mi opinión, en modo alguno puede ceder lo dispuesto por la LGT por causa de una disposición reglamentaria, y menos cuando se trata de una garantía cuyo sustrato constitucional se antoja evidente.

b) La reforma de la LGT llevada a cabo por la Ley 34/2015, de 21 de septiembre, que añadió un nuevo párrafo al art. 211.2 LGT, conforme al cual, aun en el caso de tramitación separada, se establece expresamente la influencia de las circunstancias del art. 150.5 LGT en el procedimiento sancionador que se derive de un procedimiento de inspección. Con arreglo a ello, en este caso, el problema no atañe a las consecuencias de la inactividad sino al plazo de resolución del procedimiento sancionador pero, a mi entender, su relevancia estriba en las razones en las que se basan las posibles ampliaciones del plazo y es que todas ellas se refieren a los elementos de prueba que debe aportar el obligado tributario en un procedimiento, el de inspección, en el que éstas no son pruebas de cargo, pues no se ejercita por la Administración tributaria una potestad sancionadora. Además, la literalidad de las normas implicadas evidencia que esta posibilidad se limita a que la tramitación del procedimiento sancionador discurra paralela a la del procedimiento de inspección.

Las dos cuestiones tratadas, pese a sus diferencias fácticas, plantean un problema común, y es la cuestionable supeditación del procedimiento sancionador a los procedimientos de aplicación de los tributos. Algo que rechazó la STS n.º 1032/2019, de 10 de julio (RJ 2019, 3525) con ocasión del recurso directo planteado frente al art. 25.4 RST, tal y como había sido redactado por el RD 1072/2017, de 15 de octubre. Precepto que, como se sabe, se ocupa de las especialidades de la tramitación del procedimiento sancionador cuando se deriva de uno de inspección tributaria.

El citado apartado disponía lo siguiente: «*En caso de retraso producido en el procedimiento sancionador como consecuencia de la orden de completar el expediente del procedimiento inspector a la que se refieren los artículos 156.3.b) y 157.4 de la Ley 58/2003, de 17 de diciembre, General Tributaria, se computará una interrupción justificada en el procedimiento sancionador derivado del procedimiento inspector que se hubiera iniciado, desde el día siguiente a aquel en el que se dicte la orden de completar hasta que se notifique la nueva acta que sustituya a la anteriormente formalizada o se le dé trámite de audiencia en caso de que no sea necesario incoar una nueva acta».*

Los argumentos del TS, aunque confusos cuando no erróneos conforme a alguna que otra afirmación, —como la relativa a la supuesta caducidad del procedimiento de inspección antes de la Ley 34/2015—, no por ello dejan de ser relevantes por su carácter general. A mi modo de ver, se pueden clasificar conforme a dos criterios: el primero atinente a la habilitación legal, como no podría ser de otro modo dado que se trataba de un recurso directo; el segundo, teleológico, puesto que atiende al espíritu de la LGT al acoger como principio general la separación del procedimiento sancionador habida cuenta de su peculiar naturaleza y concluir a partir de ahí en la inconveniencia de supeditar el procedimiento sancionador a otros de naturaleza distinta. Y aquí estriba el «exceso» de la interpretación jurisprudencial, en mi opinión, claro está, pues de la LGT no se desprende la conclusión de que siempre hayan de ser sucesivos los procedimientos sancionadores respecto de los de aplicación de los tributos en el caso de la tramitación separada. Basta reparar en dos normas, una legal, el art. 211.1, 2.º párrafo, LGT que ya estaba vigente cuando se dicta la Sentencia, y que la propia Sala usa como argumento que refrenda la falta de habilitación legal del precepto impugnado; y otra, reglamentaria, el art. 26 RST, en desarrollo del propio art. 208 LGT que si bien se refiere a una cuestión material, como es la renuncia en sí misma, evidencia diversas hipótesis para que se pueda renunciar a la tramitación separada que en pura lógica implican simultaneidad de procedimientos, de aplicación de tributos y sancionador. Aunque ello no siempre haya de ser así. De su lectura se desprende que dicha tramitación separada pero simultánea es posible, bien porque aun estando en plazo el obligado no quiere renunciar, bien porque la renuncia se efectúa fuera de los plazos que marca el precepto y ya no sería válida. Todo lo anterior no obsta poder compartir la idea fundamental de la Sentencia que es la que he denominado criterio teleológico y es el rechazo a la supeditación del procedimiento sancionador al procedimiento de inspección. Argumento que entiendo perfectamente extensible a otros procedimientos de aplicación de los tributos, distintos, como aquél, al procedimiento sancionador, en cuanto a su finalidad y las potestades en ellos ejercitadas.

Las razones que llevan al TS a declarar la nulidad del precepto reglamentario se formulan en el FJ 6.º de la Sentencia así:

«(...) No estimamos que exista habilitación legal expresa en el art. 211.2 LGT, que se remite al art. 104.2 de la LGT a los solos efectos del cómputo del plazo máximo para dictar resolución y la obligación de notificar, pero no así de otros extremos que regula el propio art. 104.2 como son las interrupciones justificadas o dilaciones indebidas.

Más relevante aún es destacar la incoherencia de la referencia a la figura de la interrupción justificada en el sistema actual de la LGT. Este concepto de interrupción justificada, que podía tener sentido en la estructura originaria del procedimiento inspector de la LGT, sujeto a caducidad como forma de terminación, carece de toda coherencia hoy día, con la supresión del efecto extintivo de la superación del plazo máximo de resolución del procedimiento inspector por virtud de la reforma operada en la LGT por la ley 34/2015, de 21 de septiembre, de modificación parcial de la Ley 58/2003, de 17 de diciembre, General Tributaria.

Por tanto, no resulta lógico que careciendo de relevancia la pretendida interrupción justificada en el procedimiento inspector, sin embargo, se traslade esta figura al procedimiento sancionador que, con mayor razón, y por efecto del papel esencial que juega en el mismo la caducidad, no es susceptible de interrupción.

En definitiva, ni existe habilitación legal, ni se puede considerar que esté justificada una interrupción por razón de un procedimiento distinto como es el inspector, que por mandato legal está separado del sancionador, y que, además, no requiere ni exige la iniciación del sancionador antes de dictar el acuerdo de liquidación, ya que se permite el inicio del procedimiento sancionador hasta un máximo de tres meses después de dicho acuerdo de liquidación. La concurrencia en el procedimiento inspector de una orden del Inspector jefe para completar actuaciones carece de toda relevancia en el curso temporal del procedimiento inspector, y pretender otorgarle transcendencia en el procedimiento sancionador, como una situación de interrupción justificada, es contrario a la regla general que resulta de la regulación del procedimiento sancionador, que es la inexistencia de causas de interrupción. Así, hay que recordar que el art. 150.6 LGT dispone que "El incumplimiento del plazo de duración del procedimiento al que se refiere el apartado 1 de este artículo no determinará la caducidad del procedimiento, que continuará hasta su terminación, pero producirá los siguientes efectos respecto a las obligaciones tributarias pendientes de liquidar", efectos que se limitan a la no interrupción de la prescripción, pago espontáneo, no devengo de intereses de demora desde el incumplimiento del plazo hasta la finalización del procedimiento, entre otros.

Por otra parte, aunque existen supuestos de extensión o ampliación del plazo del procedimiento sancionador, lo cierto es que están expresamente reguladas en el art. 211.2 párrafo segundo LGT, y esta regulación expresa apoya la idea de que el legislador no ha querido ninguna otra alteración temporal del procedimiento sancionador, menos aún la interrupción.

En conclusión, ni existe habilitación legal para el reglamento en este campo, ya que la interpretación del art. 211 no permite atribuir esta finalidad a la remisión que hace al art. 104.2 LGT, ni, por otra parte, resulta congruente la previsión reglamentaria impugnada a tenor de las características del procedimiento sancionador, tal y como está configurado, ya que supondría supeditar el procedimiento sancionador al curso de un procedimiento inspector cuando la voluntad del legislador, y esto es indiscutible, fue la de hacer por completo independiente el sancionador respecto a otros procedimientos tributarios como el de inspección.

La solución legal para la eventualidad que trata de precaver la reforma que introduce el Real Decreto 1072/2017 es clara en la LGT, y radica en que el procedimiento sancionador no se inicie mecánicamente de forma simultánea o acompasada con el inspector. La indudable relevancia del procedimiento inspector en el ejercicio de la potestad sancionadora tiene perfecto acomodo en el esquema legal por la simple regla de no iniciarlo hasta la finalización del procedimiento inspector, conforme prevé el art. 209.2 LGT, que otorga un plazo máximo de tres meses para hacerlo, lo que parece más que suficiente».

c) La tercera cuestión se refiere, precisamente, a la previsión del art. 209.2 LGT que se acaba de citar, que evidencia que la caducidad no afecta sólo a la finalización del procedimiento, sino que también podrá darse en relación con el comienzo, es decir, no afecta al deber de resolver sino al deber de incoación. Esta cuestión merece, en mi opinión, un tratamiento más detallado y es por ello objeto de un epígrafe independiente.

### A. La caducidad por el incumplimiento del deber de incoación *ex* art. 209.2 LGT

Este precepto establece, como es bien sabido, un límite temporal para que se pueda iniciar un procedimiento sancionador que derive de otros de aplicación de tributos. Este plazo, que el TS ha calificado como de caducidad (STS de 9 de marzo de 2016; rec. n.º 2307/2014 [RJ 2016, 2373]); y STS de 25 de mayo de 2015; rec. n.º 3149/2013 [RJ 2015, 2711]), se fijó desde la entrada en vigor de la LGT en tres meses y así permaneció hasta que fue ampliado a seis meses, con efectos desde el 11 de julio de 2021, por la Ley 11/2021, de 9 de julio[26].

Esta previsión ha sido objeto de controversia en el TS justamente en relación con la cuestión que ya he apuntado en el epígrafe anterior: la relativa a la posible simultaneidad de procedimientos y ha versado en torno a las afirmaciones que he transcrito de la STS n.º 1032/2019, de 20 de julio (RJ 2019, 3525). Tal polémica se ha abordado en la STS n.º 1075/2020, de 23 de julio (RJ 2020, 2712), cuya doctrina reitera la posición mayoritaria de la Sala en la posterior STS n.º 1161/2020, de 15 de septiembre (RJ 2020, 3993) pero es objeto de un voto particular. Asimismo, sucede en la STS n.º 1241/2020, de 1 de octubre (RJ 2020, 5192)[27]. En esta, además, la doctrina del TS fijada en estos dos pronunciamientos anteriores se extiende al caso en que se dé la llamada «tramitación abreviada» del art. 210.5 LGT.

Conforme a la STS n.º 1075/2020, de 23 de julio (RJ 2020, 2712), «la cuestión nuclear» a resolver es «si el ordenamiento jurídico en general, y el artículo 209.2, párrafo segundo, en particular, en el caso de infracciones que causan un perjuicio económico a la Hacienda Pública, autorizan a la Administración tributaria para iniciar un procedimiento sancionador tributario antes de haberse dictado y notificado el acto administrativo de liquidación, determinante del hecho legalmente tipificado como infracción tributaria».

La doctrina mayoritaria, que no varía en los casos del art. 210.5 LGT[28], se sintetiza en los siguientes puntos en la STS n.º 1161/2020, de 15 de septiembre (RJ 2020, 3993):

---

26. Ley 11/2021, de 9 de julio, de medidas de prevención y lucha contra el fraude fiscal, de transposición de la Directiva (UE) 2016/1164, del Consejo, de 12 de julio de 2016, por la que se establecen normas contra las prácticas de elusión fiscal que inciden directamente en el funcionamiento del mercado interior, de modificación de diversas normas tributarias y en materia de regulación del juego. (BOE 10-7-2021).
27. En el Voto Particular formulado a esta Sentencia se dice que se reitera la postura mantenida en los suscritos frente a las Sentencias recaídas en los recursos 1993/2019 y 3277/2019, sin embargo, en la base de datos del CENDOJ, a fecha de consulta de 13.12.2023, no aparece, en la primera de ellas, el voto particular al que se alude. Así pues, en el texto me ciño a lo publicado en esta base de datos.
28. El FJ 6.º de la STS n.º 1241/2020, de 1 de octubre, concluye: «La Administración está facultada para dictar un acuerdo de inicio de un procedimiento sancionador abreviado antes de dictarse la liquidación determinante de la infracción en que se establece la deuda tributaria y, además, sirve de base proporcional de la cuantía de la sanción. El artículo 210.5 LGT no contempla el inicio del procedimiento sancionador ni ninguna singularidad respecto de tal inicio, que viene regulado en el artículo 209.2 LGT. Y la circunstancia de que aquel precepto prevea para el procedimiento sancionador abreviado la incorporación de una propuesta de sanción en el acuerdo de inicio, no añade una peculiaridad que deba conducir a modificar o matizar el criterio establecido en nuestra sentencia de 23 de julio de 2020.

1.º) «Ni el artículo 209.2 LGT, ni ninguna otra norma legal o reglamentaria, interpretada conforme a los criterios del artículo 12 LGT, establecen un plazo mínimo para iniciar el procedimiento sancionador, pudiendo inferirse del artículo 25 RGRST que dicho inicio puede producirse antes de que se le haya notificado a la persona o entidad acusada de cometer la infracción la liquidación tributaria de la que trae causa el procedimiento punitivo, lo que resulta perfectamente compatible con las garantías del artículo 24.2 CE, y, en particular, con los derechos a ser informados de la acusación y a la defensa». Como tampoco, conforme al parecer mayoritario, se vulnera el derecho a no autoincriminarse, porque «la necesaria salvaguarda del derecho a no autoincriminarse no reclama adelantar el inicio del procedimiento tributario sancionador al momento en el que se pueda atribuir al sujeto inspeccionado, más o menos fundadamente, la realización de una infracción tributaria. Reclama que la información que ha sido obtenida bajo medios coactivos —concurriendo la coacción legal que se deriva del artículo 203 LGT— en el procedimiento inspector no sea utilizada posteriormente en el seno del procedimiento tributario sancionador para enervar la presunción de inocencia del obligado tributario y, más concretamente en el caso que nos ocupa, para fundamentar por parte de la Administración tributaria la imposición de cualesquiera de las sanciones que se cuantifican en función del importe de la cuota liquidada al término del procedimiento de inspección.

Defender lo contrario supondría desposeer a la Administración tributaria de una facultad que le corresponde en el seno del procedimiento inspector con fundamento en el deber constitucional establecido en el artículo 31.1CE —a saber, la facultad de requerir al sujeto inspeccionado cuanta información con trascendencia tributaria sea necesaria para llevar a buen término las actuaciones de comprobación e investigación— en aras de la supuesta salvaguarda de un derecho fundamental del obligado tributario —el derecho a no autoincriminarse— que no surte efectos en el seno del

Lo trascendente es que no se vulneren los derechos del acusado a ser informados de la acusación y de defensa (artículo 208.3 LGT), y que no se imponga la sanción antes de haberse practicado la liquidación (no existiendo traba alguna ambas se notifiquen al mismo tiempo).

Y el artículo 210.5 LGT, en primer lugar, respeta perfectamente el derecho a ser informado de la acusación, de manera, si cabe, más rigurosa, al exigir que en el acuerdo de iniciación del procedimiento sancionador abreviado se incorpore una (mera) propuesta de sanción. En segundo lugar, observa igualmente el derecho de defensa al otorgar al interesado un plazo de 15 días para que alegue cuanto considere conveniente y presente los documentos, justificantes y pruebas que estime oportunos. Y, en tercer lugar, dicho precepto no establece la imposición directa de la sanción sin haber procedido antes a aprobar la liquidación, sino únicamente la instrucción de un procedimiento punitivo, que puede acabar o no con una sanción».

procedimiento inspector y que nuestro Tribunal Constitucional ha considerado aplicable, en exclusiva, a los procedimientos que pueden concluir en su seno con la imposición de sanciones (tributarias o de cualquier otra naturaleza)». Este punto es el que suscita la discrepancia fundamental del voto particular.

2.º) La anterior respuesta se justifica en diversos extremos:

«a) El primero, que nuestra sentencia núm. 194/2016, de 3 de febrero (RCA núm. 5162/2010) no sienta el criterio de que el procedimiento sancionador debe iniciarse tras la notificación de la liquidación, ya que la afirmación en tal sentido contenida en dicha resolución es —solo— la reproducción de un párrafo de la sentencia de instancia». Este es otro de los puntos en los que discrepan los firmantes del voto particular.

b) El segundo, que el artículo 209.2 LGT no establece —para ningún tipo de infracción tributaria— que el procedimiento sancionador solo pueda instruirse después de que se haya dictado la liquidación de la que trae causa.

Antes, al contrario, se limita el precepto a establecer el límite temporal máximo del que dispone el órgano competente para iniciar un expediente sancionador, pero no señala —en absoluto— cuál sea el *dies a quo* que resulta obligado para proceder a dicha incoación.

Es evidente que si el legislador hubiera querido que el inicio del procedimiento sancionador solo pudiera producirse una vez que exista la liquidación tributaria (en relación con todas las posibles infracciones o, específicamente, respecto de las que causen perjuicio a la Hacienda Pública) así lo habría establecido expresamente, sin limitarse a señalar (...) cuándo "no podrá" ya incoarse el expediente». Criterio que es ampliamente criticado también por el voto particular, calificándolo como un argumento carente de solidez ya que supone afirmar que «lo que la ley no prohíbe a la Administración se lo permite».

c) El tercero, que de los preceptos reglamentarios que más arriba se han reproducido —en alusión a los arts. 22 y 25 RST— puede inferirse que dicho procedimiento puede iniciarse sin liquidación, lo cual no supone interpretar un precepto legal *secundum reglamentum,* sino solo constatar cómo una norma jurídica de rango inferior a la ley contempla sin ambages aquella posibilidad sin que —desde luego— entendamos que existe un *ultra vires* en la regulación reglamentaria que exigiría —de prosperar la tesis mantenida por el aquí recurrente— expulsar del ordenamiento jurídico por nula de pleno derecho al menos la expresión «*o esté desarrollando las actuaciones de comprobación e investigación*» contenida en el artículo 25.3 del Reglamento

General del Régimen Sancionador Tributario, aprobado por Real Decreto 2063/2004, de 15 de octubre.

d) El cuarto, que, de la misma manera que es posible iniciar e instruir un proceso penal por delito contra la Hacienda Pública —en el que se aplican con toda su fuerza o vigor, sin matices, los derechos del artículo 24.2 CE— sin necesidad de que se haya liquidado ni cuantificado la deuda tributaria presuntamente defraudada —proceso que puede acabar perfectamente con una sentencia absolutoria—, cabe iniciar un procedimiento sancionador sin haber «confirmado» previamente la comisión inequívoca de una infracción tributaria, de manera que puede aceptarse, en las infracciones que causan perjuicio para la recaudación, la máxima de que sin liquidación no hay sanción, pero no la de que sin liquidación no puede haber inicio del procedimiento tributario sancionador». Afirmación que, conforme al régimen actualmente vigente, es más que discutible, aunque la cuestión excede los límites de este análisis.

e) El quinto, que la eventual mala *praxis* en que puede haber incurrido la Administración en numerosas ocasiones —convirtiendo en una pura formalidad el derecho material a la separación de procedimientos— no se solventa, a nuestro juicio, haciendo decir a la ley lo que ésta no afirma, ni reclama una interpretación de esa ley que vaya más allá de su letra, de su espíritu y de su finalidad. Requiere, simplemente, la corrección de esos eventuales comportamientos contrarios a Derecho a través de los cauces que el ordenamiento jurídico pone a disposición de los ciudadanos; algo perfectamente posible con los instrumentos legales de los que se dispone.

f) El sexto, en fin, que una interpretación como la aquí sostenida no atenta contra las garantías de los sometidos a procedimientos sancionadores y que, en los supuestos en los que la notificación de la liquidación y de la sanción coinciden temporalmente, se produce una tramitación *conjunta en el tiempo* —que no *confundida*[29]— de los procedimientos de comprobación e investigación y del procedimiento sancionador que no conlleva una quiebra del principio de separación de procedimientos y que no constituye una vulneración del principio que establece el artículo 208.1 LGT ni formal ni materialmente».

Este es, a mi modo de ver, el argumento fundamental de la cuestión, debiendo destacar que el TS lo toma, literalmente, del escrito de oposición presentado por la Abogacía del Estado. Y este es, también, junto al que he señalado al comienzo, el que centra las críticas del voto particular. Pues el TS refrenda que «habría que ponderar, en una interpretación finalista, que

29. La cursiva es del original.

la razón por la que el legislador reconoce el derecho a un procedimiento sancionador separado no exige que los procedimientos sean sucesivos, esto es, no exige que no puedan simultanearse en el tiempo el procedimiento de liquidación y el procedimiento sancionador». Pues el «origen de la separación de procedimientos hay que buscarlo en la doctrina de los tribunales sobre la necesidad de garantizar un procedimiento equitativo que respete la presunción de inocencia», ya que las «potestades administrativas no pueden ejercitarse con la misma fuerza o con igual intensidad en un procedimiento de aplicación de los tributos que en un procedimiento sancionador»[30]. En definitiva, «Con la separación de procedimientos se trataría de evitar la "contaminación" del procedimiento sancionador por el procedimiento de aplicación de los tributos, como garantía de los principios reconocidos en los artículos 178 y siguientes LGT y en las normas administrativas reguladoras del procedimiento sancionador. Esa finalidad se consigue separando los procedimientos, salvo renuncia del obligado tributario, pero sin que sea necesario que el procedimiento sancionador sea posterior y sin que sea relevante que las resoluciones que se dicten se notifiquen al mismo tiempo pues ello no produce indefensión material».

La controversia, en suma, se centra en que la perspectiva asumida por la mayoría considera que el principio de separación de procedimientos ha de garantizar la ausencia de confusión conceptual, o material, a la par que la procedimental, pero que esto no supone la exigencia de sucesión en el tiempo o separación temporal. La clave, a mi modo de ver, está en la razón, que ya he transcrito, por la que la mayoría no ve el riesgo en relación con el principio de autoincriminación. Y es que, efectivamente, frente a lo que sostiene el voto particular, la mera posibilidad legal de incorporación de pruebas que contempla con carácter general el art. 210.2 LGT y la de tramitación abreviada del art. 210.5 LGT evidencian que el verdadero riesgo de contaminación no depende de la sucesión de procedimientos, aunque bien es cierto que esta servirá para una mejor separación del ejercicio de potestades distintas. Y tal vez esta debiera ser la interpretación que hubiera de prevalecer tras la prolongación, duplicándolo, como consecuencia de la reforma de la Ley 11/2021, de 9 de julio.

3.º) Esta interpretación mayoritaria, por último, se dice que no entra en contradicción en modo alguno con lo declarado en la STS n.º 1032/2019, de 10 de julio (RJ 2020, 2712) pese a que, insisto una vez más, su literalidad da pie a lo contrario. Sin embargo, el TS afirma que de lo dicho en ella «no se

30. Se cita, en este mismo sentido, —en el escrito de la Abogacía del Estado que reproduce el TS— la sentencia del Tribunal Supremo de 10 de julio de 2019, (rec. ordinario núm. 83/2018), (RJ 2019, 3525).

desprende en absoluto que la Sala estaba declarando —ni siquiera *obiter dicta— que* el artículo 209.2 de la Ley General Tributaria *impone* la apertura del procedimiento sancionador *después* de notificada la liquidación tributaria, y que, por tanto, impide que el inicio pueda producirse *antes* de que se le haya notificado a la persona o entidad acusada de cometer la infracción la liquidación tributaria de la que trae causa el procedimiento punitivo[31].

Lo único que dijimos entonces es que no se puede supeditar el resultado de un expediente sancionador a lo acontecido en un procedimiento inspector, que ambos procedimientos deben tramitarse separadamente y que el artículo 209.2 de la Ley General Tributaria establece con claridad un plazo de caducidad de los expedientes sancionadores. Nada más».

Por último, habría que recordar que el criterio mayoritario del TS no hace sino confirmar el fijado por el TEAC, por ejemplo, en su Resolución de 19 de febrero de 2014 (RG00/05704/2011/00/00). Ésta, en su FJ 3.º atendía a lo dispuesto por el art. 22 RST, al que también acude el TS, y precisaba que: «El tenor de este precepto es claro y por un lado, hace referencia a propuestas de liquidación y no a liquidaciones, y por otro lado, se refiere a procedimientos sancionadores que hayan de iniciarse por las conductas constitutivas de infracción puestas de manifiesto durante el procedimiento y que no impliquen liquidación. Es decir, de dicho artículo se desprende la posibilidad de iniciar procedimientos sancionadores sin que se haya dictado liquidación, bien porque los indicios se ponen de manifiesto con anterioridad a la práctica de la liquidación, bien porque el expediente sancionador no deriva directamente de una regularización».

Atendido este criterio, y también la exigencia del art. 153, letra g) LGT, de que en el acta de inspección se haga constar la «existencia o inexistencia, en opinión del actuario, de indicios de la comisión de infracciones», al menos en el procedimiento de inspección, el paralelismo en la tramitación de procedimientos debiera respetar este trámite, ya que la propuesta que se contiene en el acta se debe a la conclusión de las actuaciones de comprobación e investigación, según el art. 183 RGIT. Actuaciones que son las que realmente comprometen el derecho a no autoincriminación. Interpretación que, entiendo, es la más acorde con el criterio del TS que aboga por la no confusión de procedimientos desde la perspectiva material.

### B. El ámbito limitado de aplicación del art. 209.2 LGT

El problema relativo a cuál es el ámbito objetivo de aplicación de esta exigencia temporal sobre la obligación de incoación de un procedimiento

31. Las cursivas son del original.

sancionador tributario[32], no es del todo pacífico y ha sido abordado por el TS, en STS n.º 962/2020, de 9 de julio RJ (2020\2863). El principal argumento para decidir la cuestión es de naturaleza material y tiene que ver con el principio de separación de procedimientos. En este sentido, el TS recuerda cuál fue el antecedente normativo que «ha de buscarse en el art. 49.2, j) del RD 939/1986 (*sic*) del que emanó una abundantísima jurisprudencia, y que tenía su razón de ser en la separación de los procedimientos de inspección y sancionador que se contemplaba, ya, en Ley 1/1998, de derechos y garantías de los contribuyentes. La aprobación de un nuevo reglamento sancionador en su desarrollo, el aprobado por R.D. 1930/1998, añadió un apartado j) al artículo 49.2 del reglamento de inspección aprobado por R.D. 939/1986. El art. 209.2 de la LGT viene predeterminado por aquella innovación, y trata de regular un supuesto concreto que se va a producir al separar las actuaciones de comprobación e investigación del procedimiento sancionador, lo que en principio delimita un ámbito bien definido, que es ampliado en la redacción del precepto sólo y exclusivamente respecto de los procedimientos iniciados mediante declaración y procedimiento de verificación de datos.

Son estos, los comprendidos en el art. 209.2 de la LGT, a los únicos a los que se le aplica el precepto, quedando excluidas todas aquellas actuaciones de aplicación de los tributos, con el amplísimo elenco de procedimientos tributarios, no incluidas; quizás, como especula el Abogado del Estado, porque en dichos procedimientos se tiene el convencimiento de que de forma real y efectiva la Administración ya dispone, o debe disponer, de los datos necesarios para iniciar el procedimiento sancionador, lo que no se asegura que ocurra en otras actuaciones». Y este no sería el caso que aquí se debatía, pues el supuesto se refería a una declaración —la de resumen anual de IVA— que había sido presentada fuera de plazo por el obligado tributario y tras la cual se había abierto un procedimiento sancionador en relación con la infracción del art. 198 LGT. Haciendo suyo este razonamiento del defensor del Estado, el TS realiza una afirmación que me parece esencial, porque considera que: «Lo aconsejable, por tanto, sería que si el motivo del plazo es precisamente poder tener a disposición los datos necesarios para sancionar, se estableciera un plazo de caducidad para supuestos como el que nos ocupa, pero lo cierto es que legalmente no se contempla el

32. Sobre la inexistencia de plazo para la incoación de un procedimiento en materia de contrabando y la vigencia del principio de buena administración, véase el excelente análisis de la Jurisprudencia del TS realizada por MORENO GONZÁLEZ, S.: «La buena administración en el ejercicio de la potestad sancionadora tributaria», en LUCHENA MOZO, G. M.ª y M.ª E. SÁNCHEZ LÓPEZ (Coord.): *La proyección de la buena administración sobre los procedimientos de aplicación de los tributos*, Tirant Lo Blanch, Valencia (España), 2023, pp. 301 a 309.

mismo, lo que hubiera exigido un mandato en dicho sentido, y la declaración del resumen anual del IVA, a pesar de la denominación, resulta completamente extraña a los procedimientos que se inician mediante declaración, en los términos que prevé el art. 128 de la LGT, en relación con el 133 del Real Decreto 1065/2007 (*sic*)».

Así pues, la conclusión «(...) se impone en el sentido de considerar que el art. 209.2 de la LGT no rige con carácter general a todas las actuaciones de aplicación de los tributos y que su ámbito de aplicación queda acotado a los ámbitos subjetivos y objetivos que expresamente se recogen en su texto, respecto de este último, sólo es aplicable a los procedimientos sancionadores que se incoen como consecuencia de "un procedimiento iniciado mediante declaración o de un procedimiento de verificación de datos, comprobación o inspección» finalizados mediante liquidación o resolución —sobre el modo de finalización si cabría matizaciones, que no son del caso—".

Y, a continuación, realiza una afirmación de carácter general sobre el instituto de la caducidad que, a mi modo de ver, merece ser considerada. Dice el TS: «Ciertamente el instituto de la caducidad en los procedimientos posee su fundamento en el art. 9.3 de la CE, principio de seguridad jurídica, reforzado, si cabe, en el procedimiento sancionador, con el fin de que el ejercicio de la potestad sancionadora no se retrase más allá de un tiempo razonable; fundamento que hace aconsejable, como aspiración, en beneficio de la garantía de los ciudadanos frente a los poderes públicos, que se regule legalmente en los procedimientos sancionadores este aspecto, evitando que el inicio del procedimiento contra alguna persona se demore en demasía creando una situación indeseable de incertidumbre.

Ahora bien, ha de convenirse que no estamos ante un mandato constitucional al legislador que le imponga inexorablemente que se establezca en los procedimientos sancionadores con carácter universal plazos de caducidad, por lo que queda a criterio y oportunidad del que posee la potestad legislativa regular esta materia en el ámbito tributario.

Ningún reparo, en este, sentido cabe hacerle al texto del art. 209.2 de la LGT, ni a su acotación, de suerte que, como se pone de manifiesto en la doctrina jurisprudencial es posible, y lícito, que para los supuestos de procedimientos sancionadores no incluidos en el texto del art. 209.2 de la LGT, el inicio del procedimiento sancionador pueda alargarse durante todo el tiempo que la ley le autoriza a la Administración Tributaria para perseguir sin prescribir la infracción tributaria».

Pues bien, esta afirmación resulta un tanto incoherente con la que he reproducido más arriba y es que el TS parece asumir que el sentido de la caducidad tiene que ver con las posibilidades de la Administración de «conocer» los indicios de la comisión de una infracción. Algo que sí sucede cuando la Administración ha llevado a cabo ya alguna labor previa en el curso de un procedimiento sin que ello tenga que ver necesariamente con las potestades de comprobación tributaria. Pues no hay ninguna habilitada en el procedimiento de verificación de datos.

Esta cuestión que acabo de apuntar sí ha sido tratada por el TEAC en dos casos que concluyen en sentido dispar. En el primero de ellos (Res. TEAC de 20.12.2021; RG00/06669/2021/00/00) se acoge a la doctrina del TS que acabo de transcribir y considera inaplicable el plazo de caducidad en un supuesto en que se trataba del requerimiento de la reducción de una sanción que no había sido satisfecha en período voluntario. La razón es que no puede entenderse que tal trámite tenga naturaleza de «procedimiento sancionador», como sostenía el TEAR de la instancia[33].

Mientras que, en el otro (Res. TEAC de 25.9.2023; RG00/00823/2020/00/00), sí consideró aplicable el art. 209.2 LGT a un procedimiento no citado expresamente en él, puesto que se trataba de uno de gestión previsto en el art. 117.1, e) LGT, y desarrollado por el RGIT: el procedimiento de control de presentación de la declaración, autoliquidación o comunicación de datos omitidas del art. 153 RGIT. Conclusión que sería coherente con el razonamiento del TS acerca de que la Administración tributaria tenga ya el conocimiento sobre la eventual comisión de la infracción, pese a que se trata de un procedimiento en el que no cabe el ejercicio de ninguna potestad de comprobación, ya que basta leer su escueta regulación reglamentaria para ver que esto es así.

Conforme a este criterio, creo que menos aún parece que hubiera duda de la aplicación del art. 209.2 LGT si se tratara del procedimiento previsto en el art. 154 RGIT, el de control de otras obligaciones formales. Por dos

33. Dice su FD 3: «El procedimiento sancionador que se incoó como consecuencia de la actuación inspectora es el que finalizó de forma tácita el día 27 de febrero de 2018 tras prestar el interesado su conformidad a la propuesta de sanción. La exigencia de la reducción por falta de pago en período voluntario del importe restante de la sanción impuesta en el único procedimiento sancionador incoado constituye una actuación administrativa que no forma parte de dicho procedimiento. Con dicha actuación se exige la reducción que ya había sido cuantificada y determinada en el procedimiento sancionador del que trae causa. Dicho con otras palabras, cuando se incumplen las condiciones que posibilitaron la reducción lo que tiene lugar es la mera exigencia del importe reducido de una sanción previamente impuesta, pero no la imposición de sanción alguna».

razones: la primera, porque en éste sí está previsto el ejercicio de potestades comprobadoras. Pues ya el aparatado 1 del precepto remite al art. 136.2 LGT y correlativamente, contempla, en su apartado 6, el carácter preclusivo de la diligencia con la que, según el apartado 5, a), puede terminar el procedimiento; la segunda razón estriba en el apartado 4 del precepto que dispone que: «*La diligencia se incorporará al expediente sancionador que, en su caso, se inicie o que se hubiera iniciado como consecuencia del procedimiento, sin perjuicio de la remisión que deba efectuarse cuando resulte necesario para la iniciación de otro procedimiento de aplicación de los tributos*». Precisión que contaría con el respaldo legal del art. 210.2 LGT, y que evidencia, a mi modo de ver, que es un supuesto plenamente subsumible en el art. 209.2 LGT como correlativa garantía de los obligados tributarios a las potestades ejercitables por la Administración tributaria.

### 1.2.4. Los efectos de la caducidad y el principio de buena administración

Pese a tratarse de un caso ajeno a la materia tributaria, creo de interés que nos fijemos en la STS n.º 1667/2020, de 3 de diciembre (RJ 2020, 4887) (FJ 2.º), que recuerda su doctrina digamos, clásica, conforme a la que distingue entre, por una parte, la prescripción, «de la potestad, en el caso de la Administración, o del derecho, en el caso de los ciudadanos», «es decir, del aspecto sustantivo del objeto del procedimiento»; y, por otra, la caducidad que «afecta al procedimiento directamente ... en el que se acciona dicha potestad o se decidía sobre el derecho de los ciudadanos». [...] En ese esquema, la caducidad vendría a suponer la terminación del procedimiento por el mero transcurso del tiempo, por el mero hecho de no dictarse la resolución —que es la que le pone fin— en el plazo establecido. Ahora bien, en cuanto que resolución que pone fin al procedimiento y sin perjuicio de producirse por el mero transcurso del tiempo, es lo cierto que esa finalización ha de producirse, formalmente, con la correspondiente resolución que lo declare de manera expresa. Que ello es así, lo pone de manifiesto ya el artículo 21.1.º cuando exige a la Administración dictar esa resolución, en cualquier clase de procedimiento; pero lo exige de manera expresa el mencionado artículo 25.1.º.b) cuando impone la necesidad de que la caducidad deba acordarse mediante resolución en la que se declare, de manera expresa, con el subsiguiente efecto de declaración del archivo de las actuaciones, con la importante consecuencia, sobre las potestades accionadas, de que el plazo suspendido por la iniciación de ese procedimiento, luego declarado caducado, no interrumpe el plazo de prescripción de dichas potestades (artículo 95.3.º). Lo que interesa destacar de lo expuesto es que, conforme a dicha regulación legal, la caducidad comporta una causa de terminación de los procedimientos, pero no genera, por sí misma, dicha terminación, porque requiere una resolución expresa que la declare, pudiendo incluso la Administración, pese a concurrir el presupuesto de hecho, que es objetivo, rechazarla en supuestos excepcionales (artículo 95.4.º). Y ello es consecuente con los efectos de la caducidad, que no es sino una forma de terminación del procedimiento, de una terminación anormal, podríamos decir, como con otra terminología y salvando las diferencia, se establece para el proceso contencioso en su Ley reguladora.

En suma, de lo expuesto hemos de concluir que, «*en tanto no se haya dictado la resolución expresa declarando la terminación del procedimiento por caducidad, el procedimiento en que se ejerciten potestades de gravamen, ha de considerarse vigente, por más que hubiese transcurrido el plazo de caducidad, porque no es el mero transcurso del plazo el que genera la terminación del procedimiento —será su presupuesto—, sino la resolución que así lo ordena*[34]».

Atendido lo anterior, el TS da respuesta a la cuestión casacional, que consistía en «determinar si la Administración puede reiniciar un nuevo procedimiento sin haber declarado la caducidad de uno previo». Posibilidad que, ya hemos visto, no puede darse en el procedimiento sancionador tributario conforme al art. 211.4, 2.º párrafo LGT. Por lo tanto, la doctrina que analizo se referirá a otros procedimientos donde también se ejerciten potestades «de gravamen» pero distintas de las puramente sancionadoras.

Hecha esta aclaración, lo relevante de esta doctrina es que el TS sostiene que «si el mero transcurso del plazo no comporta, por sí solo, la caducidad del procedimiento, sino que para su efectividad debe ser declarada por resolución expresa, es manifiesto que en tales supuestos, no es que se haya reiniciado *(sic)* un nuevo procedimiento sino que, en realidad, se trata del mismo procedimiento. Admitamos, y ya sería anormal porque de nada serviría la regulación de la caducidad, que en una misma resolución y conforme autoriza el artículo 95, la Administración acuerde a un mismo tiempo la caducidad del procedimiento ya iniciado, la incoación de un nuevo procedimiento y el mantenimiento de las actuaciones "*cuyo contenido se hubieran contenido igual*"[35]; pero lo que no es admisible es pretender *un a modo de decisión implícita, de una resolución tácita, en la incoación de un nuevo procedimiento de la caducidad del anterior. Ni lo autoriza precepto alguno, sino todo lo contrario, como hemos expuesto, ni es respetuoso con los derechos de los ciudadanos*[36].

34. La cursiva es mía.
35. La cursiva y las comillas son del original.
36. La cursiva es mía.

Aun cabría añadir un efecto perverso de aceptarse la posibilidad de iniciar nuevos procedimientos por el mero transcurso del tiempo de los ya iniciados anteriormente sin que se haya declarado expresamente su caducidad. Nos referimos al hecho de que no pueden existir dos procedimientos administrativos con un mismo ámbito subjetivo y objetivo, no es pensable en el ámbito del procedimiento administrativo una situación equiparable a la litispendencia, porque es la misma Administración, bien que sometida al principio de legalidad, juez y parte de la decisión y estaría fuera de toda lógica permitir dos procedimientos con esas identidades. Lo que se quiere decir es que se trataría de un solo procedimiento, uno ya caducado, pero no declarada la caducidad; y uno nuevo que sustituiría al anterior. Pues bien, si no hay un acto formal que separe ambos procedimientos, archivando uno e incoando otro, esa duplicidad es inadmisible y contradictoria, lo que obliga a concluir que en esas situaciones lo que hace la Administración es pura y simplemente obviar toda la normativa sobre los plazos que impone el Legislador para la tramitación, porque bastaría con que en un mismo procedimiento, cuando esté a punto de caducar por el transcurso de los plazos, ordenar una nueva reiniciación, pero del mismo procedimiento, con lo cual se burlaría toda la regulación y la finalidad de la institución de la caducidad, que no ha sido fácil de imponer el Legislador a nuestra Administración, en garantía de los derechos de los ciudadanos. Y es que, a la postre, si de un mismo procedimiento se trata, es lo cierto que en un procedimiento ya caducado por el transcurso del tiempo ya solo cabe adoptar una única decisión, una resolución que le pone fin, cual es la declaración formal de la caducidad del mismo y su archivo, sin que puedan dictarse resolución alguna de contenido distinto, menos aún, una resolución ordenando su reinicio que es lo que en definitiva sucedería de admitir la opción de reinicio sin declaración formal de caducidad».

Otro de los aspectos que resulta destacable de esta Sentencia es que el TS concluye su razonamiento trayendo a colación el principio a la buena administración «que, sobre todo, debe considerarse implícito en la exigencia que impone a la actuación de la Administración en el artículo 103 (...) Y en ese sentido, es apreciable la inspiración de la exigencia comunitaria en el contenido de los artículos 13 y 53 de la Ley del Procedimiento Administrativo Común de las Administraciones Públicas al referirse a los derechos de los ciudadanos en sus relaciones con la Administración».

Pero la buena administración es algo más que un derecho fundamental de los ciudadanos, siendo ello lo más relevante; porque su efectividad comporta una indudable carga obligación para los órganos administrativos a los que se les impone la necesidad de someterse a las más exquisitas exigencias legales en sus decisiones, también en las de procedimiento. Y en relación con eso, con el procedimiento, no puede olvidarse que cuando el antes mencionado precepto comunitario delimita este derecho fundamental, lo hace con la expresa referencia al derecho de los ciudadanos a que sus «asuntos» se «traten... dentro de un plazo razonable»; por lo que cabría suscitar la pregunta de cómo se garantizaría ese derecho si la Administración desconoce la imposición legal y procede a continuar actuando en un procedimiento caducado como si dicha caducidad no se hubiera producido, dictando resoluciones que debemos considerar tácitamente como reapertura de un nuevo procedimiento. Sería volver a los tiempo[s], felizmente superados, preconstitucionales de tan nefasta trascendencia para los ciudadanos en sus relaciones con la Administración; porque si admitiésemos que la Administración puede seguir actuando en un procedimiento materialmente caducado, pero formalmente vigente, debemos concluir que el tiempo transcurrido, no es que comporte la caducidad del pretendido ser el primer procedimiento, sino del único procedimiento existente, es decir, de todo el procedimiento, el inicial y el pretendido reiniciado. Y con ello se dejaría sin eficacia alguna la institución de la caducidad, con su importante relevancia para los derechos de los ciudadanos; lo cual es tanto más contradictorio cuando, como hemos expuesto, está clara la regulación legal en favor de esa protección de los ciudadanos que debe servir para zanjar ese debate. Y deberá añadirse a lo expuesto un nuevo argumento, no de menor trascendencia que los anteriores, vinculado al antes mencionado artículo 53 de la vigente Ley de procedimiento administrativo, cuando al reconocer los derechos de los ciudadanos que se relacionan con la Administración, establece en su párrafo primero el derecho de estos a «conocer... el sentido del silencio administrativo que corresponda, en caso de que la Administración no dice *(sic)* ni notifique resolución expresa en plazo; y la única forma de tener ese conocimiento cuando el efecto de esa ausencia de resolución es la caducidad del procedimiento, es mediante el dictado de la resolución que así lo declara y su posterior notificación formal al interesado».

La cita del TS se refiere, lógicamente, al art. 53.1, a) LPACAP, precepto en que el legislador confunde inactividad con silencio, pues, precisamente, el caso que nos ocupa, el de los procedimientos de gravamen, su consecuencia no es el silencio sino la caducidad. A ello cabría añadir lo que dispone del art. 21.4 LPACAP, previsión que simplemente ha sido actualizada respecto de la anteriormente contenida en el art. 42.4 LRJPAC, y que, ni siquiera conforme a esta versión, se recoge en el art. 104 LGT.

Dice el vigente art. 21.4 LPACAP, que, al igual que su predecesor incurre en la misma confusión que el art. 53.1, a) LPACAP:

*«Las Administraciones Públicas deben publicar y mantener actualizadas en el portal web, a efectos informativos, las relaciones de procedimientos de su competencia, con indicación de los plazos máximos de duración de los mismos, así como de los efectos que produzca el silencio administrativo.*

*En todo caso, las Administraciones Públicas informarán a los interesados del plazo máximo establecido para la resolución de los procedimientos y para la notificación de los actos que les pongan término, así como de los efectos que pueda producir el silencio administrativo. Dicha mención se incluirá en la notificación o publicación del acuerdo de iniciación de oficio, o en la comunicación que se dirigirá al efecto al interesado dentro de los diez días siguientes a la recepción de la solicitud iniciadora del procedimiento en el registro electrónico de la Administración u Organismo competente para su tramitación. En este último caso, la comunicación indicará además la fecha en que la solicitud ha sido recibida por el órgano competente».*

Mandato que, entiendo, por su relevancia sí debe ser objeto de aplicación supletoria a la materia tributaria habida cuenta de la laguna que evidencia el art. 104 LGT sobre el particular.

### 1.2.5. Problemática sobre la caducidad en los procedimientos de aplicación de los tributos

#### *1.2.5.1. La necesidad de declaración de la caducidad del procedimiento a la vista de la aparente contradicción entre el art. 103.2 LGT y el art. 104.5 LGT y la concatenación de procedimientos*

La cuestión de fondo que el TS solventó en la STS n.º 1667/2020 (RJ 2020, 4887) que he analizado en el epígrafe anterior, esto es, la necesidad de declaración expresa de la caducidad por la concatenación de procedimientos administrativos, ha dado lugar a diversas polémicas en la materia tributaria. De ahí, como decía, que, al contener una doctrina general, tenga interés ver cuál ha sido su traslación a este ámbito particular del ordenamiento jurídico.

Es, por ejemplo, el caso de la STS n.º 1174/2023, de, 21 de septiembre (RJ 2023, 4728), en el que, además de lo anterior se trata una cuestión que es propia de la materia tributaria y deriva de la aparente contradicción entre los art. 103.2 y 104.5 LGT sobre la necesidad de que la caducidad de un procedimiento sea declarada por la Administración, y, en consecuencia, que nos hallemos ante una obligación que pende sobre ella y no pueda ser incumplida, de modo que la inactividad al respecto sería antijurídica.

El supuesto que se debatía en la Sentencia se refería a la caducidad de un procedimiento del art. 128 LGT que se había iniciado mediante la presentación de una declaración tributaria por el sujeto pasivo en relación con el hecho imponible del ISD. Bastante tiempo después, y sin que la caducidad hubiera sido declarada, la Administración tributaria competente inició un procedimiento de inspección. Y tampoco en el acto de iniciación se hacía referencia alguna al procedimiento anterior que había caducado.

Como digo, son varias las cuestiones jurídicas relevantes que se tratan en este pronunciamiento. Comenzando porque el auto de Admisión se refiere a «la aparente contradicción que existe entre el tenor literal de los artículos 103.2 y 104.5 de la LGT antes invocados, cuando el primero establece que no existe obligación de resolver expresamente en los procedimientos en los que se produce la caducidad, estableciendo, sin embargo, el segundo de los preceptos citados que la caducidad será declarada, de oficio o a instancia del interesado, ordenándose el archivo de las actuaciones».

Sobre ello el TS concluye que: «Sin embargo, esa aparente contradicción no es tal, de entrada, porque el artículo 103 LGT regula la obligación general de la Administración tributaria de resolver expresamente (apartado 1) y su excepción (apartado 2); mientras que el artículo 104.5 LGT tiene por objeto la regulación del instituto de la caducidad y de sus efectos.

Por otro lado, no puede obviarse que, en todo caso, la referida excepción del apartado 2 del artículo 103 LGT preserva, además, el derecho del interesado a solicitar expresamente de la Administración tributaria la declaración de que se ha producido la caducidad, hasta el punto de que, en su inciso final, dicho precepto conmina a la Administración a contestar esa petición, lo que, en la práctica, supone colmar la alternativa contemplada en el artículo 104.5 LGT, que la caducidad sea declarada de oficio o a instancia del interesado».

En segundo lugar, es interesante la síntesis que, antes de llegar a esta conclusión, ha hecho sobre el instituto de la caducidad y su regulación jurídica. Así el FJ 5 dice:

«(...) la caducidad se entiende producida, antes de que la misma se declare y, en definitiva, con independencia de que dicha declaración llegue a materializarse. Ahora bien, la declaración de la caducidad no debe entenderse como una mera carga formal cuya omisión resulte irrelevante. De entrada, porque desde una perspectiva general, la Ley 4/1999, de 13 de enero, de modificación de la Ley 30/1992, de 26 de noviembre (...) vertebró la actuación de las administraciones públicas sobre la base «de la confianza legítima de los ciudadanos en que la actuación de las Administraciones públicas no puede ser alterada arbitrariamente». Con dicho propósito, junto al reforzamiento de la seguridad jurídica, aquella Ley 4/1999 modificó la redacción originaria del artículo 42 de la Ley 30/1992, precisando que la Administración está obligada a dictar resolución expresa en todos los procedimientos, incluyendo los casos de prescripción, renuncia del derecho, caducidad del procedimiento, desistimiento de la solicitud y desaparición sobrevenida del objeto del procedimiento, en los que la resolución consistirá en la declaración de la circunstancia correspondiente.

Paralelamente, el art. 103.1 LGT impone a la Administración tributaria la misma obligación de «resolver expresamente todas las cuestiones que se planteen en los procedimientos de aplicación de los tributos, así como a notificar dicha resolución expresa». Asimismo, el 104.5 LGT no deja resquicio a dudas, cuando afirma que, «[p]roducida la caducidad, ésta será declarada, de oficio o a instancia del interesado, ordenándose el archivo de las actuaciones». La declaración de caducidad es, en consecuencia, un mandato del legislador que la Administración no puede desconocer, como se deriva, entre otras, de nuestra sentencia 1042/2019 de 10 de julio, rca. 2220/2017, ECLI :ES:TS:2019:2494 (…).

Lo anterior no obsta a que dicha declaración de caducidad se realice por separado o en el mismo acuerdo de iniciación del nuevo procedimiento, como pusimos de manifiesto en la ya aludida sentencia 1289/2017, de 18 de julio, recurso de casación para la unificación de doctrina 2479/2016.

Sin embargo, aquí no ha existido ninguna declaración de caducidad ni como acto independiente ni en el inicio del acuerdo del procedimiento de inspección.

No obstante, hay supuestos en los que el legislador no estima precisa dicha declaración de caducidad como tal y como se infiere de la lectura del último párrafo del apartado 1 del art. 21 de la Ley 39/2015 y del apartado 2 del propio art. 103 LGT.

(…) En conclusión «si para considerar caducado un procedimiento no es necesaria la declaración expresa de caducidad, la misma resulta imprescindible si la Administración pretende iniciar un nuevo procedimiento (cuando no se haya producido la prescripción) o incorporar en ese nuevo procedimiento los documentos y elementos de prueba obtenidos en el procedimiento caducado.

La funcionalidad de la declaración de caducidad como requisito para iniciar un nuevo procedimiento se encuentra explícitamente proclamada, entre otras, en la referida sentencia 1042/2019 de 10 de julio, rca. 2220/2017

(...) De este modo, no resulta posible utilizar los datos del procedimiento caducado en el procedimiento ulterior si, previamente, no ha sido declarada su caducidad».

En tercer lugar, es llamativo constatar que el TS argumenta en torno a la caducidad como efecto de la inactividad producida en un procedimiento que se inicia con una declaración tributaria, lo que podría llevar a pensar que se trata de un procedimiento iniciado a instancia de parte y, en consecuencia, que la caducidad no fuera el resultado lógico. Sin embargo, el TS recuerda que ya en un pronunciamiento anterior, la STS 1289/2017, 18 de julio (recurso de casación para la unificación de doctrina 2479/2016; [RJ 2017, 3540]), rechazó la tesis de la recurrente, relativa a que la no terminación en plazo del procedimiento de gestión al que se refiere el artículo 128 LGT, provocaría la estimación por silencio administrativo de su pretensión, considerando, por el contrario, que la circunstancia de que el procedimiento comience por declaración no comporta un inicio a instancia de parte, sino una comunicación a la Administración de la concurrencia del hecho imponible y los datos necesarios para la cuantificación de la deuda tributaria, que, de oficio, practicará las actuaciones necesarias para producir la liquidación».

En esta línea, hay dos ejemplos más que resultan de interés, pues comparten la misma doctrina. El primero de ellos es la STS n.º 260/2019, de 27 de febrero (RJ 2019, 698) en la que el supuesto de hecho se refería a un procedimiento de comprobación limitada que se inició mucho tiempo después de que se hubieran llevado a cabo actuaciones de comprobación censal que caducaron, circunstancia que, sin embargo, nunca se llegó a declarar expresamente[37]. En relación con ello, la cuestión suscitada en el

37. Es importante tener en cuenta que el TS decide con base en una cierta «reconducción» de los hechos a las previsiones reglamentarias. Así, considera que «en el presente caso no consta que se hubiese seguido procedimiento de rectificación censal sino únicamente actuaciones de comprobación censal, con relación a las que el artículo 144 nada dice por lo que respecta a la caducidad. Ciertamente, en este sentido, importa tener en consideración la terminología utilizada por el RGGIT; pues bien, aunque en su artículo 144 se refiera a actuaciones de comprobación censal, mientras que en el artículo 145 hable directamente de procedimiento de rectificación de la situación censal, esta sala considera que no cabe negar sustantividad procedimental a las actuaciones de comprobación censal del artículo 144 RGGIT, debiéndose estar a la aplicación del plazo general de caducidad de 6 meses del artículo 104.1 LGT «cuando las normas reguladoras de los procedimientos no fijen plazo máximo». Consecuentemente, tanto a tenor del artículo 144 como del procedimiento de rectificación fiscal (artículo 145) —al que debió de acudirse y no consta que así se hiciera— transcurridos seis meses desde el inicio de dichas actuaciones de comprobación fiscal, el procedimiento había caducado. Sin embargo, no hay declaración

auto de admisión consistía en «determinar si, las actuaciones de obtención de información tributaria pueden servir para recabar del obligado tributario la necesaria que permita a los órganos de gestión iniciar después un procedimiento de comprobación limitada de sus obligaciones tributarias, soslayando de este modo el plazo máximo de duración legalmente previsto para ese procedimiento y los efectos que a su incumplimiento se anudan». Cuestión a la que se responde lo siguiente: «Los artículos 93, apartados 1 y 2 LGT y el artículo 30, apartados 3 y 4 RGGIT con relación a los plazos máximos de resolución y a los efectos de la falta de resolución expresa (artículo 104) en el ámbito de los procedimientos de comprobación limitada (artículos 123 y 136 a 140 LGT), deben interpretarse de la siguiente manera: Las actuaciones de obtención de información tributaria pueden servir para recabar del obligado tributario la necesaria para que permita a los órganos de gestión iniciar después un procedimiento de comprobación limitada de sus obligaciones tributarias, y están sujetas al plazo máximo de duración legalmente previsto para ese procedimiento. La utilización de los documentos y medios de prueba obtenidos en las actuaciones de comprobación censal que hayan caducado por el transcurso del plazo máximo previsto legalmente, de seis meses, tan solo conservarán su validez y eficacia en otros procedimientos iniciados o que puedan iniciarse posteriormente, cuando previamente se haya declarado por la Administración la caducidad de aquel procedimiento de comprobación censal y el archivo de las actuaciones».

Justamente sobre este mismo caso, ha de tenerse en cuenta que se halla pendiente de resolución un recurso de casación, admitido a trámite por el ATS de 8 de febrero de 2023 (ATS 1091/2023, [JUR 2023, 65818]) y en el que la cuestión de interés casacional consistirá en saber si cabe «Reforzar, completar, matizar o, en su caso, corregir la jurisprudencia de esta Sala — sentencia de 26 de febrero de 2019 (RJ 2019, 1315)— en lo concerniente a si, en un procedimiento de control de presentación de declaraciones, las actuaciones de obtención de información tributaria pueden servir para recabar del obligado tributario la necesaria que permita a los órganos de gestión iniciar después un procedimiento de comprobación limitada de sus obligaciones tributarias, soslayando de este modo el plazo máximo de duración

---

de caducidad alguna y, pese a ello, la Administración practicó la regularización de la recurrente a través de un procedimiento de comprobación limitada, iniciado casi dos años después (...) en el que incorporó e hizo valer la información obtenida en la comprobación censal, en particular, el informe de la unidad de módulos, informe que deriva directamente de un procedimiento caducado».

legalmente previsto para ese procedimiento y los efectos que a su incumplimiento se anudan»[38].

Como decía, esta Sentencia fija una doctrina que ha sido empleada con posterioridad para la resolución del caso planteado en la STS n.º 468/2023, de 11 de abril (RJ 2023, 1947) en relación con un procedimiento de la normativa foral vasca que no tiene su correlato exacto en la LGT, aunque el TS lo asimila al del art. 128 LGT con la diferencia de su iniciación por una autoliquidación. Lo relevante de este pronunciamiento es que da la oportunidad al TS de reafirmar su doctrina en contraste con la aparente discrecionalidad que otorga el art. 103 LGT sobre la declaración de caducidad de los procedimientos en que así se prevea. Con una alusión sucinta al principio de buena administración, concluye el TS que «no le es dable a la Administración declarar o no la caducidad de los procedimientos de oficio, a su voluntad o conveniencia, sino que debe declararla en todo caso, como consecuencia del transcurso del tiempo máximo autorizado en la ley».

Señala además el TS que «puede hablarse de la existencia de una mera irregularidad no invalidante, pues al margen de la que la infracción de la norma sobre caducidad no discurre en el terreno de los vicios estrictamente procedimentales, sino que posee efectos sustantivos, es que, además, éstos vienen regulados de modo claro y terminante en la ley», en alusión al art. 104.5 LGT y al que se refiere a la hora de fijar Jurisprudencia que se expresa en los siguientes términos:

«1) La caducidad del procedimiento de gestión, susceptible de causar efectos desfavorables o de gravamen, ha de ser declarada obligatoriamente, sin que exista una pretendida facultad administrativa de no declararla.

2) Tal declaración de caducidad ha de ser expresa, conforme a lo dispuesto en el artículo 104.5 LGT, en relación con el artículo 103.2 del mismo texto legal —y sus normas concordantes del territorio de Vizcaya, en relación con el procedimiento iniciado mediante autoliquidación, según los artículos 102.4.b) y 5 NFGT de Vizcaya, concordantes con los arts. 128 a 130 LGT—.

3) No obstante, en los supuestos de caducidad —declarada— de un procedimiento de gestión tributaria anterior al inicio de otro, relativo a la misma obligación, pese a que rige el deber incondicional, no potestativo, de declarar la caducidad, ello no impide que pudieran conservar su validez y

38. Me permito remitir al lector a la exposición más detallada del problema que realiza el profesor ESERVERRI MARTÍNEZ, E: «Caducidad y nulidad radical», publicado en el blog *Taxlandia*, y que puede consultarse en https://www.politicafiscal.es/equipo/ernesto-eseverri-martinez/caducidad-y-nulidad-radical (consultado el 26.1.2023).

eficacia, a efectos probatorios, las actuaciones seguidas en otros procedimientos iniciados con posterioridad, siempre que se hubiera declarado la caducidad del primero —lo que en este caso no ha sucedido— y no hubiera vencido el plazo de prescripción».

En conclusión, si, según el TS, lo que dispone el art. 103 LGT no es una decisión discrecional de la Administración, sino que es un deber impuesto por la Ley, es evidente que estaríamos en el caso del art. 29.1 LJCA. La duda que puede surgir es si esta esta actuación interrumpe la prescripción en detrimento del obligado tributario.

###### *1.2.5.2. Caducidad e inaplicación del silencio positivo en la tasación pericial contradictoria*

Pese a que su naturaleza jurídica ha sido muy discutida, conforme a la Jurisprudencia del TS la tasación pericial contradictoria ha de considerarse entre los procedimientos de gestión tributaria que se inician a instancia del obligado tributario. Esta afirmación es una de las premisas fundamentales de la STS n.º 32/2019, de 17 de enero (RJ 2019, 261) que llevó al TS a considerar que le resultaban de aplicación los arts. 103 y 104 LGT, rechazando que el resultado de la inactividad en el plazo máximo de seis meses pudiera ser el silencio positivo. Lo trascendental de esta Sentencia es que la cuestión que debía resolver se planteó con carácter previo a la entrada en vigor de lo dispuesto por el RGIT, concretamente en su art. 162, aunque el TS, sí tuvo lo en cuenta como criterio interpretativo.

El citado art. 162 RGIT dispone: «*Terminación del procedimiento de tasación pericial contradictoria.*

*1. El procedimiento de tasación pericial contradictoria terminará de alguna de las siguientes formas: (…) e) Por caducidad en los términos previstos en el artículo 104.3 de la Ley 58/2003, de 17 de diciembre, General Tributaria*».

Las consecuencias anudadas a ello son, según el propio precepto, las dos siguientes:

Hay una consecuencia específica anudada a este modo anormal de terminación del procedimiento en el apartado 4 que dispone: «*En el supuesto previsto en el apartado 1.e) de este artículo, la liquidación que se dicte tomará el valor comprobado que hubiera servido de base a la liquidación inicial y no podrá promoverse nuevamente la tasación pericial contradictoria*».

Y, hay otra consecuencia general, a la que se refiere el apartado 5: «*Una vez terminado el procedimiento, la Administración tributaria competente notificará en el plazo de 1 mes la liquidación que corresponda a la valoración que deba tomarse como base en cada caso, así como la de los intereses de demora que correspondan.*

*El incumplimiento del plazo al que se refiere el párrafo anterior determinará que no se exijan intereses de demora desde que se produzca dicho incumplimiento.*

*Con la notificación de la liquidación se iniciará el plazo previsto en el artículo 62.2 de la Ley 58/2003, de 17 de diciembre, General Tributaria, para que el ingreso sea efectuado, así como el cómputo del plazo para interponer el recurso o reclamación económico-administrativa contra la liquidación en el caso de que dicho plazo hubiera sido suspendido por la presentación de la solicitud de tasación pericial contradictoria».*

Pues bien, con carácter previo a esta previsión reglamentaria que colma una laguna legal de tanta relevancia, la posibilidad de terminación por caducidad del procedimiento se acepta por el TS en la citada Sentencia como la solución pertinente tras analizar la naturaleza y la finalidad de la tasación pericial contradictoria. La síntesis de la doctrina del TS se contiene en una frase de su FJ 3.º: «Una vez sentado que la TPC está sujeta al plazo de seis meses previsto en el artículo 104 LGT y que no constituye un recurso en sentido estricto, debemos rechazar, sin embargo, que del incumplimiento de dicho plazo se derive la aceptación de la valoración efectuada por el perito del obligado tributario por aplicación del silencio positivo previsto en el referido precepto».

Los argumentos en los que se basa esta doctrina se contienen en el FJ 5.º y son los tres siguientes:

«1.º) El procedimiento de TPC que previsto en el artículo 134.3 LGT, tiene su origen con la solicitud por el obligado tributario a que se refiere el artículo 135.1, párrafo 3.º, LGT, puede terminar de diversos modos que se infieren de los apartados 2, 3 y 4 del citado precepto, y culmina con una nueva liquidación conforme a la valoración que se ha determinado en el procedimiento de tasación que cierra el procedimiento e impide una nueva comprobación de valor por la Administración tributaria sobre los mismos bienes o derechos.

2.º) El corolario de lo anterior, dado que de conformidad con el artículo 103.1 LGT, en un procedimiento de aplicación de los tributos, como es el caso, la Administración tiene la obligación de resolver todas las cuestiones que se planteen, y que la TPC no es un procedimiento de impugnación de actos en el sentido del artículo 104.3, párrafo 2.º, LGT, es que le resulta aplicable el plazo máximo de resolución de 6 meses del artículo 104.1 LGT.

3.º) El incumplimiento del plazo del artículo 104.1 LGT no determina, sin embargo, el silencio positivo a que se refiere el artículo 104.3 LGT, ni, en cualquier caso, que se acepte la valoración propuesta por el perito del obligado tributario, porque el cometido de la solicitud de TPC no es el de que prevalezca o se confirme la valoración del perito del obligado tributario, por más que pueda ser el resultado de la misma, sino, como se deduce del artículo 135.1 LGT y viene diciendo esta Sala, el de "corregir", "discutir" o "combatir" la tasación del perito de la Administración[39]».

### 1.2.5.3. *La inoperancia de la caducidad y el silencio administrativo en el procedimiento de inspección tributaria*

Son diversas las cuestiones que se han suscitado en torno a la inactividad en relación con el procedimiento de inspección tributaria. En mi opinión, cabría citar las siguientes:

1.ª) La inoperancia del silencio en este procedimiento tiene que ver con dos cuestiones. La primera es que, a la vista de su naturaleza jurídica, la solución por la que se ha abogado por la doctrina frente a la inactividad por el transcurso del plazo máximo de resolución es la caducidad y no el silencio. Así lo propiciaba la LRJPAC cuando ni siquiera existía una previsión normativa en materia tributaria que impusiera un plazo máximo de resolución.

La segunda es que el único supuesto que pudiera hacer pensar en la vigencia del silencio en más bien de notificación tácita que de actos presuntos. Es el caso de las actas de conformidad recogido en el art. 156.3 LGT. Y su parangón en los procedimientos sancionadores que deriven de uno de inspección que prevé el art. 211.1, 2.º párrafo LGT y desarrolla el art. 25.7 RST, en el que se presta conformidad a la propuesta de resolución sancio-

39. Conforme a su propia Jurisprudencia, el TS ha definido la TPC como «un medio de prueba que puede resultar idóneo para desvirtuar el valor asignado a los inmuebles en la prueba pericial de la Administración»; en la sentencia 1361/2017, de 6 de abril de 2017 (RC 1183/2016) hemos dicho que el interesado podrá promover la TPC «para corregir el valor» comprobado por la Administración tributaría (FJ 3.º); en la sentencia 4511/2016, de 13 de octubre de 2016 (RCA 1408/2015) hemos señalado que la TPC «en la vigente Ley General Tributaria es un instrumento puesto en manos del contribuyente para discutir el resultado de la comprobación de valores (artículo 57.2)» (FJ 9.º); lo mismo hemos declarado en las sentencias 842/2018 y 843/2018, ambas de 23 de mayo de 2018 (y en las varias que han reiterado su doctrina), así como que el objeto de la TPC sería «el de contraponer una valoración singular previa mediante un informe contradictorio» (FJ 4.º); y en la sentencia 829/2018, de 22 de mayo de 2018 (RCA 38/2017), en fin, hemos calificado a la TPC como un instrumento para combatir «la comprobación de valores que haya servido de base a una liquidación tributaria (FJ 6.º)».

nadora. En el primero, el transcurso del plazo de un mes desde la firma del acta sin que haya pronunciamiento expreso del órgano competente en alguno de los sentidos que recoge el propio precepto, supone que «se entenderá *producida y notificada* la liquidación tributaria conforme a la propuesta formulada en el acta». En el segundo, «se entenderá *dictada y notificada* la resolución» sancionadora «de acuerdo con» la propuesta a la que se prestó conformidad. Además, este precepto reglamentario prevé en su párrafo segundo otro supuesto más de notificación tácita cuando se produzca una rectificación de la propuesta sancionadora. Supuesto que ha sido objeto de interpretación recientemente por la STS n.º 1580/2023, de 27 de noviembre, (JUR 2023, 447788) en relación con los efectos de la inactividad administrativa consistente en no ofrecer el trámite de alegaciones frente a la rectificación de la propuesta sancionadora que, en el caso concreto, fue debida a la modificación de la regularización de la deuda tributaria en el procedimiento de inspección del que aquélla traía causa.

2.ª) Los problemas en relación con la inactividad en el procedimiento de inspección no sólo se refieren al deber de resolver en plazo y la ausencia de previsión legal que le anude la caducidad.

Por una parte, se plantean controversias en relación con el deber de incoación, y son de dos tipos: la primera, que ya he tratado en un epígrafe anterior, tiene que ver con la apertura del procedimiento de inspección cuando proviene de otro de gestión, concretamente, el procedimiento iniciado mediante declaración del art. 128 LGT, cuando éste ha caducado pero no ha habido declaración formal de esta circunstancia; la segunda, es la que se refiere a la ampliación del objeto del procedimiento a petición del obligado tributario del art. 149 LGT, que, a mi modo de ver, es un supuesto de inactividad material y como tal trataré más adelante.

Por otra parte, hasta la reforma de la Ley 34/2015, de 21 de septiembre, en la LGT/2003 y aun antes, se contemplaba un supuesto de inactividad por paralización de actuaciones durante más de seis meses que provocó una enorme litigiosidad. Supuesto que, por *mor* por de aquella reforma, desapareció, quedando sólo la cuestión de las consecuencias del incumplimiento del pazo máximo de resolución[40].

3.ª) Como ya vimos con anterioridad, la inaplicación del instituto de la caducidad como consecuencia de la paralización, —en puridad la inactividad de la Administración tributaria— de los procedimientos de «gestión» tributaria había sido respaldada por el TS en bien del «procomún», en la

40. Véase MATA SIERRA, M. T.ª: *op. cit.*, pp. 160 a 163, y p. 213.

STS de 30 de junio de 2004 (rec. 39/2003; [RJ 2004, 6004])[41]. Esta doctrina se mantuvo tras la entrada en vigor de la escueta referencia del art. 29 LDGC a los efectos del incumplimiento del plazo máximo de resolución, que, aludiendo únicamente a la ineficacia sobrevenida de la causa de interrupción de la prescripción que supuso el inicio del procedimiento de inspección, podría inducir a considerar que dicho incumplimiento acarreaba la caducidad de la instancia. Porque el efecto aludido es propio de ella (art. 92.3 LRJPAC) y porque omite cualquier referencia a la continuidad de las actuaciones. Dicho silencio admitía una Doble interpretación: la primera permitía entenderlo como obstativo de la continuidad del procedimiento estableciéndose así la caducidad; posibilidad por la que abogaba el contundente argumento del art. 44.2 LRJPAC y se justificaría en la naturaleza de las potestades a ejercer en dicho procedimiento. De modo que el tratamiento conjunto del incumplimiento del plazo y las interrupciones injustificadas no impediría considerar que se trataba de supuestos distintos que comparten un efecto común: el primero porque es un caso de caducidad del procedimiento y el segundo porque tan sólo supone la caducidad del plazo.

La segunda interpretación posible llevaba a sus últimas consecuencias el tratamiento conjunto de las dos situaciones operado por el art. 29.3 LDGC, negando que cualquiera de ellas acarree la caducidad del procedimiento. Ésta fue la opción acogida por el RD 136/2000, de 4 de febrero, que dio nueva redacción al art. 31 *quater* del RGIT entonces vigente, y que «imponía» en su primer párrafo la continuidad de las actuaciones pese al incumplimiento del plazo, que únicamente supondrá que no se considerará interrumpida la prescripción «como consecuencia de las actuaciones realizadas hasta la interrupción injustificada». Desafortunada redacción que literalmente interpretada permitiría entender que sí lo harán las actuaciones posteriores que obligatoriamente, como digo, se imponían. Lo anterior conllevaría un efecto pernicioso que tiene lugar en la esfera del administrado como consecuencia precisamente de una inactividad antijurídica de la Administración. A pesar de la consecuencia prevista más adelante por el mismo precepto de ingresos espontáneos que enervan la imposibilidad de imponer sanciones por el inicial incumplimiento.

La dudosa legalidad del precepto reglamentario al interpretar el silencio de la LDGC, —cuyo único sustento legal se hallaría en el viejo art. 105.2 LGT—, derivaba esencialmente de la idoneidad de estos procedimientos para la aplicación del instituto de la caducidad, porque no cabe negar que principalmente es en ellos donde la Administración ejercita algunas de las

41. La evolución de toda esta cuestión puede verse en la detallada exposición de la STS de 23 de junio de 2010 (rec. cas. unificación de doctrina n.º 320/2005; [RJ 2010, 5859]).

«potestades de intervención» a que se refería entonces el art. 44.2 LRJPAC y son, por eso mismo, y con independencia de su resultado concreto, susceptibles de producir efectos desfavorables o de gravamen para los administrados. Circunstancias que determinan que la inactividad de la Administración debe corresponderse en estos casos con un efecto favorable para ellos. De lo contrario, ¿qué principio constitucional desplaza en la materia tributaria la garantía de seguridad jurídica que conlleva la previsión del derogado art. 44.2 LRJPAC y del vigente art. 25 LPACAP para los procedimientos «generales» en que se ejercitan estas potestades de injerencia? ¿Acaso no cuenta la Administración con instrumentos suficientes como la extensión del plazo? A la vista de ellas ¿por qué no sancionar la inactividad antijurídica de la Administración?

Sin embargo, como sostuvo la STS de 27 de febrero de 2008 (rec. n.º 4314/2002; [RJ 2008, 3711]), ni la LDGC ni el RD 136/2000 dieron el paso de reconocer la caducidad en los dos supuestos de inactividad que entonces se establecieron. Y, como también recuerda la STS de 23 de junio de 2010 (rec. cas. Unificación de doctrina n.º 320/2005; [RJ 2010, 5859]) la reforma posterior de la LRJPAC por Ley 4/1999, no hizo sino contribuir en la reafirmación de la ajenidad de la materia tributaria, pues, como señala el TS, introdujo precisamente la cuestión de los plazos y los efectos de su incumplimiento como materias expresamente excluidas de la normativa común[42] que, además, no se olvide, pasó a ser de aplicación supletoria, no subsidiaria como hasta entonces.

El problema estriba, entonces, en la situación de pendencia en que queda el obligado tributario y en saber si éste cuenta con algún instrumento que le permita hacer frente a esa inactividad en defensa de sus derechos. En cualquier caso, creo que su posición puede y debe quedar garantizada solicitando de la Administración que se pronuncie expresamente sobre los efectos derivados de la inactividad que hoy día prevé el art. 150.6 LGT,

42. El texto original del apartado 1 de la Disp. ad. 5.ª 1 LRJPAC decía: «*Los procedimientos administrativos en materia tributaria y, en particular, los procedimientos de gestión, liquidación, comprobación, investigación y recaudación de los diferentes tributos se regirán por su normativa específica y, subsidiariamente, por las disposiciones de esta Ley*».
Tras la reforma por la Ley 4/1999, de 13 de enero, quedó redactado con el siguiente tenor: «1. *Los procedimientos tributarios y la aplicación de los tributos se regirán por la Ley General Tributaria, por la normativa sobre derechos y garantías de los contribuyentes, por las Leyes propias de los tributos y las demás normas dictadas en su desarrollo y aplicación. En defecto de norma tributaria aplicable, regirán supletoriamente las disposiciones de la presente Ley.*
*En todo caso, en los procedimientos tributarios, los plazos máximos para dictar resoluciones, los efectos de su incumplimiento, así como, en su caso, los efectos de la falta de resolución serán los previstos en la normativa tributaria*».

limitado, como ya he dicho, al incumplimiento del plazo máximo de resolución. De modo que, sea cual sea la actitud que adopte la Administración, respondiendo expresamente o callando al requerimiento, éste tendrá expedita la vía del art. 25.1 LJCA para pretender el cese de la situación de pendencia del procedimiento que acarrea los efectos interruptivos de la prescripción.

#### 1.2.6. La inactividad en las devoluciones de ingresos de los arts. 31 y 32 LGT

Si hay un aspecto de la relación jurídica tributaria del art. 17 LGT en el que la inactividad administrativa se torna fundamental para los obligados tributarios éste es, sin duda, el que se refiere a las devoluciones tributarias del art. 31 LGT y de ingresos indebidos del art. 32 LGT, para cuyo cumplimiento el papel que puede desempeñar el art. 29 LJCA se antoja esencial. Y es, por tanto, una cuestión que ha sido objeto de pronunciamientos jurisprudenciales en los que, en ocasiones, y por un prurito dogmático que no se entiende bien, se llega a confundir estas obligaciones «de contenido económico» de la Administración tributaria (art. 30.1 LGT) con los procedimientos y las acciones a través de los que se han de materializar. En este sentido, veremos que las vías legales son distintas y en su regulación no siempre aparecen previsiones expresas sobre la inactividad administrativa.

Desde la perspectiva del art. 29 LJCA, la anterior circunstancia influye a la hora de determinar la posible aplicación de una u otra de las dos acciones que contiene. Sin embargo, el primer problema que cabe abordar es si estas obligaciones de la Administración tributaria, y los correlativos derechos de los obligados, reconocidos por el art. 34.1, b) LGT, tienen cabida en el ámbito de dicho precepto. Cuestión que se ha planteado especialmente en relación con el concepto de «prestación» de la acción del art. 29.1 LJCA. Y, precisamente en relación con la materia tributaria`, el TS se ha decantado por acoger una interpretación no estricta de entre las dos posibles que plantea el precepto. Así, la STS de 26 de marzo de 2012 (rec. 1408/2009; [RJ 2012, 5526]), a la que se refiere la más reciente STS n.º 275/2022, de 4 de marzo (RJ 2022, 1525) sostiene que «Caben dos exégesis, una estricta, que entienda únicamente como tal las actividades de índole material, propia de algunos servicios públicos, y otra más amplia, comprensiva de cualquier obligación de la Administración agotadoramente definida en la ley». La primera interpretación estaría respaldada por los trabajos parlamentarios, y la segunda que tendría su aval en la propia EM de la LJCA. Acogiéndose a esta, dice el TS: «(...) esta Sala se decanta por el mantenimiento de una interpretación amplia, pues, aun reconociendo que las tesis estrictas no carecen de cierto fundamento, pueden conducir a un callejón sin salida, vaciando de contenido el precepto y eliminando su efecto útil en cuanto alude a las disposiciones generales, pues resulta difícil de imaginar una actividad material, prestacional o de fomento, definida con carácter agotador en una norma de tal índole, que no necesite de actos de aplicación por imponerse directamente desde la misma a la Administración una prestación concreta a favor de una o varias personas determinadas[43]». Con arreglo a ello y atendidos los dos requisitos de la acción, analizados anteriormente, el TS concluye en la viabilidad de esta acción del art. 29.1 LJCA en un caso en que se traba de la inactividad de la Administración en relación con los sujetos pasivos de IVA que no puedan realizar las deducciones pertinentes por ser superior su cuantía a la de las cuotas devengadas, a los efectos de solicitar la devolución del saldo a su favor. La existencia de la prestación concreta que requiere el art. 29.1 LJCA la extrae el TS del art. 115 de la LIVA en cuya virtud la Administración tributaria queda obliga a realizarla sin necesidad de acto de aplicación alguno. Y es que la Ley prevé que tras la solicitud del obligado —aunque sea extemporánea, como sucedió en el caso de autos— la Administración ha de actuar, practicando una liquidación tributaria, y lo ha de hacer en un plazo determinado, el legal de seis meses. De modo que la inactividad, como había acontecido en este supuesto, supone, según la propia LIVA, la obligación de devolver de oficio, sin perjuicio de la práctica de una ulterior liquidación.

La conclusión del TS, es que «parece evidente que la Ley configura de forma agotadora una obligación de la Administración, una prestación de contenido concreto que no necesita de actos de aplicación. En efecto, pedida la devolución y transcurrido el plazo para realizar la liquidación provisional, el legislador ha querido que la Administración devuelva de oficio el importe total solicitado. Desde luego, resulta de todo punto rechazable la tesis de que ese acto de aplicación sería la decisión de devolver, porque, con

43. Con carácter general, anteriormente el TS aun sin hacer alusión a la existencia de estas dos posibles interpretaciones reconoce, en el FJ 3.º de la STS n.º 187/2019, de 18 de febrero, que esta acción no es adecuada para cualquier incumplimiento administrativo, sino que se limita a determinadas prestaciones «sobre cuya existencia no se debate, derivadas de una disposición general (siempre que no precise de actos de aplicación) o de un contrato o convenio, pretendiendo, en consecuencia, el cumplimiento de obligaciones o prestaciones que ya han sido previamente establecidas». Sin embargo, también ha matizado admitiendo que «el alcance del término "prestación concreta", utilizado en el artículo 29.1 de la Ley de la Jurisdicción, admite prestaciones materiales o jurídicas (STS de 20 de junio de 2005, rec. 3000/2003) e incluso los supuestos de una inactividad reglamentaria debida (STS de 5 de abril de 2018, rec. 4267/2016)» que ya he tratado en otro epígrafe. «Y no existe inconveniente en entender que se comprenden tanto obligaciones de dar como de hacer, pero el presupuesto de la acción prevista en el artículo 29.1 de la LJCA, es que la Administración esté incumpliendo una concreta prestación a la que esté obligada "en virtud de un acto, contrato o convenio administrativo"».

tal planteamiento, se vaciaría de contenido el artículo 29.1 de la Ley 29/1998, ya que, precisamente, la no adopción de esa decisión constituye la inactividad contra la que se pretende recurrir.

Ahora bien (...) este cauce de acceso a la jurisdicción contencioso-administrativa exige algo más, pues pide a los interesados que reclamen de la Administración el cumplimiento de la obligación, exigencia que conlleva, a su vez, un doble requerimiento, en primer lugar que la reclamación se produzca y en segundo término que la Administración esté en disposición de cumplir».

La trascendencia de esta doctrina radica en que resulta extensiva a otros impuestos cuya normativa es idéntica a la del IVA que aquí se discutía. Es el caso del IRPF conforme al art. 103 LIRPF, y el del art. 127 LIS por lo que respecta al Impuesto sobre Sociedades. En ellos, el procedimiento de devolución será el previsto por los arts. 124 a 127 LGT, por expreso mandato legal, y con aplicación, lógicamente, de los preceptos reglamentarios que los desarrollan (arts. 123 a 125 RGIT).

No obstante, cabe matizar, tomando como referencia el IRPF, que el sistema legal se basa en la presentación de la declaración-liquidación y actúa como solicitud de devolución del contribuyente para que la Administración, practique o no liquidación provisional previamente, deba efectuar la devolución en el plazo de seis meses. El problema estriba en el papel de esa liquidación provisional, pues las normas generales, contenidas en el RGIT, no contemplan esta posibilidad, sino que limitan la decisión de la Administración «al reconocimiento de la devolución solicitada» (art. 124.2 RGIT), y, en caso de discrepancia, al cierre de este procedimiento por la apertura de otros donde sí se puede dictar una liquidación provisional.

Así pues, la combinación de lo dispuesto por las normas específicas, por ejemplo, el art. 103 LIRPF en sus apartados 1 y 2, evidencia, por un lado, que la declaración del derecho a la devolución es una actividad debida distinta de la de ordenar el pago. Y por otro, que el papel de la liquidación provisional se desvincula de ambas, ya que la inactividad u omisión en practicarla no exime de la obligación de ordenar y lógicamente proceder al pago de la devolución «de oficio». Es decir, que basta la presentación de la autoliquidación para que dicha obligación sea efectiva, salvo que antes se decida expresamente lo contrario.

En definitiva, la obligación de devolución de oficio desconectada de la de realizar liquidación provisional significa que aquélla tiene su origen en la Ley, hallándose sometida únicamente al requisito de solicitud por el particular practicada junto a la obligación principal de declarar, —que confluyen en la autoliquidación tributaria— efectuándose en ella la concreción del importe a devolver. La obligación de devolver se legitima en este caso por un acto del particular, sin que deba ser previamente comprobada por la Administración para llevarla a cabo[44]. Supuesto que, entiendo, conforma el presupuesto de hecho del art. 29.1 LJCA.

En cambio, practicada la liquidación provisional en el plazo establecido y concretado en ella el importe de la devolución, o bien omitida aquélla, pero ordenado el pago, la inactividad consistente en la materialización de éste sitúa al contribuyente en la posibilidad de instar la acción de ejecución del art. 29.2 LJCA.

El supuesto del IRNR, que adolece de una previsión expresa similar en su ley reguladora, —aunque sí cuenta con la remisión del art. 3 TRLIRNR y una previsión reglamentaria en el art. 6 del RIRNR (Real Decreto 1776/2004, de 30 de julio)—, es objeto de la STS n.º 275/2022, de 4 de marzo (RJ 2022, 1525) (FJ 7.º) que aplica la doctrina anterior que acabamos de ver. El problema estriba en que en el caso concreto se debatía si se trataba de una devolución tributaria del art. 31 LGT, tesis que defendía el recurrente y es respaldada por el TS, de tal manera que la inactividad se debía encauzar por la vía del art. 29.1 LJCA. O si se trataba de un supuesto de ingreso indebido del art. 32 LGT, como proponía la Abogacía del Estado, que, además, defendía que se trataba de un supuesto en el que la inactividad llevaba anudado el silencio negativo, quedando excluida, por ende, la vía del art. 29.1 LJCA.

El problema concreto que se debatía en este caso tenía que ver con lo establecido por la Disp. Ad. 5.ª del TRLIRNR, sobre el «Gravamen especial sobre los premios de determinadas loterías y apuestas» que había sido satisfecho por un residente en Francia, es decir, que en el caso entraba en juego lo dispuesto por el Convenio para evitar la doble imposición suscrito entre Francia y España.

El recurso de casación se interpuso contra una sentencia de la AN que inadmitió el recurso contencioso-administrativo planteado por la vía del art. 29.1 LJCA ya que lo que se recurría era una inactividad administrativa relacionada con la devolución de las retenciones practicadas por el concepto tributario indicado, pese a las diversas solicitudes planteadas por el obligado tributario. Este había presentado una autoliquidación con resultado a devolver y, transcurridos seis meses sin que ésta se hubiera practicado,

44. Así, en relación con la normativa anterior de IRPF, sostenía GARCÍA NOVOA, C.: *El silencio ..., op. cit.*, pp. 115 y 116, que no cabía considerarla como una liquidación provisional «presunta».

procede a requerirle a la Administración tributaria que le contesta justificando esta inactividad en la necesidad de que aportara una información necesaria para llevar a cabo la devolución. Algo que el recurrente realiza no una sino dos veces. Y al no obtener respuesta es cuando interpone el recurso contencioso-administrativo contra la inactividad por el cauce del art. 29.1 LJCA.

La inadmisión del recurso en la AN se debe a que literalmente: «No estamos ante un supuesto de inactividad, sino ante un acto presunto por silencio administrativo». Afirmación que, dicho con todos los respetos, no se sostiene jurídicamente porque desconoce la relación de género y especie entre la inactividad y el silencio. Y lo relevante es que el problema conceptual se transmite al razonamiento del TS, como enseguida explicaré.

Lo decisivo en la instancia, en cualquier caso, es que el supuesto se aborda por la AN conforme al art. 31 LGT y «ante la falta de previsión de la norma», en alusión al art. 16 RIRNR «el silencio debe entenderse negativo (por ser la norma general en materia tributaria)», y dicha denegación debió se impugnada en la vía económico-administrativa conforme al art. 235 LGT.

Lo primero que se plantea el TS es la naturaleza de la devolución cuestionada, pero repárese en los términos en que se formula, pues dice el FJ 4 de la Sentencia: «A los efectos de resolver el recurso es clave, en primer lugar, determinar si estamos ante una solicitud de devolución, derivada de la normativa del tributo, o ante una devolución de ingresos indebidos.

Este es el primer paso para poder determinar si la falta de respuesta de la Administración comporta, en las circunstancias del caso, el *silencio positivo y, por tanto, una inactividad administrativa susceptible de impugnación por la vía del art. 29. 1 LJCA*[45]; o, por el contrario, para considerar el silencio como negativo, en línea con la decisión de instancia, para la que debería haberse seguido la reclamación económico-administrativa contra la desestimación presunta de la devolución.

Anticipamos ya que nos encontramos, como mantiene el recurrente, ante un supuesto de devolución derivado de la normativa del tributo».

Como se ve en la parte que he destacado en cursiva, el TS afirma que podría tratarse de un caso de silencio positivo, en contra de lo que sostiene la AN, y que, en esa hipótesis, la vía adecuada podría ser la del art. 29.1 LJCA. Afirmación que no es extraña si se considera que en su FJ 7 la Sentencia dice que, según la EM de la LJCA «la inactividad tan solo opera donde

45. La cursiva es mía.

no juega el mecanismo del silencio administrativo». Es obvio, sin embargo, que se trata de una cita incompleta e inexacta del apartado V de la citada EM en la que no se confunde el género (inactividad) con la especie (silencio), y donde realmente se habla de la novedad que suponía este «recurso contra la inactividad» que se dirige a obtener de la Administración, mediante una sentencia de condena, «una prestación material debida o la adopción de un acto expreso en procedimientos iniciados de oficio, allí donde no juega el mecanismo del silencio». En suma, que frente a lo que sostiene el TS y como ya he reiterado a lo largo del trabajo, cuando frente a la inactividad se prevé legalmente el silencio, la vía procesal adecuada no es la del art. 29 LJCA, sino la del recurso ordinario del art. 25 LJCA. Sin perjuicio de que esta sea una solución criticable, como también he tenido ocasión de exponer.

El problema en el caso concreto es saber si esa devolución que tenía su origen en una retención practicada sobre el premio obtenido por el sujeto es un ingreso originariamente indebido o lo fue «sobrevenido», en la terminología que emplea la STS n.º 106/2021, de 28 de enero (RJ 2021, 614) y que reproduce la STS n.º 299/2021, de 4 de marzo (RJ 2021, 1158). La cuestión, en suma, una vez leída la norma que prevé la retención que da origen al ingreso cuya devolución se solicita, es si dicha retención fue debida, condición que se transmitiría al ingreso, que sería así debido en un principio e indebido «sobrevenidamente». La conclusión del TS de que estamos ante un caso del art. 31 LGT es que, si bien la retención fue debida, la devolución se origina por la exención que establece el Convenio para evitar la doble imposición aplicable.

Para la mejor comprensión del supuesto de hecho, creo conveniente tener en cuenta el texto del precepto sobre el que se dirime la controversia. El art. 16 RIRNR dispone:

*Artículo 16. Devoluciones.*

*1. Cuando se haya soportado una retención o ingreso a cuenta superior a la cuota del Impuesto, se podrá solicitar a la Administración tributaria la devolución del exceso sobre la citada cuota.*

*A tal efecto, se practicará la autoliquidación del Impuesto en el modelo que determine el Ministro de Economía y Hacienda.*

*2. Conforme a lo previsto en el artículo 3 de la Ley del Impuesto, la Administración tributaria efectuará estas devoluciones en los términos establecidos en el artículo 105 del Texto Refundido de la Ley del Impuesto sobre la Renta de las Personas Físicas.*

*3. Además de los contribuyentes, podrán presentar declaraciones con solicitud de devolución los responsables solidarios y los sujetos obligados a retener.*

*4. Cuando se hubieran ingresado en el Tesoro cantidades, o soportado retenciones a cuenta, en cuantías superiores a las que se deriven de la aplicación de un convenio de doble imposición, se podrá solicitar dicha aplicación y la devolución consiguiente, dentro del plazo de cuatro años, contado desde la fecha del ingreso o del término del período de declaración e ingreso de la retención.*

*El Ministro de Economía y Hacienda, en el supuesto de falta de reciprocidad, podrá establecer un plazo distinto.*

Las discrepancias surgen porque el Abogado del Estado considera que en dicho precepto cabe ver una doble clasificación. Por un lado, los apartados 1 a 3 recogerían devoluciones del art. 31 LGT y, por otro, el apartado 4 contemplaría un caso del art. 32 LGT y es en el que se insertaría el supuesto debatido. Frente a ello, el TS entiende que este apartado es una mera especificación de lo dispuesto en los anteriores y que, en definitiva, el caso se «contextualiza» en lo dispuesto por el art. 103 LIRPF y los arts. 124 a 127 LGT, y, en suma, en el art. 31 LGT. De lo dispuesto en todos ellos concluye el TS que: «Es evidente que el trascurso del plazo de los seis meses *sin ordenar el pago* de la devolución genera intereses de demora. Cabe preguntarse si no hay más consecuencias[46]. El artículo 31 LGT no anuda de forma explícita ninguna otra. Ahora bien, ello no significa que no existan pues, defender lo contrario, carecería de sentido, teniendo en consideración que la devolución es un procedimiento especifico y que la Administración está obligada a dar una respuesta a las peticiones que se le dirijan, lo que nos debe conducir a analizar el efecto de la ausencia de respuesta administrativa en el procedimiento de devolución derivado de la normativa de cada tributo, cuestión que trataremos a continuación». Como se ve en este texto, y he avanzado al comienzo, se confunde la obligación material de devolución con el procedimiento. En otras palabras, el art. 31 LGT se refiere a la primera, pero no al procedimiento que se ha de seguir, aunque es evidente la necesidad y conexión entre ambas realidades, material una y procedimental la otra. La confusión a la que aludo se reitera más adelante al hilo de la circunstancia de que en este caso concreto no era necesaria la autoliquidación que en su día presentó el obligado, pues dice el TS: «(...) el recurrente presentó autoliquidación por lo que, con independencia de que existieran o la obligación de presentarla, el articulo 125 LGT obliga a tener en consideración el procedimiento (*sic*) del artículo 31 LGT».

46. La cursiva es mía.

En cualquier caso, lo verdaderamente relevante del caso es que, una vez ha ubicado la cuestión en el seno del procedimiento de los arts. 125 a 127 LGT este último es el que prevé las formas de terminación del mismo, entre las que no está el silencio positivo, aunque sí la caducidad. Opción que el TS descarta porque no se ha alegado y porque sólo se debe a la inactividad imputable al obligado, así hay que interpretar, dice, la remisión al art. 104.3 LGT del art. 127 LGT.

Pues bien, la solución del TS que afirma que se trata de un supuesto de silencio positivo plantea varios problemas, uno de ellos de *overruling*. El TS es consciente de ello y sale al paso, pero solo en relación con el caso de la tasación pericial contradictoria que ya he analizado. La eventual contradicción quedaría salvada, a juicio del TS, por el distinto objetivo de los procedimientos ya que en el «procedimiento de devolución debería resolverse con un "si" o un "no", supuesto este último que podría darse, cuando la Administración entienda necesario acudir al correspondiente procedimiento de verificación de datos, de comprobación limitada o de inspección, cosa que, reiteramos una vez más, aquí no ha acontecido». Sin entrar a debatir esta afirmación, lo cierto es que hay, a mi parecer, otro supuesto en el que sí se puede observar un cambio de doctrina. Me refiero al precedente de la STS de 26 de marzo de 2012 (RJ 2012, 5526), analizada al comienzo del epígrafe. La razón es sencilla, pues, aunque el caso debatido en la STS n.º 275/2022 (RJ 2022, 1525) se refiere un supuesto de hecho peculiar, el TS lo reconduce al art. 103 LIRPF y este, como ya he indicado, es una norma similar, si no idéntica a la del art. 115 LIVA. Es decir, que la solución estaba en el art. 29.1 LJCA, sin que se apreciara silencio administrativo, y menos aún, cabe añadir, que éste fuera positivo.

En mi opinión, del contraste entre ambos casos se desprenden ciertos problemas conceptuales que, entiendo, la Sentencia del año 2012 resuelve de manera adecuada, pese a la dificultad que en el fondo se plantea. Porque asume correctamente y como premisa de partida el criterio del legislador que no es otro que la exclusión de la acción del art. 29 LJCA cuando hay previsión legal sobre el silencio. Y porque aprecia que lo que establecen estas normas es un caso claro de prestación material que conforma el presupuesto de hecho de la susodicha acción del art. 29.1 LJCA.

Frente a ello, y con base en las mismas normas, la STS n.º 275/2022 (RJ 2022, 1525) incurre en tres errores insalvables, a mi modo de ver. El primero, es que fuerza los términos de las normas aplicables de tal manera que incluso «crea» un supuesto de silencio administrativo. El segundo, que esto supone forzar también lo dispuesto por la LJCA, ya que desconoce la incompatibilidad o exclusión del silencio con las acciones del art. 29 LJCA.

Por último, porque si se trata de un caso de silencio positivo, estamos ante un acto «presunto» que simplemente debiera ser ejecutado, y esto dejaría al supuesto al margen del art. 29.1 LJCA y lo llevaría al del art. 29.2 LJCA en cuanto el acto fuera firme.

Es cierto, no obstante, que el riesgo que comporta esta interpretación jurisprudencial queda atemperado si se considera que la doctrina contenida en la Sentencia debe, en puridad, quedar circunscrita al caso debatido, y así lo ha reiterado en numerosas ocasiones el TS. A pesar de ello, cabría esperar del TS una mayor coherencia cuando se trata de emplear los mismos argumentos jurídicos.

#### 1.2.7. El deber de la Administración tributaria de iniciar de oficio procedimientos especiales de revisión como consecuencia de una declaración de inconstitucionalidad o de contravención del Derecho de la Unión Europea

Esta es una de las cuestiones que más polémica ha suscitado en torno al concepto de ingresos indebidos y su delimitación respecto de las devoluciones tributarias. La cuestión la traigo a colación en este lugar al hilo de esa referencia que alude al carácter indebido «sobrevenido» de los ingresos como criterio de distinción entre los arts. 31 y 32 LGT. La STS n.º 275/2022 (RJ 2022, 1525) que he analizado en las líneas anteriores se remitía a ese criterio acudiendo a la STS n.º 299/2021, de 4 de marzo (RJ 2021, 1158), que, como también he señalado, reproducía literalmente la anterior STS n.º 106/2021, de 28 de enero (RJ 2021, 614). El supuesto de hecho de ambas es similar, desde la perspectiva material, pues las devoluciones se referían a la inaplicación por los obligados tributarios de la deducción por doble imposición intersocietaria, prevista en los arts. 30 y 45 del derogado TRLIS que impedían la aplicación de dicho beneficio ni en el cálculo de los pagos fraccionados ni a la presentación de la autoliquidación. El problema en ninguna de las dos sentencias tiene que ver con la inactividad de la Administración, y al final se refiere al devengo de los intereses de demora, pero son relevantes, como digo, por ese concepto de «ingresos indebidos sobrevenidos» encuadrables en el art. 32 LGT que es premisa previa para resolver la cuestión sobre los intereses. En la primera, el origen sobrevenido del ingreso deriva de un acta con acuerdo en que la Administración reconoce la procedencia de la deducción para otros ejercicios y, a continuación, el obligado solicita la rectificación de la autoliquidación de otro posterior. En este caso, el carácter sobrevenido del ingreso es consecuencia de la interpretación administrativa contenida en aquella acta. En la segunda, aunque la cuestión material es la misma, hay una diferencia procedimental y es que la propia Administración tributaria, de oficio, acuerda la devolución de los ingresos, pero los considera, como en el caso anterior, un caso de devolución del art. 31 LGT. Estos pronunciamientos reflejan perfectamente una de las circunstancias más relevantes que permitirían el juego del art. 29 LJCA en relación con las devoluciones, según sean de uno u otro tipo y que la STS n.º 275/2022, analizada en el epígrafe anterior, no tiene en consideración. Me refiero a su diferente régimen jurídico, pues su encuadre en el art. 31 LGT supone que procedimentalmente se articule como un procedimiento de gestión del Título III de la LGT y el RGIT; mientras que su adscripción como un supuesto del art. 32 LGT sitúa la cuestión en el ámbito de la revisión, del Título V de la LGT y el RR (RD 520/2005, de 13 de mayo), algo que, desde luego, va más allá del *dies a quo* de los intereses de demora devengados.

Las SSTS n.º 935/2018, de 5 de junio (RJ 2018, 3252) y la posterior STS n.º 1720/2018, de 5 de diciembre (RJ 2018, 5513) que la reproduce, recogen la vieja doctrina del TS sobre la distinción entre ambos tipos de ingresos y el diferente régimen jurídico que han de seguir, en relación con un caso en que los ingresos devienen indebidos por ser contrarios al Derecho de la UE. En esta doctrina clásica se considera que los ingresos indebidos, encuadrables materialmente en el art. 32 LGT, lo son originariamente, y desde el punto de vista procedimental se les aplica el art. 221 LGT. En tanto que, dice la STS n.º 935/2018 (RJ 2018, 3252), «la figura del art. 31 LGT está reservada para aquellos supuestos en que el derecho a la devolución se pone de manifiesto de forma *sobrevenida*[47], en un momento posterior al del pago o retención, de acuerdo con lo previsto en la normativa específica de cada tributo». Resulta claro, así, que la calificación como ingresos indebidos sobrevenidos ha te tomarse con indudable cautela y ello no hace sino añadir una dificultad más a la ya de por si difícil tarea de distinción de supuestos que ha quedado evidenciada con los ejemplos seleccionados en estas páginas.

La distinción apuntada no puede hacernos olvidar que la LGT sistematizó las acciones que anteriormente se habían regulado en normas reglamentarias y que, dentro de los propios ingresos indebidos, diferenciaba en su función de su origen las vías por las que podrían ser satisfechos. Así, en los casos del art. 221.1 LGT hay que distinguir entre un procedimiento declarativo, regulado por los arts. 15.1, a) y 17 a 19 del RR y otro ejecutivo, posterior, al que aluden los arts. 221.2 LGT y el 20 RR que es común sea cual sea el procedimiento por el que se hubiera reconocido el derecho a la devolución.

Además, cuando se trata de ingresos indebidos que derivan de autoliquidaciones tributarias, el reconocimiento del derecho a la devolución ha

47. La cursiva es mía.

perdido la naturaleza revisora con la que se concibió en sus inicios el procedimiento de rectificación de autoliquidaciones. Procedimiento concebido legalmente como de aplicación de tributos por el art. 120.3 LGT y regulado en normas reglamentarias, los arts. 126 a 129 RGIT. Y cuyo ámbito de aplicación va a quedar seriamente cercenado cuando se lleve a cabo el desarrollo reglamentario de las llamadas autoliquidaciones rectificativas introducidas por la Ley 13/2023, de 24 de mayo[48].

El caso de los ingresos indebidos derivados de una declaración inconstitucionalidad por el TC o de la contravención del Derecho de la UE por el TJUE, como se sabe, ha planteado numerosísimas polémicas en cuanto no se hallan contemplados expresamente en la normativa tributaria. Ello sitúa a los afectados ante un panorama incierto sobre cuál es la acción más adecuada para lograr la devolución, en los casos en que fuera posible, claro está. Porque esta circunstancia puede llegar a agravarse considerablemente como ha evidenciado la doctrina del TC en relación con la inconstitucionalidad de las normas sobre el cálculo de la base imponible del IIVTNU que ha aplicado la llamada doctrina «prospectiva» de un modo ciertamente restrictivo, situando el límite para la revisión en la fecha de la sentencia de inconstitucionalidad y no en la de su publicación en el BOE (STC 182/2021, de 26 de octubre [RTC 2021, 182] y STC 132/2022, de 25 de octubre [RTC 2022, 132])[49]. Al margen de ello, la dificultad que deriva del silencio legal ha supuesto que, en ambos casos, la articulación efectiva de las devoluciones ha ido resolviéndose de manera casuística, provocando esa inseguridad jurídica a la que me refería. Hay, sin embargo, dos elementos sobre los que existe un cierto consenso: el primero que la casuística y la inseguridad derivan del contenido heterogéneo del propio art. 221 LGT; y, enlazado con ello, el segundo es que la mayoría de los procedimientos a los que remite pueden ser iniciados de oficio o a instancia de parte. Y, en consecuencia, por lo que se refiere a la inactividad administrativa ésta puede plantear problemas distintos según se una u otra la forma de inicio.

En este sentido, un breve repaso de lo dispuesto por la LGT en las distintas normas que regulan los procedimientos especiales de revisión revela que en todos ellos hay una previsión expresa sobre el deber de resolver, el

48. Sobre esta cuestión, me permito remitir al lector interesado a un trabajo reciente: LITAGO LLEDÓ, R.: «La rectificación de las autoliquidaciones tributarias como derecho de los contribuyentes», *Fórum Fiscal,* núm. 298, 2023.

49. Puede verse una panorámica completa de esta polémica en VILLALBA LAVA, M.: «La devolución de ingresos indebidos derivados de la inconstitucionalidad o ilegalidad de la norma jurídica que los estableció, con especial referencia al impuesto de incremento de valor de los terrenos de naturaleza urbana», Nueva fiscalidad, núm. 3, 2023, pp. 141-186.

plazo en el que ejercitarlo y las consecuencias de su incumplimiento que dependen de la forma en que se hubiera iniciado. Sin embargo, el principal problema en las devoluciones originadas por contravención de la CE o del Derecho de la UE se refiere al deber de incoación y a la ausencia de una verdadera obligación legal de que sea la propia Administración, de oficio, la que proceda a la apertura de tales procedimientos para hacer efectivo el derecho de los obligados tributarios que les reconoce el art. 34.1, b) LGT y demanda el principio de buena administración.

La realidad, sin embargo, demuestra que esto es algo que no sucede y aquí es donde creo que podría plantearse el juego del art. 29 LJCA. El ejemplo paradigmático de ello es el procedimiento de revocación en el que la normativa y la jurisprudencia ven una nota distintiva respecto de los demás procedimientos especiales de revisión (STS de 17 de junio de 2021, rec. cas. 1123/2020; [RJ 2021, 3204]) puesto que es el único que no puede iniciarse a instancia del interesado[50].

Sobre esta cuestión se ha pronunciado el TS en la STS n.º 1393/2023, de 6 de noviembre (JUR 2023, 410336) que se hace eco de la jurisprudencia «en la que sugiere la existencia de un *derecho subjetivo del contribuyente*[51] que puede hacer valer en el procedimiento de revocación». Sin embargo, añade, «El problema se traslada en desentrañar la naturaleza jurídica de la figura y especialmente el alcance que le ha dado el legislador tributario, con el fin de salvar las posibles contradicciones que encierra el propio art.º 219 de la LGT».

El problema es, según el TS, que «el precepto por un lado limita el procedimiento de revocación a su inicio siempre de oficio, de suerte que parece negar la acción revocatoria del interesado por motivos de oportunidad, viniendo a consagrar una especie de potestad graciable de la Administración que actúa ante indiferentes jurídicos, pues tan correcto jurídicamente sería revocar, como no revocar, con independencia de que llegue a constatarse la concurrencia de alguno de los motivos legales de revocación; por otro, da entrada al interesado disponiendo que la Administración podrá revocar sus actos en beneficio de los interesados, reconociendo un interés de los ciudadanos en que se reparen las lesiones causadas por esos actos sobre la base de motivos de legalidad expresamente dispuestos; lo que viene a constituir un oxímoron irreductible, como es reconocerle un interés o derecho al ciudadano sobre motivos legalmente dispuestos, para a reglón

50. Para un análisis en profundidad de la problemática de esta figura, véase MARÍN BARNUEVO-FABO, D.: «Presente y futuro del procedimiento de revocación en materia tributaria», *Pérez Llorca. Revista Jurídica,* mayo 2023, pp. 44 a 62.

51. La cursiva es mía.

seguido negarle dicho interés al impedirle valerse de los cauces para hacer efectivo el derecho conculcado, creando una especie de inmunidad de esa decisión, al no poder ser objeto de control judicial».

El problema concreto, al igual que en la STS n.º 154/2022, de 9 de febrero (RJ 2022, 828), se plantea cuando este procedimiento es la vía por la que se ejercita la acción de devolución de ingresos indebidos, en este caso con base en la inconstitucionalidad del IIVTNU. Sus argumentos se reproducen en la STS n.º 1393/2023, de 6 de noviembre (JUR 2023, 410336): «*En el procedimiento de devolución de ingresos indebidos, en el que se inserta el art. 221.3, la revocación posee carácter instrumental*[52], no cabe acumular en un único procedimiento la revocación y la devolución de ingresos indebidos. O estamos ante un procedimiento de devolución de ingresos indebidos, o ante uno procedimiento de revocación. En aquel el interesado posee acción y posee, en consecuencia, facultad para solicitar el inicio del procedimiento de devolución de ingresos indebidos, derecho reconocido jurídicamente que lleva aparejado el derecho a la impugnación de una resolución que afecte a sus intereses y, en definitiva, el reconocimiento del derecho a la devolución de los ingresos indebidos, art. 15.1.b) del Real Decreto 520/2005 (*sic*), «El derecho a obtener la devolución de ingresos indebidos podrá reconocerse... en un procedimiento especial de revisión».

Cuando se pretende la devolución de ingresos indebidos, la revocación legalmente, art. 221.3, posee carácter instrumental. La propia ley, art. 221.1, prevé expresamente que el procedimiento se iniciará de oficio o a instancia del interesado; se le reconoce el derecho a los interesados para instar el procedimiento de devolución de ingresos indebidos, estableciéndose legalmente el cauce previo de la revocación, u otros de los dispuestos en el art. 221.3. *La Administración tiene la obligación de iniciar, tramitar y resolver, por ser un deber impuesto legalmente, no le corresponde una potestad exclusiva y excluyente de iniciar la revocación promovida por el interesado,* so pena de frustrar ilegítimamente los derechos de quien efectuó, o pudo efectuar, un ingreso indebido, *bastaría que la Administración se negara, en el seno de un procedimiento de devolución de ingresos indebidos, a iniciar la revocación para impedir siquiera dilucidar si existe o no derecho a la devolución de lo ingresado indebidamente, y con ello el legítimo acceso al control judicial con vulneración del principio constitucional de tutela judicial efectiva (...)*[53]».

A la vista de lo anterior, las siguientes conclusiones del TS son las verdaderamente relevantes a los efectos de este estudio. Pues considera que, según el art. 221.1 LGT, el procedimiento «para el reconocimiento del dere-

52. La cursiva es mía.
53. Todas las cursivas son mías.

cho a la devolución» puede iniciarse a instancia del interesado, afirma el TS que «Resulta pacífico que iniciado el procedimiento, más, si cabe, a instancia del interesado, la Administración viene obligada a resolver y de no hacerlo se pone en funcionamiento los mecanismos legalmente dispuestos para facilitar la impugnación y, en su caso, el reconocimiento del derecho al administrado». Y se fija a continuación en la «especialidad» del art. 221.3 LGT para sostener que: «Cuando estamos en la órbita del art. 221.3 de la LGT, el inicio de la tramitación de la revocación es un deber impuesto legalmente.

Solicitada por el administrado la devolución de ingresos indebidos, siendo el acto de aplicación de los tributos del que deriva el ingreso firme, promovido por el interesado su revocación, la Administración tiene la obligación de resolver y el interesado, de serle la resolución desfavorable, el derecho a impugnar la misma por los cauces dispuestos legalmente, poseyendo acción al efecto.

Lo cual no representa una novedad en nuestro sistema, más respecto de los actos que infringen manifiestamente la ley, tal y como ocurre en este caso que es el acotado por la sentencia de instancia, baste recordar la disposición adicional segunda del Real Decreto 1163/1990, No serán objeto de devolución los ingresos tributarios efectuados en virtud de actos administrativos que hayan adquirido firmeza.

No obstante, los obligados tributarios podrán solicitar la devolución de ingresos efectuados en el Tesoro, instando la revisión de aquellos actos dictados en vía de gestión tributaria que hubiesen incurrido en motivo de nulidad de pleno derecho, que infringiesen manifiestamente la Ley o que se encontrasen en cualquier otro supuesto análogo recogido en los artículos 153, 154 y 171 de la Ley General Tributaria y en las leyes o disposiciones especiales, recogiéndose el supuesto de infracción manifiesta de la ley en el art. 154.1 de la antigua LGT.

Es cierto que la revocación de actos administrativos tributarios se reguló por vez primera la LGT de la ley del 2003, con notable diferencias respecto de la revocación que se contemplaba y regulaba en la Ley 30/1992 —de suerte que la revocación de los actos tributarios no es posible por cualquier infracción del ordenamiento jurídico sino exclusivamente por los expresamente recogidos en el artículo 219.1 LGT—, sin embargo, como se ha puesto de manifiesto, la infracción manifiesta de la ley, supuesto específico de revocación del actual 219 —que es el señalado por la sentencia impugnada—, si (*sic*) se contemplaba en los textos anteriores como motivo de revisión en los procedimientos especiales, específicamente para constituir causa de devolución de ingresos indebidos, reconociéndosele a los interesados acción para instar la devolución de ingresos indebidos por infringir el acto manifiestamente la ley.

*En definitiva, al igual que ocurre con la solicitud de nulidad de pleno derecho del art. 217 o de rectificación de errores del art. 220,* con la solicitud de devolución de ingresos indebidos por el interesado, en los supuestos contemplados en el 221.3 instando o promoviendo, en este caso, la revocación, *se debe iniciar el procedimiento a instancia de parte y la Administración viene obligada a resolver,* sin que posea potestad de convertir el procedimiento de devolución de ingresos indebidos a instancia del interesado y en el ámbito del art. 221.3, en un procedimiento que sólo cabe iniciar de oficio. [...][54] Todo lo cual resulta acorde con la jurisprudencia consolidada de este Tribunal Supremo recaída en supuestos en los que se solicitaba la devolución de ingresos indebidos en el ámbito del IIVTNU, derivados de liquidaciones firmes como consecuencia de la declaración de inconstitucionalidad de los arts. 107.1 y 107.2 a) del TRLHL, STC 59/17, en el que se apunta que debe efectuarse por los cauces establecidos en la LGT —procedimientos especiales de revisión—».

Esta conclusión, sin embargo, es objeto de matización, en los siguientes términos: «Dicho lo anterior, y dado que no estamos en la órbita directa del art.º 219 de la LGT, sino en el procedimiento de devolución de ingresos indebidos y en el supuesto contemplado en el art.º 221.3 ha de convenirse que el interesado posee acción para solicitar el inicio del procedimiento, sin que pueda escudarse la Administración para no iniciar y resolver sobre la revocación del acto firme el corresponderle la competencia exclusiva para iniciar de oficio el procedimiento de revocación; la resolución expresa o por silencio derivada de la solicitud cursada por el interesado en aplicación del art. 221.3, conforme a los principios de plenitud jurisdicción y tutela judicial efectiva, es susceptible de impugnación y de poseer el órgano judicial los datos necesarios, tiene potestad para pronunciarse sobre el fondo, sin necesidad de ordenar la retroacción del procedimiento de revocación». Lo anterior, que da respuesta a la primera cuestión de interés casacional que debían responder estas sentencias, no significa, ya entrando en la segunda, que a través de la revocación se puede canalizar cualquier infracción del ordenamiento jurídico que pueda imputarse a un acto tributario firme, sino solo aquellas que constituyan un supuesto tasado de revocación del art. 219.1 de la LGT. Siguiendo así el mismo criterio que en los casos en que lo que se ejercita es la acción de nulidad del art. 217 LGT. Las causas contenidas en el art. 219.1, dice el TS, «son tasadas, sin que entre las mismas se contemple la invalidez de la norma de cober-

54. Las cursivas son mías.

tura por ser inconstitucional, ni tampoco su contradicción con el Derecho europeo, incluido los supuestos de actos firmes.

Lo dicho sería suficiente para, como jueces de instancia, declarar la improcedencia de la declaración de inadmisibilidad, pero desestimar el recurso sobre el fondo por no concurrir el supuesto de infracción manifiesta de la Ley. [...]Ahora bien, dicho lo anterior, es posible que los actos de aplicación de una norma que es declarada inconstitucionalidad si (*sic*) pueda configurar un supuesto de infracción manifiesta de la Ley, y entrar en juego la revocación de dicho acto, aun habiendo ganado firmeza. O, dicho de otro modo, la declaración de inconstitucionalidad de la norma de cobertura no es subsumible entre los supuestos que legalmente se prevé para declarar la revocación del acto, pero pueden existir casos en los que la declaración de inconstitucionalidad pueda albergar un supuesto de infracción manifiesta de la norma conformando un supuesto legal de revocación».

Habida cuenta de la doctrina sentada en la primera cuestión, esto es, reconocido por el TS la existencia, conforme a la LGT, de un «deber de incoación», cabe, en mi opinión, la posibilidad de interponer el recurso conforme al art. 29.1 LJCA en relación con la iniciación del procedimiento pues se cumple el primero de los requisitos de esta acción procesal. La cuestión es si la solicitud de iniciación del procedimiento promovida por los interesados, conforme permite el art. 10.1 RR, puede identificarse con la «reclamación» que exige el art. 29.1 LJCA. De modo que, una vez ha transcurrido el plazo de tres meses previsto en el precepto, el interesado tiene expedita la vía para acudir al orden contencioso-administrativo donde la ventaja es que podrá obtener una sentencia de condena. Evitando así que pueda surgir ninguna duda sobre una posible sustitución de una decisión administrativa por el órgano jurisdiccional. Que, es cierto, no apreciaron las dos Sentencias que he tomado como referentes, pues en ellas el TS actuó como «juez de instancia».

Otro problema distinto se presenta cuando se trata de casos en que el derecho a la devolución ha sido reconocido por cualquiera de los otros cauces que recogen el art. 221. 2 LGT y más detalladamente el art. 15 RR en sus letras b) a f). Pues, en estos casos, la actividad administrativa se limita a la ejecución de esa declaración previa, como así dispone el propio art. 221.2 LGT y el art. 20 RR. Y aquí las opciones del interesado son diversas. Pues si se trata de ejecutar lo decidido por una sentencia nos podríamos hallar ante una inactividad resistencial pero las normas aplicables son las que recoge la LJCA. Así lo reconoce el art. 70 RR. Por su parte, si de lo que se trata es de la ejecución de un acto administrativo, como puede suceder en un procedimiento de aplicación de los tributos, y siempre que este sea firme, sí cabría la acción del art. 29.2 LJCA. Por último, tratándose de la resolución de una reclamación económico-administrativa, el cauce es el del art. 66 RR que, en su apartado 2, establece que: «*Los actos resultantes de la ejecución de la resolución de un recurso o reclamación económico-administrativa deberán ser notificados en el plazo de un mes desde que dicha resolución tenga entrada en el registro del órgano competente para su ejecución*». La cuestión, obviamente, es que el cómputo del plazo se sitúa en un momento al que difícilmente puede tener acceso el interesado. Es decir, desde que se le notifica la resolución de la reclamación económico-administrativa, el interesado solo puede tener constancia de la firmeza si ha transcurrido un mes y no ha sido impugnada por la Administración tributaria. De este modo ya tendría expedita la vía del art. 29.2 LJCA, pero se arriesga a una inadmisión en sede jurisdiccional si no se acredita que la Administración que ha de ejecutar ha incumplido lo dispuesto por el art. 66 RR.

En este caso, la solución puede seguir el criterio de la STS n.º 925/2023, de 6 de julio (RJ 2023, 4641) conforme al cual la incomunicación entre órganos de la Administración no puede perjudicar al derecho de defensa del obligado tributario. En ella se contiene una idea esencial y es que «bastaría con la deliberada parálisis del expediente por la Administración (...) para que ésta quedase zafada de cualquier control judicial». Porque, concluye como doctrina jurisprudencial en su FJ 5 aparatado 1 «la Administración pública en su conjunto (...) actúa con personalidad jurídica única, con independencia del órgano o entidad que haya incumplido su deber, sea de remitir el expediente al competente para resolverla, sea de resolver».

### 1.2.8. La proscripción de la inactividad administrativa en relación con los recursos y reclamaciones de los obligados tributarios con base en el principio de buena administración

La STS n.º 925/2023, de 6 de julio (RJ 2023, 4641) que acabo de citar en el ordinal anterior se basa en la doctrina que fijaron las SSTS n.º 539/2023, de 3 de mayo (RJ 2023, 2656) y n.º 280/2023, de 7 de marzo (RJ 2023, 1558), y es un buen ejemplo con el que abordar la cuestión indicada en el título de este epígrafe, aunque sea de un modo breve señalando las principales notas del problema[55].

En primer lugar, cabe señalar la diferencia sustancial con las situaciones de hecho que se decidían en las otras dos sentencias precedentes, cuya doctrina se reitera, pues allí la inactividad administrativa se refería a supuestos

55. Esta problemática la he abordado con mayor profundidad en dos trabajos anteriores a los que me permito remitirme, citados en la nota 14 *supra*, y en los no se incluye la sentencia citada en el texto por ser posterior.

donde había una doble vía de recurso. Algo que en este caso no acontece, tanto es así que la doctrina que finalmente se fija no se comprende más que atendidas las circunstancias concretas del mismo. Y es que el objeto del recurso es la decisión del tribunal de instancia (TSJ) de inadmitir un recurso contencioso-administrativo deducido contra la desestimación por silencio de una reclamación económico-administrativa interpuesta ante una Administración autonómica en relación con unos precios públicos. El problema, sin embargo, deriva de que la reclamación no fue remitida por el órgano ante el que se interpuso al competente para resolver. A tenor de estas circunstancias, la sala de instancia considera, literalmente que «*la falta de resolución expresa y el acto presunto (sic) no pueden atribuirse a un órgano incompetente para producir esos actos (sic)*»[56].

En definitiva, como destaca el TS, el problema es que, como consecuencia de la inactividad de un órgano administrativo, los interesados se vieron privados de su derecho fundamental a la tutela judicial efectiva. Frente a ello, la doctrina del TS es la que sigue:

«1) El derecho a la tutela judicial efectiva, en su manifestación de derecho de acceso al proceso (art. 24.1 CE) y, en relación con él, el principio de buena administración llevan a interpretar que la desestimación presunta de una reclamación válida y tempestivamente interpuesta opera con respecto a la Administración pública en su conjunto, que actúa con personalidad jurídica única, con independencia del órgano o entidad que haya incumplido su deber, sea de remitir el expediente al competente para resolverla, sea de resolver.

2) La falta de resolución expresa y el acto presunto *(sic)* que puede impugnarse ante la jurisdicción contencioso-administrativa (arts. 25.1, 46.1 LJCA y sus concordantes) es imputable a la Administración, no a uno u otro órgano.

3) El acto impugnable, cuando el silencio acontece en vía de recurso administrativo es el acto allí impugnado —en este caso, las liquidaciones de precios públicos—. A tal efecto, es indiferente la razón determinante del silencio, si cabe imputarla a la Administración, como aquí ocurre, porque así lo exige el principio de buena administración, conforme al cual ésta no puede verse favorecida por el hecho de haber incumplido sus obligaciones.

4) No hay falta de acto impugnable —lo es la decisión implícitamente inferible del silencio administrativo— ni falta de agotamiento de vía alguna, en los casos en que, como el presente, se ha deducido en plazo la reclama-

56. La cursiva es del original que reproduce la decisión de la instancia.

ción o recurso legalmente procedente y la Administración no ha dado respuesta expresa y notificada en el plazo legalmente previsto, aquí un año.

5) Por ende, la declaración de inadmisión del recurso jurisdiccional por la Sala de instancia no se funda, formal ni sustantivamente, en causa legal, interpretada a la luz del principio *pro actione* y el de buena administración».

Como se ve en su aparatado 2 el TS acoge la tesis de la instancia que identifica la falta de resolución expresa de una reclamación económico-administrativa con la existencia de un acto «presunto», algo que no es posible conforme a la normativa que rige esta cuestión presidida por el criterio general del silencio negativo y, por ende, la inexistencia de acto administrativo. A salvo de ello, la decisión del TS supone, en mi opinión, un claro avance en la defensa de los derechos de los interesados en tanto que pone límites a la inactividad administrativa en un ámbito tan sensible como el acceso a la jurisdicción.

Son numerosos lo ejemplos de esta línea interpretativa del TS en la que la idea esencial es impedir que la inactividad antijurídica de la Administración tributaria acabe beneficiándola como consecuencia de determinadas interpretaciones de las normas tributarias aplicadas por la propia Administración y, en ocasiones, por los propios órganos jurisdiccionales. Así, podría añadirse otro caso también reciente surgido en relación con los polémicos efectos de la inconstitucionalidad del IIVTNU y que debió resolver la STS n.º 411/2023, de 28 de marzo (RJ 2023, 2413) en la que se había solicitado la rectificación de la autoliquidación del impuesto por el obligado al pago en virtud de pacto o contrato. La estimación del recurso se debe a una razón esencial, aunque no la única, y es que dado que la Administración ni hubo contestado explícitamente la solicitud de rectificación de la autoliquidación ni tampoco el recurso de reposición «no puede después aducir en el proceso judicial la falta de legitimación administrativa que, pudiendo haberlo hecho, no declaró, sin faltar a las más elementales exigencias de la buena fe y del principio de buena administración».

En segundo lugar, esta línea jurisprudencial que se sigue en la STS n.º 925/2023 (RJ 2023, 4641) presenta una doble faceta. Por una parte, permite ver una expansión del principio de tutela judicial efectiva propiciada por la conexión que el TS ha encontrado con el principio de buena administración y que es el que está impulsándole a tomar decisiones muy comprometidas con ese derecho constitucional y no exentas de incurrir en el riesgo de la creación judicial de derecho. Por otra parte, y en contraposición, dichas decisiones no llegan tan lejos como permitían augurar los autos de planteamiento de las Sentencias n.º 539/2023, de 3 de mayo (RJ 2023, 2656) y n.º

280/2023, de 7 de marzo (RJ 2023, 1558). La razón estriba en que la decisión se basó en jurisprudencia muy antigua y consolidada que el TS ha ido elaborando conforme a la doctrina del TC. Y en las que, por razón de tiempo, el principio de buena administración no era un argumento jurídico conocido y, por ende, no podía ser empleado en su elaboración. Lo cierto es que los citados autos planteaban, en el fondo, lo que es el principal escollo de toda esta cuestión que no es otra que la utilidad actual de la vía preceptiva de revisión administrativa previa al recurso contencioso. En este sentido, y al hilo de aportaciones doctrinales como la de BAÑO LEÓN[57], la jurisprudencia del TS propicia la reconsideración de la utilidad de estas vías previas en un sector como el Derecho tributario caracterizado por los actos en masa, donde parecía más adecuado este sistema[58]. La cuestión fundamental en la actualidad es si sigue cumpliendo su función primigenia de alternativa al «contencioso»[59], o bien se ha convertido en un verdadero obstáculo para la garantía de los derechos de los obligados tributarios.

### 1.2.9. El incumplimiento de los deberes de información y asistencia a los obligados tributarios[60]

La perspectiva de este estudio centrada en el control jurisdiccional de la inactividad administrativa plantea mayores problemas cuando la normativa no prevé expresamente una consecuencia jurídica, sea el silencio, sea

57. BAÑO LEÓN, J. M.ª: «El recurso administrativo como ejemplo de la inercia autoritaria del Derecho público español», en LÓPEZ RAMÓN, F. (Coord.): *Las vías administrativas de recurso a debate,* INAP, 2016, pp. 647 a 673.

58. *Ibidem*, p. 670.

59. *Ibidem*, p. 668.

60. Al hilo de la normativa anterior, sostiene RAMALLO MASSANET, J.: «Información y asistencia en el cumplimiento de las obligaciones tributarias», *op. cit.*, p. 45, que son actuaciones completamente diferenciables, según el sentido del art. 96 LGT/1963, en atención a su distinta finalidad y origen. Así, mientras la información tiene por objeto resolver una duda, el asesoramiento o asistencia trata de facilitar el cumplimiento de un deber u obligación. Pudiendo derivarse aquélla tanto de una oferta de la Administración como de una solicitud del particular, la asistencia, por contra, siempre se debe a esta última causa. Razón esta última por la que dentro de la actividad de información cabe distinguir entre *información general,* sin destinatario concreto y sin solicitud específica, e *información particular,* a solicitud de parte, bien sea con carácter general —respecto a todos los derechos del particular ligados a su situación jurídica—, bien información en sentido estricto. (Vid. GARCÍA NOVOA, C.: «Información y asistencia», en AA VV: *Comentarios a la Ley de Derechos y Garantías de los Contribuyentes,* CEF-IEF, Madrid, 1999, pp. 157 a 159). En cambio, LÓPEZ MARTÍNEZ, J.: «Información y asistencia en el cumplimiento de las obligaciones tributarias», en AA VV.: *Comentarios a la Ley de Derechos y Garantías de los Contribuyentes,* MacGraw-Hill, Madrid, 1999, p. 40, considera que la alusión a la asistencia es una simple referencia formal vacía de contenido.

cualquier otra[61], frente a la inactividad respecto a las solicitudes de los particulares. Y aun cuando éste presenta distintas vertientes por la heterogeneidad de supuestos a tratar, puede, sin embargo, apreciarse respecto de ellos algunos aspectos en común: a) son instrumentos al servicio de un genérico deber de información y asistencia a los obligados tributarios, cuyo sustrato último es el principio constitucional de seguridad jurídica[62]; b) son normalmente previos a un eventual procedimiento de gestión en sentido estricto, dado que son institutos que responden precisamente al modelo de gestión basado en la colaboración de los particulares que tienden a minimizar los inconvenientes que éste acarrea, como la llamada presión fiscal indirecta (*cfr.* art. 3.2 LGT), y los derivados de la inseguridad normativa[63]; c) configuran un deber legal de información y asistencia sobre la «posición jurídica del contribuyente»[64]. En relación con esta nota, es importante reseñar, desde el punto de vista del reproche a la inactividad administrativa y su control jurisdiccional, que la entrada en vigor de la LGT de 2003 supuso un cambio esencial y es que por el camino se «perdió» el primer párrafo del art. 20 LDGC. Su texto era el siguiente:

*«Obligación de la Administración tributaria de facilitar el ejercicio de los derechos.*

*La Administración tributaria facilitará en todo momento al contribuyente el ejercicio de sus derechos y el cumplimiento de sus obligaciones.*

*Las actuaciones de la Administración tributaria que requieran la intervención de los contribuyentes deberán llevarse a cabo de la forma que resulte menos gravosa para éstos, siempre que ello no perjudique el cumplimiento de sus obligaciones tributarias».*

Como se puede observar, el segundo párrafo del precepto sí permanece vigente, pues lo ha reproducido literalmente el art. 34.1, k) LGT. En lo rela-

61. *V. gr.* el supuesto contemplado en los arts. 175.2 LGT en relación con el art. 42.1, c) LGT y 125 RGR respecto a la llamada «sucesión» en la titularidad de explotaciones económicas, que, pese a su similitud con el silencio positivo, no puede calificarse como tal. GONZÁLEZ SÁNCHEZ, M.: *La sucesión en la deuda tributaria,* Aranzadi, Pamplona, 1993, p. 131. Véase, además, la posibilidad de existencia de actos tácitos *que* baraja GÓMEZ PUENTE, M.: *La Inactividad de la Administración, op. cit.,* p. 712, posible sólo en contados supuestos en los que, ante la ausencia de un deber de resolver, se prevea expresamente esta posibilidad.
62. GARCÍA NOVOA, C.: «Información y asistencia», *op. cit.,* pp. 142 a 149, concluye, sin embargo, que el fundamento constitucional se hallaría en el principio democrático.
63. FENELLÓS PUIGCERVER, V.: *El Estatuto del Contribuyente,* TRO, Valencia, 1998, p. 69.
64. GARCÍA NOVOA, C.: «Información y asistencia», *op. cit.,* p. 141.

tivo al primero, con posterioridad a la LGT, y rebajando el rango de un deber de tanta relevancia, el art. 62 RGIT dispone hoy día que:

*«La Administración tributaria promoverá y facilitará a los obligados tributarios el cumplimiento de sus obligaciones y el ejercicio de sus derechos, poniendo a su disposición servicios de información y asistencia tributaria».*

Por otra parte, el cambio legislativo eliminó cierta confusión al reunir en un mismo precepto, el art. 34.1, a) LGT, lo que de manera separada establecían el art. 3, a) LDGC y el art. 5.1 LDGC, que no es otra cosa que el «derecho a ser informado y asistido por la Administración tributaria sobre el ejercicio de sus derechos y el cumplimiento de sus obligaciones tributarias».

En definitiva, tanto con arreglo a la anterior legislación como con la actual los obligados tributarios pueden plantear solicitudes a la Administración tributaria en virtud de las cuales ésta tiene el *deber* de prestar asistencia e información a través de unos instrumentos específicos jurídicamente formalizados por el art. 85.2 LGT[65]. Deber al que alude el art. 85.1 LGT, como antes lo hacía el art. 96.3 de la LGT/1963. Sin embargo, ¿en qué medida es efectivo este deber si no se le anudan consecuencias jurídicas a su incumplimiento? Dicho de otro modo, ¿se trata de un deber de resolver en los términos del art. 103 LGT?

Pues únicamente respecto de algunos de ellos sí se ha previsto legalmente, al menos, un plazo máximo de resolución, cuyo transcurso, sin embargo, no conlleva tampoco ningún efecto jurídico claro. Entre estos institutos cabría destacar, por un lado, las contestaciones a consultas vinculantes para las que el art. 88.6 LGT prevé un plazo máximo de seis meses pero sin que su omisión suponga efectos jurídicos que denoten el quebrantamiento de una obligación insoslayable para la Administración. Por otro lado, sen parecidos términos se plantea el caso de las solicitudes de valoración de bienes inmuebles del art. 90 LGT para el que ni siquiera se prevé legalmente un plazo de resolución, aunque ello se solventó en el art. 69.6

65. En relación con su precedente, el art. 5.1 LDCG, señalaba RAMALLO MASSANET, J.: «Información y asistencia...», *op. cit.*, pp. 45, 46 y 48: su contraposición con aquellos otros bien de información (campañas de publicidad, consultas informales mediante el Programa INFORMA, etc...), bien de asesoramiento (Programa PADRE, Oficina del Contribuyente...) respecto a los que se plantea el problema de la exoneración de responsabilidad del art. 5.2 LDGC. Especialmente acuciante cuando es la propia Administración la que elabora las declaraciones-liquidaciones de contribuyentes concretos, pues en la práctica han dado lugar a posteriores actuaciones de comprobación y a la imposición de sanciones (GARCÍA NOVOA, C.: «Información y asistencia», *op. cit.*, pp. 160 y 161).

RGIT. En este supuesto, además, los efectos favorables para los obligados, que se concretan en la vinculación de la Administración tributaria, se limitan temporalmente.

En ambos casos, lamentablemente, la inactividad administrativa, no es ya que no se penalice, sino que «premia» a la Administración puesto que expresamente se excluye la posibilidad de un acto presunto que derivaría del silencio positivo.

Es más, en estos supuestos, la omisión de la actuación administrativa cercena la garantía de seguridad jurídica de los obligados tributarios y les priva, en principio, de la posibilidad de eximirse de eventuales responsabilidades en los términos del art. 179.2, d) LGT en el que se subsumió lo dispuesto por el art. 5 LDGC. Respecto de este último, y habida cuenta de dichos efectos perniciosos para los particulares, en beneficio de los cuales decía la Ley establecer estas garantías, y de la inocuidad para la Administración por causa de su inactividad, no es extraño que se llegara a hablar de su carácter meramente propagandístico, dada su ineficacia. Algo que hoy día cabe seguir sosteniendo.

Tratando de paliar uno de los defectos legales señalados, el de la falta de plazo legal para la resolución que se concreta en una contestación, con posterioridad, el art. 64.1 RGIT estableció que «*1. Las solicitudes de información tributaria formuladas por escrito que puedan ser objeto de contestación a partir de la documentación o de los antecedentes existentes en el órgano competente se contestarán en el plazo máximo de tres meses y en la contestación se hará referencia, en todo caso, a la normativa aplicable al objeto de la solicitud*».

En este cómputo habrá que tener en cuenta lo que dispone el siguiente apartado del precepto:

«*2. Cuando las solicitudes de información tributaria escritas sean recibidas por una Administración tributaria que no sea competente por razón de la materia, será remitida a la Administración competente y se comunicará esta circunstancia al interesado*».

También en otros aspectos, el RGIT ha completado las previsiones de la LGT en su art. 63 RGIT relativo a únicamente «*Actuaciones de información*», omitiendo la asistencia a la que, como hemos visto, se refiere igualmente el «deber» legal del art. 85 LGT. De su texto importa ahora destacar, lógicamente, las disposiciones relativas a la actuación de la Administración tributaria a solicitud de los administrados. A ello se refiere el apartado 1 del precepto, conforme al cual cabe entender que las solicitudes de información se atenderán «*mediante el envío de comunicaciones, entre otros medios*».

Y abundan en ello los apartados 2 y 3 que prevén:

*«2. Las actuaciones a las que se refiere el párrafo primero del apartado anterior, también deberán llevarse a cabo, a iniciativa del obligado tributario, mediante la contestación a solicitudes de información tributaria, cualquiera que sea el medio por el que se formulen.*

*Cuando resulte conveniente una mayor difusión, la información de carácter general podrá ofrecerse a los grupos sociales o instituciones que estén interesados en su conocimiento.*

*En los supuestos en los que las solicitudes de información se formulen por escrito, se deberá incluir el nombre y apellidos o razón social o denominación completa y el número de identificación fiscal del obligado tributario, así como el derecho u obligación tributaria que le afecta respecto del que se solicita la información.*

*3. En la contestación a las solicitudes de información tributaria, incluidas aquellas relativas a retenciones, ingresos a cuenta o repercusiones, la Administración comunicará los criterios administrativos existentes para la aplicación de la normativa tributaria, sin que dicha contestación pueda ser objeto de recurso.*

*Las actuaciones de información y las contestaciones a las solicitudes de información tendrán los efectos previstos en el artículo 179.2.d) de la Ley 58/2003, de 17 de diciembre, General Tributaria.*

*La falta de contestación de las solicitudes de información en los plazos establecidos en el artículo 64 de este reglamento no implicará la aceptación de los criterios expresados en el escrito de solicitud».*

Pasando ya a concretar las posibles solicitudes que se pueden plantear, éstas se referirán a los supuestos siguientes:

En primer lugar, con arreglo al art. 87.2 LGT —cuyo antecedente era el art. 6.4 LDGC— los «interesados» pueden presentar una solicitud a la Administración tributaria de suministro del texto íntegro de consultas y/o resoluciones concretas, pese a que ya no se menciona a los Tribunales Económico-Administrativos, como hacía el citado art. 6.4 LDGC.

En segundo lugar, al amparo del art. 87.1 LDGC —heredero del art. 7 LDGC— los «contribuyentes» pueden plantear una serie de solicitudes de diversa índole como son las de información sobre «los criterios administrativos existentes para la aplicación de la normativa tributaria». Siendo obligación de la Administración tributaria facilitar «la consulta a las bases informatizadas donde se contienen dichos criterios»; así como «podrá remitir comunicaciones destinadas a informar sobre la tributación de determinados sectores, actividades o fuentes de renta».

En tercer lugar, está la posibilidad, reconocida originariamente por el art. 107 LGT/1063, de planteamiento de consultas tributarias contenida actualmente en los arts. 88 y 89 LGT[66] y desarrollada por los arts.

Por último, el art. 90 LGT que se refiere, como ya he adelantado, a las solicitudes de información sobre el valor de los bienes inmuebles que vayan a ser objeto de adquisición o transmisión.

Precisamente, la especificación que deviene de la individualización de estos instrumentos permite distinguirlos como constitutivos de un derecho de los particulares a obtener información con carácter particular, que, pese a su difícil caracterización como derecho subjetivo que permitiera articular una pretensión amparable jurídicamente[67], se diferencia claramente en este aspecto de las figuras, previstas en estos mismos preceptos, que simplemente constituyen garantías para los obligados tributarios, como es el caso de las publicaciones del art. 86 LGT.

Tales derechos constituirían el correlato lógico de un *deber de prestación de la Administración* que adquiere relevancia fundamental habida cuenta de su finalidad y cuyo incumplimiento, no obstante, deja, en apariencia, inmune a la Administración. Esta ausencia de consecuencia legal alguna junto a la absoluta imprecisión con que se hallan formulados los instrumentos previstos para su consecución[68], inducen a pensar que nos hallamos ante un deber sin sanción[69], lo que le resta operatividad.

En definitiva, respecto de estos instrumentos «informativos» la cuestión es si la actuación administrativa prevista por la Ley es exigible por los contribuyentes, interesados, u obligados tributarios, y, en consecuencia, si su incumplimiento acarrearía consecuencias jurídicas negativas para la Admi-

66. En relación con las previsiones de la LDGC, concretamente sus arts. 5.1 y 8, GARCÍA NOVOA, C.: «Información y asistencia», *op. cit.*, pp. 152 y 153, entendía que, con base en el RD 208/1996, de 9 de febrero, de Servicio de Información Administrativa, no podía incluirse en la actividad administrativa de «información» porque ésta no puede suponer interpretación. Por el contrario, RAMALLO MASSANET, J.: «Información y asistencia...», *op. cit.*, pp. 45 y 63, calificaba los cuatro instrumentos recogidos por el citado art. 5.1 LDGC —precedente del actual art. 85.2 LGT— como de «interpretación administrativa». Si bien la redacción del art. 8 LDGC podía inducir a cierta confusión entre las consultas no vinculantes y los instrumentos recogidos por el art. 7 LDGC, en cuanto a la función informativa que tradicionalmente se les ha atribuido a aquéllas.
67. RAMALLO MASSANET, J.: «Información y asistencia...», *op. cit.*, p. 49.
68. LÓPEZ MARTÍNEZ, J.: «Información y asistencia...», *op. cit.*, p. 41.
69. RAMALLO MASSANET, J.: «Información y asistencia...», *op. cit.*, p. 49.

nistración, por la desatención de un deber legal, y positivas para el solicitante. Pues, en caso negativo, como ya he señalado, la inactividad administrativa ante estas solicitudes priva al interesado de la posibilidad de optar por conformar su comportamiento a la respuesta dada por la Administración y con ello beneficiarse de la exención de responsabilidad prevista por el art. 179.2, d) LGT. Pese a ello, respecto de ninguno de estos instrumentos de información particularizada exime la LGT a la Administración de su obligación de resolver, incluso aunque para algunos no hubiera previsto su sujeción a un plazo.

Siendo esta posibilidad de exención de responsabilidad el punto en común entre todos ellos, la verdadera sustantividad del derecho a consultar o solicitar información de los administrados radicaría en que éste se garantizara articulando alguna fórmula que conectara el citado beneficio con el hecho de haberse realizado una solicitud desatendida en el plazo prefijado por la LGT, y, en su defecto, por el RGIT, y, en general, cuando el administrado, no obstante la inactividad, ya haya debido cumplir con sus obligaciones.

Bien es verdad que la aludida heterogeneidad de supuestos contemplados determina que no a todos ellos sirvan las mismas soluciones. Valga simplemente el ejemplo de las consultas vinculantes respecto de las que cabría plantear como solución el silencio administrativo. Positivo, en aquellos casos en que la solicitud se formule planteando una propuesta concreta[70] aunque se trate de un criterio contra el que cabría objetar el alto grado de inseguridad jurídica que podría introducir[71] y que, además, conllevaría el peligro de aceptación tácita de interpretaciones de la Ley disparatadas e incluso contrarias al ordenamiento jurídico, riesgo, por lo demás, inherente a cualquier supuesto de silencio positivo. Como es sabido, además, dicha posibilidad se halla expresamente vetada por el art. 88.6 LGT. O, alternativamente cabría el silencio negativo, si bien encontraría el obstáculo de la inimpugnabilidad directa establecida por el 89.4 LGT, como ya establecía el art. 107.7 LGT/1963[72], Argumento que, entiendo, cabría rechazar atendido el régimen que posteriormente se verá respecto a los acuerdos previos de valoración, para los que su consideración de actos de trámite no impide la aplicación del silencio negativo que, en principio, cabría «impugnar» con la posterior liquidación tributaria.

No obstante, en todos ellos parece excesivo anudar el efecto de la exoneración de responsabilidad por la mera solicitud, pues la contestación por

70. Cfr. la antigua Resolución del TEAC de 6 de marzo de 1984.
71. GARCÍA NOVOA, C.: *El silencio..., op. cit.*, p. 123.
72. *Ibidem*, p. 122.

sí sola no genera este efecto, sino que lo es la actitud del contribuyente frente a ella. Sin embargo, ello se asemeja, en cierta medida, a lo previsto por el art. 175.2 LGT respecto a la solicitud del eventual adquirente de una explotación económica de certificación detallada de las deudas y responsabilidades tributarias derivadas de aquélla. En él, qué duda cabe que la respuesta de la Administración tiene influencia sobre tal decisión, dado que es la única que puede conocer la información solicitada, de modo que su omisión[73] en el plazo de tres meses enerva la concurrencia del presupuesto de hecho del precepto, en caso de que la adquisición se produzca efectivamente, y, por ende, imposibilita la exigencia de responsabilidad solidaria al adquirente.

En los supuestos que nos ocupan, sin embargo, la «información» solicitada a la Administración, especialmente en los casos en que ésta conlleva una tarea interpretativa, no es, desde luego, la única posible que puede ofrecer la Ley, por lo que al contribuyente siempre se le puede aplicar la exención de responsabilidad que deriva del art. 179.2 d) LGT. De modo que únicamente cuando, tras el cumplimiento de sus obligaciones, se produzca la resolución tardía de la que no puede sustraerse la Administración en el caso de las consultas vinculantes en un sentido distinto del que haya elegido éste cabría considerar la posibilidad de exoneración de responsabilidad[74], articulando alguna medida que permitiera al contribuyente acogerse, mediante declaraciones o autoliquidaciones complementarias al criterio administrativo[75].

Todo lo anterior no puede hacernos olvidar, sin embargo, que el verdadero interés del particular se halla en su pretensión de obtener respuesta por parte de la Administración. Objetivo que adquiere pleno sentido habida cuenta de la naturaleza y finalidad de los instrumentos analizados, en la que vengo insistiendo. Por ello, y sin perjuicio de que de las situaciones anteriores pudieran extraerse argumentos suficientes para exigir la responsabilidad patrimonial de la Administración por funcionamiento anormal de un servicio público[76], creo que en caso de inactividad debe reconocerse

73. GONZÁLEZ SÁNCHEZ, M.: *op. cit.*, p. 131: consistente en una inactividad que supone la omisión de un deber de colaboración.
74. Así, en relación con el precedente del art. 5.2 LDGC, señalaba RAMALLO MASSANET, J.: «Información y asistencia...», *op. cit.*, p. 66, que era la solución propuesta en una enmienda del Grupo Parlamentario CiU rechazada en la tramitación de la Ley.
75. *Ibidem.*
76. GARCÍA NOVOA, C.: *El silencio...*, *op. cit.*, pp. 123 y 125. ADAME MARTÍNEZ, F. D.: *La Consulta Tributaria*, DODECA-COMARES, Granada, 2000, pp. 281 y 282. Con carácter general, la responsabilidad patrimonial de la Administración por causa de la inactividad ha sido estudiada extensamente por GÓMEZ PUENTE, M: *La Inactividad de la*

al particular la posibilidad de requerir de la Administración la práctica de la actuación solicitada al amparo del art. 29.1 LJCA. Pues aun cuando nos hallamos ante un supuesto de inactividad formal consistente en la omisión de actos jurídicos debidos, pese a que no constituyen una manifestación de voluntad sino de conocimiento o tienen simplemente carácter informativo[77], frente a ella el recurso ordinario del art. 25.1 LJCA se presenta como una solución insuficiente, en contraste con la pretensión del art. 29.1 LJCA que acoge en su seno un supuesto muy similar de inactividad (material) consistente en la no prestación de un servicio ya creado o de una actividad «asistencial» a quien tenga derecho a ella.

### 1.2.10. El papel de la Administración tributaria en las solicitudes de extensión de efectos de sentencias firmes en virtud del art. 110 LJCA

Concebida como una solución para combatir la creciente litigiosidad en materia tributaria, el art. 110 LJ estableció para este ámbito —al que se añadía entonces el relativo a las cuestiones de personal al servicio de las Administraciones Públicas[78]—, la posibilidad de extender los efectos de una sentencia firme a quienes no hubieran sido parte en el proceso, siempre y cuando concurrieran los requisitos establecidos en el apartado primero del precepto.

Desde la perspectiva de este trabajo, la redacción original de la norma resultaba de interés en los dos aspectos que se recogían en sus apartados 2 y 4 que eran del siguiente tenor:

---

Administración, cit., pp. 817 y ss. Baste, sin embargo, apuntar el clarificador planteamiento de ENTRENA CUESTA, R.: *op. cit.*, p. 1224, quien establece el paralelismo entre el tipo penal de omisión pura para la inactividad formal y el de comisión por omisión para la inactividad material. Así, mientras para la exigencia de responsabilidad patrimonial en los casos de inactividad formal basta con la ausencia de resolución legal en plazo, «y la posibilidad de realizarla», en los de inactividad material se requiere «la posición de garante de la Administración, la producción de un resultado lesivo y la posibilidad de evitar este resultado mediante la conducta omitida».
Sobre esto, más recientemente, véase, MATA SIERRA, M.ª T.: *op. cit.*, pp. 61 y ss.

77. SÁNCHEZ MORÓN, M.: *op. cit.*, p. 179; vid. *supra*. Sobre dicha naturaleza predicable de las consultas tributarias vid. ADAME MARTÍNEZ, F. D.: *op. cit.*, pp. 40 y ss., porque en ellas concurren tres notas: son actos jurídicos y no meramente materiales, que suponen una declaración de conocimiento o juicio; emitidos por un órgano de la Administración pública y cuya declaración es consecuencia del ejercicio de una potestad administrativa.

78. Se trata de una restricción legislativa censurable, según GONZÁLEZ PÉREZ, J.: *Comentarios ...*, Tomo II, *op. cit.*, p. 1863.

*«2. La solicitud deberá dirigirse a la Administración demandada. Si transcurrieren tres meses sin que se notifique resolución alguna o cuando la Administración denegare la solicitud de modo expreso, podrá acudirse sin más trámites al Juez o Tribunal de la ejecución en el plazo de dos meses, contados desde el transcurso del plazo antes indicado o desde el día siguiente a la notificación de la resolución denegatoria». […]*

*«4 Antes de resolver, el Juez o Tribunal de la ejecución recabará de la Administración las actuaciones referentes al incidente planteado y, si se recibieran en los veinte días siguientes, ordenará que se pongan de manifiesto a las partes por plazo común de tres días.*

*En otro caso, resolverá sin más por medio de auto, en el que no podrá reconocerse una situación jurídica distinta a la definida en la sentencia firme de que se trate».*

Sin embargo, esta figura ha perdido casi absolutamente su relevancia tras la primera modificación operada por la disp. ad. 14.8 de la LO 19/2003, de 23 de diciembre, de modificación de la Ley Orgánica 6/1985, de 1 de julio, del Poder Judicial, que alteró sustancialmente una de sus piezas esenciales, la previa solicitud a la «Administración demandada» para que fuera ella quien llevara a cabo una prestación material consistente en la extensión de los efectos de la sentencia. Aunque formalmente prevista como presupuesto procesal previo y necesario para el acceso a la vía judicial[79], dicho carácter instrumental cedía, en buena medida, dado que articulaba una posible solución extrajudicial a un eventual conflicto aún no planteado ante la Jurisdicción, o respecto de aquellos ya residenciados en ella que no han concluido todavía porque se hallan en la situación prevista por los arts. 37.2 y 111 LJCA.

Considerando este aspecto del precepto, es evidente que su virtualidad radicaba en el uso que de ello hiciera la Administración, pues le daba la posibilidad de solucionar mediante esta «peculiar» vía administrativa previa numerosos problemas que se suscitan en relación con los llamados «actos en masa», a decir de la EM de la LJCA. De modo que, teniendo en todo momento presente el objetivo de «ahorrar la reiteración de múltiples procesos innecesarios» deducidos contra ellos, pero sobre todo, el objetivo común de combatir los elevados niveles de litigiosidad y muy especialmente, cabría añadir, el fin, de relevancia constitucional, de «dar respuestas

79. MARTÍN QUERALT, J.: «Prólogo» a la obra de DE MIGUEL CANUTO, E.: *Extensión a terceros de los efectos de las sentencias tributarias,* Aranzadi, 2001, p. 20: «Con ello se genera una peculiar vía administrativa previa, irreconducible —afortunadamente— a la tradicional vía administrativa, concebida como presupuesto procesal que permite el acceso a la vía contenciosa». (Subrayados míos). GONZÁLEZ PÉREZ, J.: *Comentarios...,* Tomo II, *cit.,* p. 1865.

equitativas y unitarias a unas mismas situaciones»[80], la inactividad administrativa que pudiera evidenciarse en esta sede ofrecía un interesante ángulo de análisis de este novedoso instituto[81]. Máxime si se tiene en cuenta que participa, evidentemente, de la naturaleza excepcional que cabe predicar de toda esta figura tal y como reconoce el art. 72.3 LJCA. Aunque la especialidad de esta fase administrativa radicaba, como he dicho, en la «posibilidad» que ofrecía a la Administración tributaria, consistente en que, sin pronunciarse sobre la cuestión de fondo, llevase a cabo por sí misma la extensión de una sentencia en la que se reconoce una situación jurídica individualizada, en similitud con el procedimiento de ejecución voluntaria de la sentencia[82].

Por si las anteriores razones no fueran suficientes, la trascendencia de esta cuestión también se observaba si se ponía en conexión con otro instituto pensado igualmente para atajar el problema de la elevada conflictividad, me refiero a los llamados recursos-testigo, para los que la solución era exclusivamente judicial y se contenía en los arts. 37.2 y 111 LJ.

Tal y como estaba concebida esta vía previa administrativa peculiar, la sola lectura de los apartados 2 y 4 del art. 110 LJCA evidenciaba el riesgo de diversas inactividades administrativas. Pues no solo cabía la evidente de falta de respuesta expresa de la Administración que abría la vía judicial conforme al apartado 4, sino que también podría darse el caso en que la Administración resolviera favorablemente la solicitud de extensión, pero posteriormente no llevara a cabo la ejecución de dicha resolución pese a tratarse de un acto administrativo ejecutivo, lo que abría la vía del art. 29.2 LJCA en cuanto adquiriera firmeza.

E igualmente en este ámbito podían tener lugar supuestos de inactividad resistencial o de incumplimiento del auto de extensión de la sentencia firme que concluya el incidente del art. 110 LJCA. Así, podía producirse

80. MARTÍN QUERALT, J.: «La existencia de un acto consentido no veda la extensión de efectos de sentencias firmes», *Tribuna Fiscal*, núm. 111, 2000, p. 3. SALA SÁNCHEZ, P. y otros: *Práctica Procesal..., cit.*, p. 270, en punto a la naturaleza de la pretensión ejercitada en el proceso incidental, destacan que su fundamento radica en «el valor cuasi-normativo o de precedente de la sentencia dictada en un caso idéntico, y, en último término, en el principio constitucional de igualdad en la aplicación de la Ley (art. 14 CE)».

81. Coincido así con MARTÍN CONTRERAS, L.: «El Art. 110 de la nueva Ley de la Jurisdicción Contencioso-Administrativa regula un procedimiento especial», *Actualidad Jurídica Aranzadi*, núm. 420, 1999, p. 3, quien afirmaba: «Esta inicial reclamación obligatoria para el recurrente como trámite previo a la interpelación judicial quizá sea la más genuina plasmación de la intención del Legislador de evitar procedimientos y reclamaciones judiciales innecesarias». (Subrayado mío).

82. SALA SÁNCHEZ, P. y otros: *Práctica Procesal..., cit.*, p. 272.

como consecuencia de una denegación expresa administrativa que, sin embargo, se ve suplantada por el reconocimiento judicial posterior que la Administración se resiste a cumplir. O también cuando, combatida en sede judicial con arreglo al art. 110.3 LJCA la inicial inactividad administrativa consistente en la falta de contestación a la solicitud previa, apareciera otra inactividad resistencial. Por último, y conforme al apartado 3, cabía otro hipotético caso de inactividad administrativa por la falta de atención al requerimiento del Juez para que se remitiera la información relevante del caso, deber que había de atenderse en un breve plazo y cuyo incumplimiento no impedía ni retrasaba la resolución del incidente.

En conclusión, la principal razón por la que la redacción originaria del art. 110 LJCA era relevante desde el punto de vista de la inactividad administrativa era que establecía un deber de resolver articulado a través de una vía administrativa previa a la judicial que, sin embargo, desapareció cuando se suprimió dicho trámite y con ello la posibilidad de resolución extrajudicial en manos de la Administración tributaria, por lo que a nosotros nos interesa. Aunque ello no significa que ésta no deba jugar un papel también relevante en la aplicación actual de esta figura.

La modificación del precepto que supuso este cambio radical se debió a la ya citada LO 19/2003, de 23 de diciembre, que suprimió el requerimiento previo a la Administración y atribuyó la potestad decisoria sobre la extensión de efectos a los órganos jurisdiccionales. Posteriormente, la Ley 13/2009, de 3 de noviembre, de reforma de la legislación procesal para la implantación de la nueva Oficina judicial, asignó al «Secretario judicial» —hoy Letrados de la Administración de Justicia— la tramitación previa a la resolución del Juez o Tribunal competente. Como consecuencia, el papel de la Administración había cambiado sustancialmente pero la supresión de la vía previa se vio compensada, en cierto modo, al establecerse, en el vigente apartado 4 del precepto, un deber de emitir, «en todo caso», un «informe detallado sobre la viabilidad de la extensión solicitada».

La redacción actualmente vigente de los apartados 2 y 4 del art. 110 LJCA es la que sigue:

«2. *La solicitud deberá dirigirse directamente al órgano jurisdiccional competente que hubiera dictado la resolución de la que se pretende que se extiendan los efectos*». *[…]*.

«4. *Antes de resolver, en los veinte días siguientes, el Secretario judicial recabará de la Administración los antecedentes que estime oportunos y, en todo caso, un informe detallado sobre la viabilidad de la extensión solicitada, poniendo de manifiesto el resultado de esas actuaciones a las partes para que aleguen por plazo común de cinco días, con emplazamiento en su caso de los interesados directamente afectados por los efectos de la extensión. Una vez evacuado el trámite, el Juez o Tribunal resolverá sin más por medio de auto, en el que no podrá reconocerse una situación jurídica distinta a la definida en la sentencia firme de que se trate».*[83].

Los cambios habidos en la extensión de esta figura alteran sustancialmente el problema de la inactividad administrativa en dos planos diferentes derivados de las previsiones del apartado 4 del art. 110 LJCA.

El primero debe resolverse en el seno del propio incidente, esto es, en sede jurisdiccional y se refiere a la imperativa emisión del informe al que ya he aludido sobre cuya omisión el precepto nada dice. Así, se trata de una cuestión que queda en manos del Letrado de la Administración de Justicia quien deberá establecer un plazo conforme a las reglas procesales comunes. El problema es que, habida cuenta de la relevancia de su contenido y de su carácter preceptivo, es lógico que ya no se prevea expresamente en la Ley que el órgano jurisdiccional pueda decidir sin dicho informe, algo que sí sucedía anteriormente, pero era absolutamente coherente, pues la Administración ya había tenido la posibilidad legal, el deber, en realidad, de pronunciarse acerca de la conveniencia de la extensión y de aplicarla ella misma evitando el incidente judicial. En cambio, en la actualidad, la omisión del informe no parece que pueda combatirse por el obligado tributario directamente ni mucho menos por la vía del art. 29 LJCA. Sin embargo, hay que tener en cuenta que el deber de emitir ese informe está establecido en una disposición normativa propia de la materia tributaria. Se trata del art. 71 RR que dispone:

*«Extensión de los efectos de las sentencias de la jurisdicción contencioso-administrativa.*

*1. La Administración tributaria atenderá los requerimientos que se le formulen de conformidad con el artículo 110 de la Ley 29/1998, de 13 de julio, reguladora de la Jurisdicción Contencioso-administrativa.*

*2. Los tribunales económico-administrativos serán únicamente competentes para atender dichos requerimientos cuando la sentencia firme cuya extensión se*

83. Con carácter previo, el aparatado 4 decía lo siguiente: *Antes de resolver, en los 20 días siguientes, el Juez o tribunal de la ejecución recabará de la Administración los antecedentes que estime oportunos y, en todo caso, un informe detallado sobre la viabilidad de la extensión solicitada, poniendo de manifiesto el resultado de esas actuaciones a las partes para que aleguen por plazo común de tres días, con emplazamiento, en su caso, de los interesados directamente afectados por los efectos de la extensión. Una vez evacuado el trámite, resolverá sin más por medio de auto, en el que no podrá reconocerse una situación jurídica distinta a la definida en la sentencia firme de que se trate.*

*pretenda haya anulado el acuerdo o la resolución dictada por razones de defecto en la tramitación del procedimiento económico-administrativo».*

No hay duda, habida cuenta de la fecha de aprobación de esta norma reglamentaria, que la referencia del apartado 1 abarca el requerimiento al que se refiere el art. 110.4 de la LJCA tras su reforma en el año 2003, que comprende «los antecedentes que estime oportunos» (el Secretario judicial, desde la reforma del año 2013 y antes el Juez o Tribunal) e indefectiblemente el informe al que me estoy refiriendo. La cuestión es si esa norma habilitaría al obligado tributario a conminar, al margen del propio incidente de extensión de efectos, a que la Administración actúe con arreglo al art. 29.1 LJCA de darse una pertinaz inactividad frente a los eventuales requerimientos del Letrado de la Administración de Justicia. Se trata, sin embargo, de una posibilidad que se antoja extraña pues abriría un nuevo cauce procesal que distorsionaría absolutamente la figura de la extensión de efectos de una sentencia. Por el contrario, entiendo que la cuestión debe resolverse conforme al art. 48 LJCA a la vista de la coincidencia del plazo de veinte días previsto en su apartado 3 y el del art. 110.4 LJCA. Es decir, que la solicitud de antecedentes no puede referirse a otra cosa que el expediente administrativo y que, junto a ambos, ha de remitirse también el informe que lógicamente se justificará con base en el propio expediente. De este modo, la inactividad administrativa se afrontará en este mismo incidente con arreglo a lo previsto en los apartados 7 a 10 del propio art. 48 LJCA.

Hay, al margen de este caso, otro tipo de inactividad administrativa que ya estaba presente en el régimen anterior, y es la que se refiere a la ejecución del auto judicial que acuerde la extensión de una sentencia. Cuestión que debe discurrir con arreglo a lo que dispone el art. 70 RR y que en caso de incumplimiento comportaría un supuesto de inactividad resistencial.

El citado precepto establece:

*«Ejecución de resoluciones judiciales.*

*La ejecución de las resoluciones de los tribunales de justicia se efectuará de acuerdo con lo establecido en la normativa reguladora de la jurisdicción contencioso-administrativa.*

*En todo lo que no se oponga a la normativa citada y a la resolución judicial que se está ejecutando, será de aplicación lo dispuesto en la sección 1.ª de este capítulo».*

### 1.3. INACTIVIDAD CONVENCIONAL DE LA ADMINISTRACIÓN TRIBUTARIA

El art. 86 LPACAP al prever la llamada terminación convencional de los procedimientos recoge en su apartado primero las dos posibles vertientes en que dicha figura puede derivar, y así afirma que «tales actos» pueden «tener la consideración de finalizadores de los procedimientos administrativos o insertarse en los mismos con carácter previo, vinculante o no, a la resolución que les ponga fin». Siendo esta última vertiente la que ha ido alcanzando un progresivo desarrollo en materia tributaria, bien en regulaciones sectoriales como el ISoc., el IRPF o el IRNR y en aspectos muy puntuales, bien con carácter general tras la promulgación de la LDGC por *mor* de su art. 9, en cuyo desarrollo se previeron algunas de aquéllas. Tras la derogación de esta norma, es el art. 91 de la vigente LGT el que prevé, con carácter general, pero meramente programático, los llamados «acuerdos previos de valoración». Y digo que es meramente programática, porque tanto su antecesora como esta norma, aunque establecen los principales rasgos de la figura, condicionan su aplicación al desarrollo por normas específicas de los tributos en particular. Es decir, se trata de una mera posibilidad otorgada no sólo al legislador, en sentido estricto, sino también al poder ejecutivo, ya que se contempla su desarrollo por leyes y/o por reglamentos. Sea como fuere, lo que interesa analizar a los efectos de este estudio son algunos de los ejemplos en que sí se ha concretado esta posibilidad genérica desde la perspectiva, lógicamente, del control jurisdiccional de una eventual inactividad administrativa.

Antes de ello, sí me parece interesante destacar alguna diferencia apreciable en la redacción del art. 91 LGT frente a su antecesor, el art. 9 LDGC. En primer lugar, atendiendo a su ámbito subjetivo, se observa el cambio lógico de referencia a los obligados tributarios, ampliando la anterior alusión a los contribuyentes. En segundo lugar, también desde la perspectiva subjetiva pero referida a la Administración vinculada por el «acuerdo», éste se restringe, puesto que ahora se limita, en el apartado 5 del art. 91 LGT, a aquella que «hubiera dictado el acuerdo». En tercer lugar, y pasando al ámbito material de los acuerdos, éste no se limita, según el apartado 1 del art. 91 LGT, a los elementos del «hecho imponible», sino que se amplía, pues podrá referirse a «los elementos determinantes de la deuda tributaria». En cuarto y último lugar, está la norma más relevante para este estudio, y es la limitación del derecho a recurrir que se contine en el apartado 6 del art. 91 LGT. En el que, además, se aprecia un cambio muy significativo respecto del art. 9.7 de la LDGC, aunque supone una mejora, dentro de lo que cabe, de lo que, a mi juicio, es una limitación a todas luces injustificada, como trataré de razonar en las líneas que siguen. En la actualidad, la «irrecurribilidad» directa o inmediata, si se prefiere, de los «acuerdos regulados en este precepto» no significa que no puedan ser cuestionados posteriormente. La diferencia es que hoy día la vía para hacerlo será la de los recursos o reclamaciones «contra el acto o actos administrativos que se dicten posteriormente en aplicación de las valoraciones incluidas en el acuerdo». Esto es, no se limita a las «liquidaciones que pudieran dictarse ulteriormente», como decía el art. 9.7 LDGC. No obstante ello, el principal problema de esta posibilidad legal es considerar cómo puede reaccionar el obligado tributario frente a la omisión de esta actividad administrativa convencional en relación con la materia tributaria.

Por lo pronto, importa recordar que el art. 21.1.3^er^ LPACAP excluye de la obligación de resolver «los supuestos de terminación del procedimiento por pacto o convenio», expresión genérica que remite a lo dispuesto por el aludido art. 86.1 LPACAP por lo que cabe entender que de dicha obligación se halla exenta la Administración en cualquiera de las dos posibilidades vistas al comienzo del epígrafe. Este dato contrasta, sin embargo, con la impresión que se obtiene al aproximarse a la normativa tributaria específica que prevé esta actividad administrativa convencional inserta o previa a los procedimientos de aplicación de los tributos[84], pues en ella es denominador común la presencia del silencio administrativo, positivo o negativo, como reacción frente al incumplimiento de la obligación de resolver; obligación que, por lo demás, el art. 91.4 LGT parece confundir con la de «contestar». La circunstancia apuntada hace pensar en la trascendencia que el legislador le otorga a la inactividad administrativa en este ámbito que he calificado como inactividad convencional. Y respecto de ella cabe preguntarse: ¿cuál es el deber legal cuyo incumplimiento colma la necesaria nota de antijuridicidad que dota de relevancia la omisión administrativa? ¿Acaso puede afirmarse, siguiendo a GÓMEZ PUENTE, la existencia de un deber legal de la Administración de «concurrir con otro sujeto o sujetos en la formación de una declaración jurídica de alcance plurilateral»[85]? ¿Puede afirmarse que la actitud pasiva de la Administración en el marco de la relación convencional «sea contraria a la causa o interés público que fundamenta dicha relación»[86]? En el caso de los acuerdos previos de valoración para los que el ordenamiento prevé una consecuencia cual es el silencio administrativo, ésta, en principio, se derivaría de la necesidad de garantizar el cumplimiento de un deber legal, pero ¿cuál es ese a la vista de la exclusión del art.

84. RAMALLO MASSANET, J.: «Información y asistencia...», *op. cit.*, p. 69, afirma que los acuerdos previos del art. 9 LDGC se insertan en el procedimiento, son un elemento del mismo y no lo finalizan.
85. GÓMEZ PUENTE, M.: *La Inactividad ...*, *op. cit.*, p. 119.
86. *Ibidem.*

21 LPACAP? En cuanto a la materia tributaria, la ubicación sistemática de esta posibilidad legal tanto cuando fue generalizada por la LDGC, como ahora por la LGT, hacer pensar, desde luego, en la existencia de un deber de información y asistencia en el cumplimiento de las obligaciones tributarias.

Hasta el momento ha venido siendo una constante en nuestra exposición la afirmación de que la presencia del silencio administrativo, —que el art. 91 LGT establece como positivo con carácter general y sin excepciones—, al menos, permitía atisbar unas vías claras de acceso al control jurisdiccional. Sin embargo, dicha afirmación quiebra en este ámbito precisamente por el referido carácter previo y no finalizador del procedimiento que la actividad o inactividad convencional ostenta.

Uno de los denominadores comunes en la mayoría de los diversos supuestos que a continuación referiré es la prohibición específica de impugnación de las resoluciones administrativas expresas, en sentido similar a la previsión de carácter general del art. 91.6 LGT. En todos ellos la naturaleza de «acto» previo a la finalización del procedimiento se halla en la base de la prohibición de la impugnación directa, quedando ésta postergada al momento en que se hayan dictado ulteriores actos que, como hemos visto, no necesariamente habrán de ser liquidaciones administrativas. Pese a las posibles objeciones que a ello cabría formular, puede admitirse al menos la utilidad del sistema cuando la Administración resuelve expresamente y se pronuncia sobre la propuesta planteada por el interesado. Por dos razones: una, dada la premisa básica de que en absoluto pueden considerarse ajenos al control jurisdiccional *ex* art. 1.º LJCA este tipo de pronunciamientos; y la otra, una elemental exigencia de seguridad jurídica. Sin embargo, no puede afirmarse lo mismo cuando se omite la resolución administrativa sobre la solicitud. Si bien existe una sustancial diferencia desde la perspectiva procesal según sea el sentido del silencio. Y es que, pese al pretendido carácter generalizador que se le quiso atribuir al art. 9 LDGC[87], y que ha heredado el actual art. 91 LGT, lo bien cierto es que, tanto entonces ahora, se observa la coexistencia de dos regímenes distintos de acuerdos previos de valoración que presentan sustanciales diferencias en relación con la inactividad administrativa. Pues hay determinados supuestos en los que el sentido del silencio es negativo. Entre ellos el más relevante es el régimen del art. 18.9 LIS, sobre acuerdos previos de valoración de operaciones vinculadas, desarrollado por los arts. 21 a 30 del RIS. Régimen que, por remisión del art. 3 del RIRNR, se aplica también en los acuerdos previos de valoración de los

87. RAMALLO MASSANET, J.: *op. últ. cit.*, pp. 67 y 68, así se desprende de los debates parlamentarios.

gastos de dirección y generales de administración imputables al establecimiento permanente, a los efectos de determinación de la base imponible del impuesto ex art. 18.1, b) TRLIRNR[88]. Así como los acuerdos previos de valoración o de calificación y valoración de rentas procedentes de determinados activos intangibles, regulados en los arts. 39 a 44 del RIS, en orden a la aplicación de la reducción en la base imponible del impuesto del art. 23 LIS. En el otro grupo, en que sí se prevé el silencio positivo, se encuentran: a) las previsiones del art. 1.7 RIS, relativas a los criterios de imputación temporal diferentes al del devengo —régimen al que se remite el art. 7 RIRPF—; b) el art. 7.7 RIS, sobre planes de amortización, en desarrollo del art. 12.1, d) LIS; c) el art. 10.7 RIS, en relación con el art. 14.4 LIS, sobre planes de gastos correspondientes a actuaciones medioambientales; d) el art. 11.7 RIS, en desarrollo del art. 112.1 LIS, relativo a planes especiales de inversiones y gastos de las comunidades titulares de montes vecinales en mano común; y e) el art. 38.7 RIS, sobre la valoración previa de gastos correspondientes a proyectos de investigación científica o de innovación tecnológica.

También en el IRPF hay otro caso de explícita concreción del art. 91 LGT y es el regulado por la Disposición Adicional 2.ª RIRPF que prevé la posibilidad de realizar acuerdos previos de valoración de las retribuciones en especie del trabajo personal a efectos de la determinación del correspondiente ingreso a cuenta[89]. Conforme a su apartado 3, la inactividad administrativa desencadena la producción de un acto presunto, pues opera el silencio positivo por el transcurso de seis meses desde que se formuló la propuesta. Sin embargo, la falta de resolución «implicará la aceptación de los valores propuestos por el solicitante», pero si éste ha realizado otra propuesta alternativa durante el procedimiento, tal como le permite implícitamente el apartado 4, b) de la citada Disposición ¿cuál es la que se entiende presuntamente aceptada?

No es éste el único problema que se plantea al establecerse el silencio positivo para estos casos, pues precisamente uno de los aspectos más conflictivos de esta figura se presenta respecto de terceros interesados que, en este caso serían los contribuyentes a los que se va a aplicar la valoración acordada expresa o tácitamente, y que, sin embargo, no pueden impugnar salvo que ulteriormente la Administración les practique una liquidación

88. En el régimen vigente se ha salvado la incongruencia que se producía al amparo del antiguo art. 17.1, b) de la Ley 41/1998, de 9 de diciembre, que se remitía al art. 9 LDGC si bien el Reglamento del IRNR entonces vigente lo hacía al régimen de las operaciones vinculadas en el Impuesto sobre Sociedades. Es decir, legalmente se imponía el silencio positivo, mandato que se incumplía por el juego de remisiones reglamentarias.

89. Como matiza RAMALLO MASSANET, J.: *op. últ. cit.*, p. 72, únicamente aquellas que no tengan una regla o criterio de valoración establecido por la propia Ley.

que verse sobre dichas retribuciones en especie, sea aplicando o no el acuerdo.

No está de más recordar que el silencio positivo genera una resolución presunta, un verdadero acto administrativo, aunque presunto, que vincula a la Administración y que, por ello, debe observar en los posteriores actos que ésta pudiera dictar, fundamentalmente de liquidación, pero también cualesquiera otros en los que aquélla no podrá sustraerse de la valoración o criterio de imputación temporal, —según los casos—, ofrecidos por el obligado tributario. En este supuesto, la inactividad administrativa con trascendencia para el particular no es ya la convencional propiamente dicha, sino la inactividad en la aplicación de lo convenido, aunque el acuerdo sea presunto. Supuesto en el que el interesado, entiendo, se encuentra en la situación de instar la acción de ejecución del art. 29.2 LJ. Según este planteamiento, dicha inactividad lo es de ejecución de un acuerdo o convenio y abarca evidentemente las resoluciones presuntas en la misma medida que a las expresas. Si la prohibición de impugnación directa referida a todas ellas supone su postergación y la articula a través de la impugnación de la liquidación, pudiera pensarse que estamos ya en la vía del recurso ordinario del art. 25.1 LJ. Sin embargo, la heterogeneidad de actos acumulados y su evidente adscripción al supuesto del art. 29.2 LJ sitúan al «contribuyente» ante la posibilidad de elegir una vía no sólo más expeditiva sino realmente más adecuada para su pretensión de que la Administración ejecute en sus propios términos el convenio o acuerdo que le vincula y en virtud de ello dicte nueva liquidación.

En esta opción quedarían englobados no sólo el supuesto general del art. 91 LGT y el que acabamos de ver sobre las retribuciones en especie del trabajo personal, sino también aquellos supuestos del ISoc. que he referido antes y en los que el silencio genera un acto presunto. En todos ellos, el transcurso de los aludidos plazos de resolución, que oscilan entre los tres y los seis meses, deviene en la aprobación tácita de la propuesta, sin que respecto de ninguna haya prohibición expresa sobre su impugnación directa, a excepción del caso del art. 38 RIS. Y es que esta excepción sí se refiere a una «valoración», mientras que todos los demás casos, los de los arts. 1, 7, 10 y 11 del RIS se refieren a «planes» o criterios de imputación temporal. Resulta llamativo no sólo que un caso de valoración sí lleve anudado el silencio positivo, sino que, además, también sea el único en que se prohíbe el recurso directo. En este caso, parece claro que la prohibición implicaría la acción del art. 25.1 LJCA que abarca a los actos presuntos, pero ¿por qué razón no podría el interesado acudir a la acción del art. 29.2 LJCA para exigir el cumplimiento de un verdadero acto administrativo que vincula a la Administración? La respuesta, a mi modo de ver, es que no hay obstáculo alguno para que pudiera hacerlo. A salvo de que cupiera objetar la falta de firmeza de los actos presuntos. Y ello nos llevaría a la vía del art. 29.1 LJCA puesto que estamos, no sólo ante «actos», sino ante auténticos «convenios» que han de ser acatados por la Administración tributaria en cumplimiento de la normativa en la que se han producido.

En cambio, en aquellos otros supuestos relativos a acuerdos de valoración propiamente dichos llevan anudado el silencio negativo y la desestimación no da lugar, como es de sobra conocido, a una «resolución» presunta. Algo que, sin embargo, los preceptos implicados, los arts. 26 y 41.9 RIS, parecen desconocer cuando aluden a los actos «presuntos» desestimatorios. La inactividad administrativa supone que el obligado tributario no sólo ve rechazada su propuesta, sino que no «conoce» el criterio de la Administración para la aplicación de la Ley porque ésta no ha resuelto el procedimiento. Es por ello que la garantía de seguridad jurídica que implica todo procedimiento administrativo no se ve satisfecha y ahí radica la trascendencia de la inactividad. En estos casos cabe preguntarse: ¿tiene sentido postergar la impugnación de dicha desestimación al momento de la liquidación? Así lo entienden los citados arts. 26 y 41.9 RIS al prever expresamente el mismo régimen de impugnación para los acuerdos adoptados por resolución expresa que para la «nada» que es la desestimación presunta. Porque, ya lo he dicho antes, entienden que sí existe un «acto presunto desestimatorio», en clara contradicción con la concepción del silencio negativo como instrumento que facilita la interposición de reclamaciones y recursos. En este caso, insisto, la obligación de resolver de la Administración cobra un nuevo sentido como garantía de la seguridad jurídica pues se inserta en un específico modelo de «gestión» que le dota de inusitada relevancia. Por ello, a mi juicio, el interesado puede acudir, ante esta inactividad, a la vía del art. 29.1 LJCA solicitando previamente de la Administración que resuelva expresa y motivadamente la propuesta efectuada. Solicitud que, eventualmente desatendida, dejará expedita la vía del recurso contencioso-administrativo.

La solución que propongo se halla en contraposición con lo que se deduce de las previsiones del art. 26 RIS en el que la desestimación presunta por silencio negativo, que deberá impugnarse juntamente con la liquidación administrativa, debiera seguir la vía del art. 25.1 LJCA atendida la que parece ser regla general que implícitamente se deduce de la Ley y a la que se refiere su E.M. para excluir la acción del art. 29.1 LJCA. Sin embargo, aun admitiéndose, pese a lo dispuesto por estas disposiciones reglamentarias, la impugnación por la vía del art. 25.1 LJCA con carácter previo a la liquidación ¿qué utilidad tiene ello para el recurrente? ¿Acaso no satisface mucho más adecuadamente el art. 29.1 LJCA su pretensión de fijar con la

Administración el criterio de valoración en aras de la garantía de seguridad jurídica?

## 2. SUPUESTOS DE INACTIVIDAD MATERIAL

### 2.1. LAS PUBLICACIONES DEL ART. 86 LGT

Uno de los instrumentos que, según el art. 85.2. a) LGT, servirá a la actividad de información y asistencia a los obligados tributarios acerca de sus derechos y obligaciones tributarias son las «Publicaciones» a las que él mismo se refiere y que desarrolla el art. 86 LGT.

Analizando ambas normas conjuntamente se observa, en primer lugar, que mientras aquél alude a la «publicación de textos actualizados de las normas tributarias», éste parece restringir dicho concepto cuando se trata de disposiciones modificadas «en el año precedente», pues únicamente se refiere a las «normas estatales con rango de ley y real Decreto en materia tributaria». Lo que, interpretado literalmente, excluiría cualquier disposición normativa de rango inferior que se hallara en las mismas circunstancias. Conclusión que, atendido el tenor del art. 85 LGT debe ser rechazada. Más aún cuando el propio art. 86 LGT impone el deber de publicación de «todas las disposiciones tributarias que se hayan aprobado en dicho año», sin efectuar la aludida discriminación. En segundo lugar, el «deber de publicación» se extiende más allá de las disposiciones normativas al comprender en su ámbito la doctrina administrativa de mayor trascendencia, incluso, a tenor del art. 85.2, a) LGT; expresión que el art. 86.2 LGT concreta en «las contestaciones a consultas y las resoluciones económico-administrativas», limitándolas conforme a un criterio de apreciación subjetiva, pues han de ser las de «mayor trascendencia y repercusión».

De lo anterior puede colegirse la intención del legislador, aunque deficientemente plasmada, de establecer un «deber de información general» correlativo al derecho de los obligados tributarios establecido por el art. 34. 1, a) LGT. Sin embargo, situado en esta categoría, dicha información general no tiene como destinatarios a estos últimos únicamente, sino a todos los ciudadanos[90] que, sin previa solicitud, cuentan con esta garantía, que, sin embargo, difícilmente representa un derecho subjetivo accionable por el administrado[91]. Pues, aunque en atención al citado art. 34.1, a) LGT, pueda hablarse de un «derecho a obtener información general», éste queda en

90. Pues como destaca RAMALLO MASSANET, J.: «Información y asistencia...», *op. cit.*, p. 44, en relación con las normas precedentes de la LDGC, dicha información puede servir para saber si se es o no contribuyente u obligado tributario.

91. *Ibidem*, pp. 49 y 54.

manos de sus destinatarios directos, quienes han de cumplir con ese deber, y que no son otros que las Administraciones competentes para las publicaciones. Deber que se encuadra así en la categoría de las declaraciones legales objetivas.

Si la intención del legislador al incluir estas normas responde a una evidente necesidad social provocada por la caótica situación del ordenamiento tributario[92], a la que trataría de dar respuesta mediante el establecimiento y potenciación de un «deber divulgativo»[93], no se entiende bien cómo pudieran quedar extramuros del mismo los instrumentos que bajo diverso ropaje jurídico (Instrucciones, Circulares, Resoluciones...) contienen el criterio de la Administración y son de indudable trascendencia sustantiva. Máxime si se contrasta con lo dispuesto por el art. 7, a) de la Ley 19/2013, de 9 de diciembre, de transparencia, acceso a la información pública y buen gobierno, que establece:

*«Artículo 7. Información de relevancia jurídica. Las Administraciones Públicas, en el ámbito de sus competencias, publicarán:*

*a) Las directrices, instrucciones, acuerdos, circulares o respuestas a consultas planteadas por los particulares u otros órganos en la medida en que supongan una interpretación del Derecho o tengan efectos jurídicos».*

Esta cuestión no es nueva, pues ya se planteaba al hilo del precedente de esta norma que era el art. 35 de la LRJPAC, en sus apartados 9 y 10. Este último disponía: «*Serán objeto de publicación regular las instrucciones y respuestas a consultas planteadas por los particulares u otros órganos administrativos que comporten una interpretación del Derecho positivo o de los procedimientos vigentes a efectos de que puedan ser alegadas por los particulares en sus relaciones con la Administración*». Precisión que adquiría mayor relevancia a la luz de la exención de responsabilidad que el art. 5.2 LDGC reconocía a los «contribuyentes que adecuen su actuación a los criterios manifestados por la Administración tributaria competente en las publicaciones (...)».

El problema a que aludimos ya fue señalado prontamente por RAMALLO[94], y abordado posteriormente por FALCÓN Y TELLA, habida cuenta de su trascendencia, en tanto que se trata de textos no publicados con indudable alcance «constitutivo o configurador de las relaciones jurídicas tri-

92. *Ibidem*, Véase, en este sentido, el extracto del debate parlamentario seleccionado por este autor que reproduce la intervención del portavoz del grupo del Gobierno.
93. FENELLÓS PUIGCERVER, V.: *op. cit.*, p. 84.
94. *Op. últ. cit.*, p. 56.

butarias, con incidencia más allá del plano puramente organizativo»[95]. Los ejemplos son numerosos: Resoluciones del ICAC no publicadas pese a su trascendencia en la base imponible del ISoc.[96], Instrucciones[97] cuya difusión interna no se corresponde con su trascendencia general, etc. El problema entonces como ahora tiene que ver con la exención de responsabilidad de los obligados tributarios que actualmente recoge el art. 179.2, d) LGT en términos similares, aunque no del todo iguales, al art. 5.2 LDGC.

Lo anterior pone de manifiesto que la efectiva garantía que supone el «principio» de publicidad recogido actualmente en el art. 86 LGT requiere, además de la publicación de las normas propiamente dichas, la de los criterios que la Administración sigue en su aplicación. Y dado que así parece reconocerlo el legislador al requerir la publicación de las consultas y las resoluciones económico-administrativas, dicha medida quedaría incompleta si no alcanzara a esos otros instrumentos interpretativos, cuando no «normativos», atendido el tenor literal del art. 85.1, a) LGT que se refiere a la «doctrina administrativa». Como también, la alusión legal a que se publiquen las «de mayor trascendencia y repercusión» deberá interpretarse atendiendo a su efectiva aplicación por los órganos administrativos.

Tratándose, sin embargo, de una declaración legal objetiva, y aun cuando ésta se articula como un mandato del que no pueden sustraerse las Administraciones competentes[98], la verdadera garantía del contribuyente

---

95. FALCÓN Y TELLA, R.: «Las consecuencias procesales de la aplicación por la Administración de criterios no publicados: el ejemplo de la *"applicable published guidance"* en el sistema americano y la condena en costas en nuestro sistema», *Quincena Fiscal*, núm. 6, 2002.

96. RAMALLO MASSANET, J.: *op. últ. cit.*, p. 56: habiendo dado lugar incluso a declaraciones de nulidad, como es el caso de la Resolución ICAC 21 enero 1992, (RCL 1992\811), anulada por la STS de 27 de octubre de 1997 (RJ 1997, 7758).

97. FALCÓN Y TELLA, R.: *id. últ. cit.* se refiere a la Instrucción 1/1999 de 12 de julio, del Director General de la AEAT, modificada posteriormente por la Instrucción 9/2000, en materia de suspensiones y ejecución de resoluciones de los órganos económico-administrativos.

98. Pues es evidente que no corresponde al Ministerio de Hacienda la publicación de las Ordenanzas Fiscales, competencia de los respectivos Entes Locales, o las normas propias de las CCAA. En este último sentido, el art. 55.1, d) de la Ley 22/2009, de 18 de diciembre, por la que se regula el sistema de financiación de las Comunidades Autónomas de régimen común y Ciudades con Estatuto de Autonomía y se modifican determinadas normas tributarias, reconoce la competencia de éstas en la «Publicidad e información al público de las obligaciones tributarias y su forma de cumplimiento» en relación con los Impuestos sobre el Patrimonio, sobre Sucesiones y Donaciones, sobre Transmisiones Patrimoniales y Actos Jurídicos Documentados, de los Tributos sobre el Juego, del Impuesto Especial sobre Determinados Medios de Transporte, del

no radicará, en mi opinión, en la exoneración de responsabilidad del art. 179.2, d) LGT, sino en la «sanción» del incumplimiento del deber legal. Porque aquélla, como he dicho, requiere, en primer lugar, de la actuación de la Administración, consistente en la publicación actualizada en los términos ya vistos, y, en segundo lugar, de la actuación del particular conforme a aquéllos.

Los interrogantes que planea esta cuestión son numerosos. Por ejemplo, ¿En qué situación queda el particular cuando, siguiendo el criterio de una consulta vinculante publicada, ésta no es de obligado acatamiento por la Administración porque ha variado el criterio jurisprudencial que la sustentaba y sin embargo éste no se ha publicado? ¿Qué sucede cuando se le ha aplicado un criterio interpretativo de obligado acatamiento por los órganos administrativos al estar contenido en una Instrucción, Resolución o Circular que afecta a las llamadas relaciones de supremacía especial y que, por tanto, él no podía conocer si no ha sido publicado? ¿Se vincula la eventual exoneración de responsabilidad a las publicaciones «oficiales» o basta que simplemente se conozca el criterio administrativo por el medio que sea? [99] O ¿qué decir de la información contenida en folletos o guías —tan abundantes en la web de la AEAT— que ha quedado desfasada por un cambio normativo o jurisprudencial[100]?

A mi juicio, la subjetivización que de dicho deber legal pudiera realizarse en atención al sustrato en los principios de seguridad jurídica y buena fe en las relaciones entre Administración y administrados que se hallan en la base de la exoneración de responsabilidad, puede no resultar suficiente para articular la demanda de prestación del servicio por los particulares a la luz del art. 29.1 LJCA con la sola invocación de los arts. 85.2, a) y 86 LGT. Pues la prestación no sólo consistiría en la publicación sino, en ausencia de ésta y aplicado por la Administración un determinado criterio interpretativo no publicado a un supuesto concreto, el interés del particular radicará en la «sanción» a la Administración tanto por la inactividad previa del órgano competente para la publicación, como por la del actuante consistente en la falta de comunicación del mismo.

En este sentido discurriría la solución que proponía FALCÓN Y TELLA, formulada con arreglo al sistema norteamericano que se basa en un «principio de condena en costas a favor del contribuyente» del que la

Impuesto sobre las Ventas Minoristas de Determinados Hidrocarburos y del Impuesto sobre el Depósito de Residuos en vertederos, la incineración y la coincineración de residuos.

99. RAMALLO MASSANET, J.: *op. últ. cit.*, p. 57.

100. FENELLÓS PUIGCERVER, V.: *op. cit.*, pp. 89 y 90.

Administración se ve liberada si puede demostrar que su posición estaba «sustancialmente justificada». Lo determinante del mismo es que existe una presunción que impide la aludida justificación si la Administración no sigue criterios expresos y previamente publicados o comunicados al interesado.

### 2.2. LA SOLICITUD DE AMPLIACIÓN DE LAS ACTUACIONES DE INSPECCIÓN DEL ART. 149 LGT: ¿UN SUPUESTO DE INACTIVIDAD FUNCIONAL?

El art. 28 LDGC[101] estableció una garantía en favor de la seguridad jurídica de los contribuyentes que estuvieran siendo objeto de una actuación de comprobación e investigación de carácter parcial. Este precepto les otorgaba la posibilidad de solicitar que «dicha comprobación tenga carácter general respecto al tributo y ejercicio afectados por la actuación» (art. 28.1 LDGC). Efectuada en plazo dicha solicitud, el apartado tercero del precepto no ofrecía alternativa a la Administración ya que preveía que ésta «*deberá* iniciar la comprobación de carácter general en el plazo de seis meses desde la solicitud». Aunque los términos del precepto no ofrecían duda sobre la implantación de una *obligación prestacional* de la Administración tributaria, lo cierto es que no contemplaban los efectos de su incumplimiento. Sin embargo, creo que se instituyó un supuesto que podrá dar lugar a un caso de inactividad material funcional ya que se trata del único caso en que los órganos de inspección actuarán sus funciones de comprobación y regularización tributaria, si procede, a solicitud del particular. Lo que no significa que el inicio del procedimiento sea a instancia del obligado como equívocamente da a entender el art. 147.1, a) de la vigente LGT.

El inconveniente que he apuntado sobre la falta de respuesta legal respecto a la inactividad administrativa se solventó por el art. 149.3 LGT. Lo que no significa que no pueda seguir planteándose la cuestión de una eventual acción frente a la inactividad administrativa material.

101. Art. 28 LDGC: «*Alcance de las actuaciones de comprobación e investigación.*
*1. Todo contribuyente que esté siendo objeto de una actuación de comprobación e investigación de carácter parcial, llevada a cabo por la Inspección de los Tributos, podrá solicitar a la Administración tributaria que dicha comprobación tenga carácter general respecto al tributo y ejercicio afectados por la actuación, sin que tal solicitud interrumpa las actuaciones en curso.*
*2. El contribuyente tendrá que efectuar la solicitud en un plazo de quince días desde que se produzca la notificación del inicio de las actuaciones inspectoras de carácter parcial.*
*3. La Administración tributaria deberá iniciar la comprobación de carácter general en el plazo de seis meses desde la solicitud*».

El citado art. 149.3 LGT establece:

*«3. La Administración tributaria deberá ampliar el alcance de las actuaciones o iniciar la inspección de carácter general en el plazo de seis meses desde la solicitud. El incumplimiento de este plazo determinará que las actuaciones inspectoras de carácter parcial no interrumpan el plazo de prescripción para comprobar e investigar el mismo tributo y período con carácter general».*

Pese a la literalidad del art. 28 LDGC, su desarrollo reglamentario posterior, a través del art. 33 *bis* RGIT, fruto del RD 136/2000, no contemplaba, desde luego, la posibilidad del incumplimiento absoluto, puesto que hubiera incurrido en su ilegalidad, pero sí extendió las posibilidades que ofrecía la LDGC otorgando al Inspector - Jefe una doble alternativa: la ampliación de la actuación ya iniciada o la iniciación de otra actuación separada.

El art. 149.3 LGT tampoco prevé el incumplimiento absoluto de la Administración tributaria, puesto que sólo alude al cumplimiento extemporáneo y le anuda un efecto, fundamental. En definitiva, cabe afirmar que, en la actualidad, la Administración viene obligada legalmente a ampliar las actuaciones, sin que pueda sustraerse a tal obligación[102].

Por su parte, nada añade al respecto el desarrollo reglamentario contenido en el art. 179 RGIT que pudiera hacer pensar lo contrario. Lo que es lógico habida cuenta del principio de jerarquía normativa. Este precepto dispone:

*«1. La solicitud a que se refiere el artículo 149 de la Ley 58/2003, de 17 de diciembre, General Tributaria, deberá formularse mediante escrito dirigido al órgano competente para liquidar o comunicarse expresamente al actuario, quien deberá recoger esta manifestación en diligencia y dará traslado de la solicitud al órgano competente para liquidar. Esta solicitud incluirá el contenido previsto en el artículo 88.2 de este reglamento.*

*2. Recibida la solicitud, el órgano competente para liquidar acordará si la inspección de carácter general se va a realizar como ampliación del alcance del procedimiento ya iniciado o mediante el inicio de otro procedimiento.*

---

102. En contra, sostienen los autores de MARTÍN QUERALT y otros: *Curso*, 34.ª ed., *op. cit.*, p. 519, que el fundamental derecho de petición no se puede recortar por las leyes tributarias que no son leyes orgánicas, de este modo, «podrá formularse en todo caso la petición, aunque no comporte necesariamente la apertura del procedimiento. No existiendo deber de la Administración de comprobar la situación tributaria de todos los obligados, no parece tampoco que contra la negativa o el silencio a la petición pueda obtenerse, por vía de recurso, la vinculación de la Inspección a desarrollar las actuaciones interesadas por el obligado tributario».

*3. La inadmisión de la solicitud por no cumplir los requisitos establecidos en el artículo 149 de la Ley 58/2003, de 17 de diciembre, General Tributaria, deberá estar motivada y será notificada al obligado tributario. Contra el acuerdo de inadmisión no podrá interponerse recurso de reposición ni reclamación económico-administrativa, sin perjuicio de que pueda reclamarse contra el acto o actos administrativos que pongan fin al procedimiento de inspección».*

De la conjunción de ambas normas sólo cabe un posible pronunciamiento de la Inspección en contra de la petición del obligado tributario y es su inadmisibilidad con base en una única razón que es la extemporaneidad en su presentación. Resolución que no podrá ser impugnada inmediatamente, salvo, añadiría yo, cuando concurran circunstancias que lo permitieran con base en el art. 112.1 LPAPAC, que, a diferencia del art. 227.1 LGT, lo permite por dos causas tan elementales como que produzcan indefensión o un perjuicio irreparable a derechos e intereses legítimos. Casos que también están previstos por el art. 25.1 LJCA y que, inexplicablemente, no se recogen, como digo, en la materia tributaria. De manera que cabrá la aplicación supletoria del citado art. 112.1 LPACAP dado que se trata de casos de relevancia constitucional.

Aparte de este supuesto, no hay margen legal para que la Administración decida no realizar una comprobación de carácter general. Los términos legales y reglamentarios son claros y establecen una obligación que sólo permite una doble alternativa de decisión sobre el modo de llevar a cabo esa comprobación de alcance general que ha solicitado el obligado tributario. El incumplimiento de esa obligación de hacer, sea cual sea el modo elegido de entre los dos que ofrece la LGT, faculta al obligado tributario para acudir a la vía del art. 291 LJCA para la reclamación de esta prestación legal concreta.

En segundo lugar, hay que considerar la hipótesis en que la Inspección se inclinara por la segunda opción y acordara, conforme al art. 179.2 RGIT, atender la petición posponiéndola a la apertura de un procedimiento general pero que no cumpliera tal acuerdo. La inactividad en este caso se podría canalizar por la vía del art. 29.2 LJCA una vez concluido el primer procedimiento de inspección de carácter parcial, habida cuenta que el citado acuerdo no puede plasmarse más que en un acto administrativo que, en cuanto deviniera firme y, como digo, una vez finalizado el procedimiento de carácter parcial conformaría el presupuesto necesario para ejercitar tal acción ante el órgano jurisdiccional contencioso-administrativo.

# Bibliografía


ADAME MARTÍNEZ, F. D.: *La Consulta Tributaria,* DODECA-COMARES, Granada, 2000.

BAÑO LEÓN, J. M.ª: «El recurso administrativo como ejemplo de la inercia autoritaria del Derecho público español», en LÓPEZ RAMÓN, F. (Coord.): *Las vías administrativas de recurso a debate,* INAP, 2016.

BAYONA GIMÉNEZ, J. J.: *La caducidad en el ordenamiento tributario español,* Aranzadi, Pamplona, 1999.

CALATAYUD PRATS, I.: «Inactividad y vía de hecho en el contencioso-tributario», en CHICO DE LA CÁMARA, P. y J. GALÁN (Dir.): *La revisión de actos en materia tributaria,* Lex Nova, Thomson- Reuters, Valladolid, 2016.

CASADO OLLERO, G.: «La colaboración con la Administración tributaria. Notas para un nuevo modelo de relaciones con el Fisco», *HPE,* núm. 68, 1981.

CASANA MERINO, F.: «La nueva redacción de la Ley 30/1992 y sus efectos en el ámbito tributario», *R.E.D.F.*, núm. 103, 1999.

CAYÓN GALIARDO, A.: «Prólogo» a la obra de GARCÍA NOVOA, C.: *El silencio administrativo en Derecho tributario,* Aranzadi, Elcano (Navarra), 2001.

DE LA FUENTE CABERO, I.: «La acción procesal para la ejecución de un acto firme del art. 29.2 de la LJCA de 1998», en GONZÁLEZ-VARAS IBÁÑEZ. S. y J. A. TARDÍO PATO (Dir.): *La Ley de la Jurisdicción contencioso-administrativa: sus cuestiones más actuales,* Aranzadi, Cizur Menor, 2021.

DE LA NUEZ SÁNCHEZ-CASCADO, E. y E. PÉREZ TORRES: *Revisión de actos y solución de conflictos tributarios,* Aranzadi, Elcano (Navarra), 2000.

DE LA QUADRA-SALCEDO, T.: «Comentario al art. 29 LJCA», *R.E.D.A.*, núm. 100, 1998.

DE MIGUEL CANUTO, E.: *Extensión a terceros de los efectos de las sentencias tributarias,* Aranzadi, 2001.

ENTRENA CUESTA, R.: «Responsabilidad e inactividad de la Administración: Notas para un intento de reelaboración», en la obra colectiva *El Derecho Administrativo en el umbral del Siglo XXI. Homenaje al Prof. Dr. Ramón Martín Mateo,* Vol. II, Tirant Lo Blanch, Valencia, 2000.

ESERVERRI MARTÍNEZ, E: «Caducidad y nulidad radical», publicado en el blog *Taxlandia,* en https://www.politicafiscal.es/equipo/ernesto-eseverri-martinez/caducidad-y-nulidad-radical (consultado el 26.12.2023).

ESTEVE PARDO, J.: «Actividad administrativa impugnable», en SANTOS VIJANDE, J. M. (Dir.): *Comentarios a la Ley de la Jurisdicción Contencioso-Administrativa,* EDERSA, Madrid, 1999.

FALCÓN Y TELLA, R.: «Las consecuencias procesales de la aplicación por la Administración de criterios no publicados: el ejemplo de la "*applicable published guidance*" en el sistema americano y la condena en costas en nuestro sistema», *Quincena Fiscal,* núm. 6, 2002.

FENELLÓS PUIGCERVER, V.: *El Estatuto del Contribuyente,* TRO, Valencia, 1998.

FERNANDO PABLO, M.: «La inactividad de la Administración: de la fuerza de lo fáctico en Derecho y el papel de la norma de procedimiento administrativo», en GONSÁLBEZ PEQUEÑO, H. (Dir.): *La nueva Ley de Procedimiento Administrativo Común,* Wolters Kluwer, Las Rozas (Madrid), 2016.

GARCÍA DE ENTERRÍA, E.: *Problemas del Derecho público al comienzo del siglo,* Civitas, Madrid, 2001.

GARCÍA DE ENTERRÍA y T.R. FERNÁNDEZ: *Curso de Derecho administrativo,* Tomo I, 10.ª edición, Civitas, Madrid, 2000.

GARCÍA NOVOA, C.: «Información y asistencia», en AA VV: *Comentarios a la Ley de Derechos y Garantías de los Contribuyentes,* CEF-IEF, Madrid, 1999.

GARCÍA NOVOA, C.: *El silencio administrativo en Derecho tributario,* Aranzadi, Elcano (Navarra), 2001.

GARCÍA PÉREZ, M: «Reflexiones sobre el objeto del proceso contencioso-administrativo», en la obra colectiva AAVV.: *El Derecho Administrativo en el umbral del Siglo XXI. Homenaje al Prof. Dr. Ramón Martín Mateo,* Vol. II, Tirant Lo Blanch, Valencia, 2000.

GARRIDO FALLA, F.: «Comentario al art. 1.º LJCA», *R.E.D.A,* núm. 100, 1998.

GIMENO SENDRA, V.: «El nuevo sistema de medidas cautelares en la LJCACA de 1998», en la obra colectiva AA. VV: *El Derecho Administrativo en el umbral del Siglo XXI. Homenaje al Prof. Dr. Ramón Martín Mateo,* Vol. II, Tirant Lo Blanch, Valencia, 2000.

GÓMEZ PUENTE, M.: «La impugnación jurisdiccional de la inactividad administrativa», *R.E.D.A.,* núm. 107, 2000.

GÓMEZ PUENTE, M.: *La Inactividad de la Administración,* 2.ª edición, Aranzadi, 2000.

GONZÁLEZ PÉREZ, J.: *Comentarios a la Ley de la Jurisdicción Contencioso-Administrativa,* 3.ª edición, Tomo I, Civitas, Madrid, 1998.

GONZÁLEZ PÉREZ, J.: *Comentarios a la Ley de la Jurisdicción Contencioso-Administrativa,* Tomo II, 3.ª edición, Civitas, Madrid, 1998.

GONZÁLEZ SÁNCHEZ, M.: *La sucesión en la deuda tributaria,* Aranzadi, Pamplona, 1993.

GONZÁLEZ-VARAS IBÁÑEZ, S.: «Nuevos tipos procesales. Recursos contra la Inactividad Administrativa y Vía de Hecho» en JIMÉNEZ BLANCO CARRILLO DE ALBORNOZ (Dir.), *Estudios sobre la Jurisdicción Contencioso-Administrativa,* C.E.M.C.I., Granada, 1999.

GONZÁLEZ-VARAS IBÁÑEZ, S: «La inactividad en el contexto del art. 29.1 de la LJCA», en GONZÁLEZ-VARAS IBÁÑEZ, S. y J.A. TARDÍO PATO (Dir.): *La Ley de la Jurisdicción Contencioso-Administrativa: sus cuestiones actuales,* Aranzadi, Cizur Menor, 2021.

HUERGO LORA, A.: *Las pretensiones de condena en el contencioso-administrativo,* Aranzadi, Elcano (Navarra), 2000.

LITAGO LLEDÓ, R.: «El derecho a la buena administración y la inactividad de la Administración tributaria», en MERINO JARA, I. (Dir.): *La protección de los derechos fundamentales en el ámbito tributario,* La Ley-Wolters Kluwer, Las Rozas (Madrid), 2021, pp. 255 a 290.

LITAGO LLEDÓ, R.: «Eficacia práctica del principio de buena administración formulado por el Tribunal Supremo», *Revista Técnica Tributaria,* núm. 133, 2021.

LITAGO LLEDÓ, R.: «El principio de buena administración y el derecho fundamental de acceso a los recursos de los obligados tributarios en casos de inactividad administrativa» en MORENO GONZÁLEZ, S. y P. J. CARRASCO PARRILA (Dir.): *Los principios del cumplimiento cooperativo en materia tributaria,* Atelier, Barcelona, 2023, pp. 73 a 92.

LITAGO LLEDÓ, R.: «La rectificación de las autoliquidaciones tributarias como derecho de los contribuyentes», *Fórum Fiscal,* núm. 298, 2023.

LITAGO LLEDÓ, R.: «La creación jurisprudencial de excepciones a la vía administrativa previa de revisión en materia tributaria por aplicación del principio de buena administración» (en prensa).

LÓPEZ MARTÍNEZ, J.: «Información y asistencia en el cumplimiento de las obligaciones tributarias», en AAVV: *Comentarios a la Ley de Derechos y Garantías de los Contribuyentes,* MacGraw-Hill, Madrid, 1999.

MARÍN BARNUEVO-FABO, D.: «Presente y futuro del procedimiento de revocación en materia tributaria», *Pérez Llorca. Revista Jurídica,* mayo 2023, pp. 44 a 62.

MARTÍN DELGADO, J. M.: «Los nuevos procedimientos tributarios: las declaraciones liquidaciones y las declaraciones complementarias», *HPE,* núm. 84, 1983.

MARTÍN CONTRERAS, L.: «El Art. 110 de la nueva Ley de la Jurisdicción Contencioso-Administrativa regula un procedimiento especial», *Actualidad Jurídica Aranzadi,* núm. 420, 1999.

MARTÍN QUERALT, J. y otros: *Curso de Derecho financiero y tributario,* 8.ª edición, Tecnos, Madrid, 1997.

MARTÍN QUERALT, J.: «La existencia de un acto consentido no veda la extensión de efectos de sentencias firmes», *Tribuna Fiscal,* núm. 111, 2000.

MARTÍN QUERALT, J.: «Prólogo» a la obra de DE MIGUEL CANUTO, E.: *Extensión a terceros de los efectos de las sentencias tributarias,* Aranzadi, 2001.

MARTÍN QUERALT, J. y otros: *Curso de Derecho Financiero y Tributario,* 34.ª ed., Tecnos, Madrid, 2023.

MATA SIERRA, M.ª T.: *Las garantías de los ciudadanos frente a la inactividad de la Administración tributaria,* Lex Nova-Thomson Reuters, Valladolid, 2014.

MORENO GONZÁLEZ, S.: «La buena administración en el ejercicio de la potestad sancionadora tributaria», en LUCHENA MOZO, G. Mª y Mª E. SÁNCHEZ LÓPEZ (Coord.): *La proyección de la buena administración sobre los procedimientos de aplicación de los tributos,* Tirant Lo Blanch, Valencia (España), 2023, pp. 267-334.

NIETO, A: «La inactividad de la Administración en la LJCA de 1998», *Justicia Administrativa,* núm. extraordinario, 1999.

PAGÈS I GALTÉS, J.: «La raíz iusnaturalista de la buena administración y su configuración jurisprudencial como principio tributario», *REDF,* núm. 200, 2023 (consultado el 9.1.2023).

RAMALLO MASSANET, J.: «Información y Asistencia en el cumplimiento de las obligaciones tributarias», en AA. VV. *Estatuto del Contribuyente,* 2.ª edición, F. Lefebvre, Madrid, 1999.

RAMALLO MASSANET, J.: «1974/1998: la evolución doctrinal del Derecho financiero en España», *R.E.D.F.,* núm. 100, 1998.

REAL FERRER, G.: «La Inactividad de la Administración en la Ley de la Jurisdicción Contencioso-Administrativa de 1998», en la obra colectiva *El Derecho Administrativo en el umbral del Siglo XXI. Homenaje al Prof. Dr. Ramón Martín Mateo,* Vol. II, Tirant Lo Blanch, Valencia, 2000.

SAINZ DE BUJANDA, F.: *Hacienda y Derecho,* Tomo III, Instituto de Estudios Políticos, Madrid, 1968.

SALA SÁNCHEZ, P. y otros: *Práctica procesal contencioso-administrativa,* Tomo II, Ed. Bosch, Barcelona, 1999.

SÁNCHEZ MORÓN, M.: «El Objeto del Recurso Contencioso-administrativo», en AA. VV., *Comentarios a la Ley de la Jurisdicción Contencioso-Administrativa,* Lex Nova, Valladolid, 1999.

VILLALBA LAVA, M.: «La devolución de ingresos indebidos derivados de la inconstitucionalidad o ilegalidad de la norma jurídica que los estableció, con especial referencia al impuesto de incremento de valor de los terrenos de naturaleza urbana», *Nueva fiscalidad,* núm. 3, 2023, pp. 141-186.

# Guía de uso

¡ENHORABUENA!

ACABAS DE ADQUIRIR UNA OBRA QUE **INCLUYE LA VERSIÓN ELECTRÓNICA.**
APROVÉCHATE DE TODAS LAS FUNCIONALIDADES.

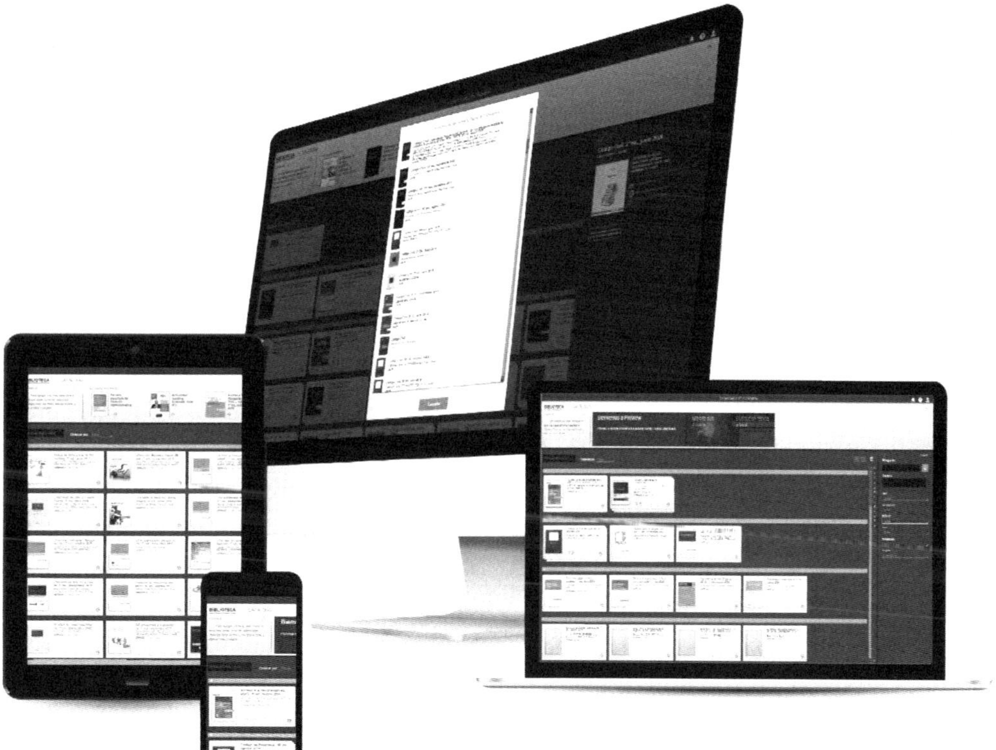

**ACCESO INTERACTIVO A LOS MEJORES LIBROS JURÍDICOS**

ARANZADI

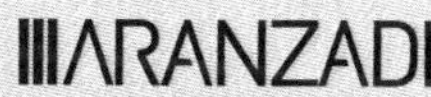

# FUNCIONALIDADES

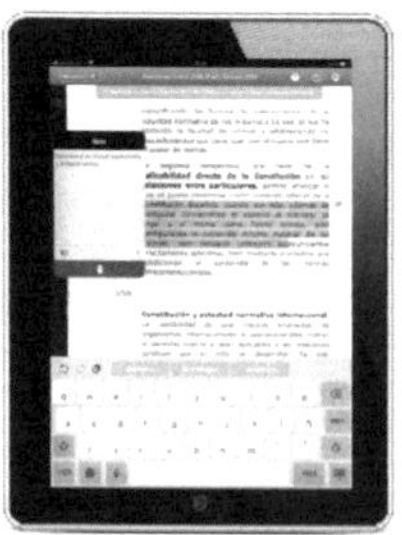

**SELECCIONA Y DESTACA TEXTOS**

Crea anotaciones y escoge los colores para organizar tus notas y subrayados.

**USA EL TESAURO PARA ENCONTRAR INFORMACIÓN**

Al comenzar a escribir un término, aparecerán las distintas coincidencias del índice del Tesauro relacionadas con el término buscado.

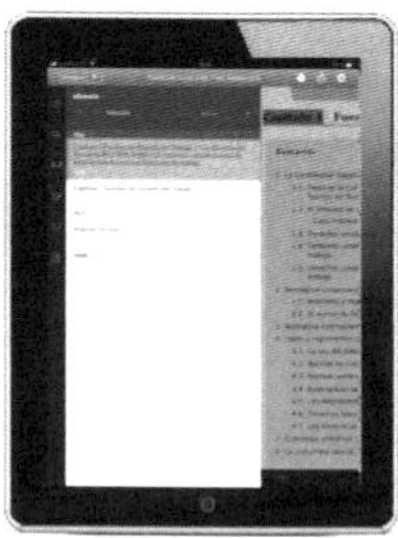

**HISTÓRICO DE NAVEGACIÓN**

Vuelve a las páginas por las que ya has navegado.

**ORDENAR**

Ordena tu biblioteca por: Título (orden alfabético), tipo (libros y revistas), editorial, jurisdicción o área del Derecho.

**CONFIGURACIÓN Y PREFERENCIAS**

Escoge la apariencia de tus libros y revistas cambiando la fuente del texto, el tamaño de los caracteres, el espaciado entre líneas o la relación de colores.

**MARCADORES DE PÁGINA**

Crea un marcador de página en el libro tocando en el icono de Marcador de página situado en el extremo superior derecho de la página.

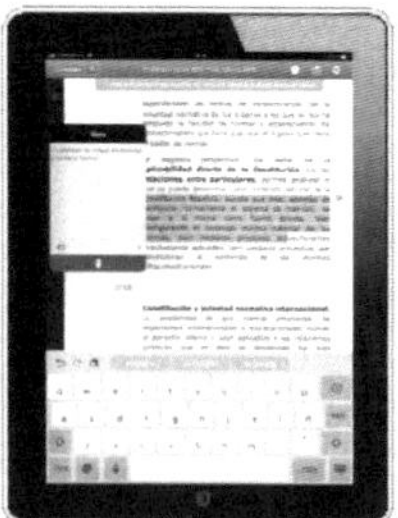

**BÚSQUEDA EN LA BIBLIOTECA**

Busca en todos tus libros y obtén resultados con los libros y revistas donde los términos fueron encontrados y las veces que aparecen en cada obra.

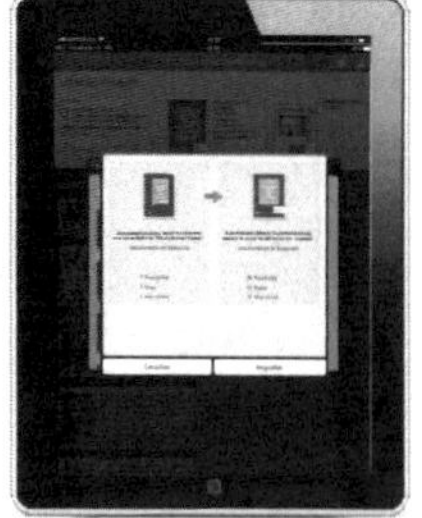

**IMPORTACIÓN DE ANOTACIONES A UNA NUEVA EDICIÓN**

Transfiere todas sus anotaciones y marcadores de manera automática a través de esta funcionalidad.

**SUMARIO NAVEGABLE**

Sumario con accesos directos al contenido.

**INFORMACIÓN IMPORTANTE:** Si has recibido previamente un correo electrónico deberás seguir los pasos que en él se detallan.

Estimado/a cliente/a,

Para acceder a la versión electrónica de este libro, por favor, accede a **http://onepass.aranzadi.es** Tras acceder a la página citada, introduce tu dirección de correo electrónico (*) y el código que encontrarás en el interior de la cubierta del libro.

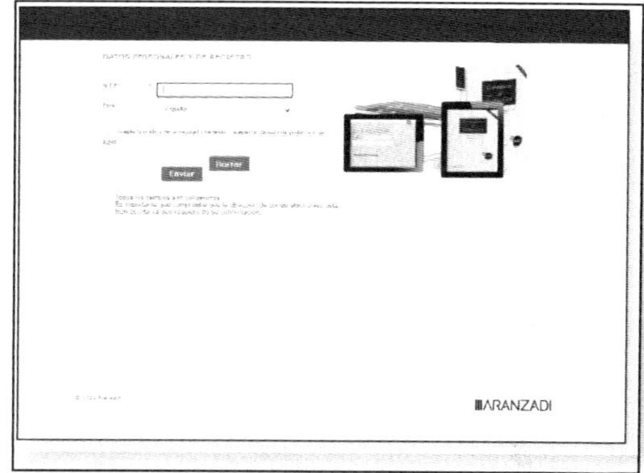


A continuación pulsa enviar.

Si te has registrado anteriormente en OnePass, en la siguiente pantalla se te pedirá que introduzcas el NIF asociado al correo electrónico.

Finalmente, te aparecerá un mensaje de confirmación y recibirás un correo electrónico confirmando la disponibilidad de la obra en tu biblioteca.

Si es la primera vez que te registras en **OnePass,** deberás cumplimentar los datos para crear tu cuenta y poder acceder a tu libro electrónico.

- Los campos **"Nombre de usuario"** y **"Contraseña"** son los datos que utilizarás para acceder a las obras que tienes disponibles a través del navegador en la ruta www.proview.thomsonreuters.com

## Servicio de Atención al Cliente

Ante cualquier incidencia en el proceso de registro de la obra no dudes en ponerte en contacto con nuestro Servicio de Atención al Cliente. Para ello accede a nuestro Portal Corporativo y una vez allí en el apartado del Centro de Atención al Cliente selecciona la opción de Acceso a Soporte para no Suscriptores (compra de Publicaciones).